语言学教材系列

语言交际概论

刘艳春 著
于根元 审校

图书在版编目(CIP)数据

语言交际概论/刘艳春著. —北京：北京大学出版社, 2007.6
（语言学教材系列）
ISBN 978-7-301-12397-3

Ⅰ. 语… Ⅱ. 刘… Ⅲ. 言语交往—语言艺术—教材
Ⅳ. H019

中国版本图书馆 CIP 数据核字（2007）第 082894 号

书　　　名：语言交际概论
著作责任者：刘艳春　著
责 任 编 辑：严胜男
标　准　书　号：ISBN 978-7-301-12397-3/H·1784
出 版 发 行：北京大学出版社
地　　　址：北京市海淀区成府路 205 号　100871
网　　　址：http://www.pup.cn　电子信箱：zpup@pup.pku.edu.cn
电　　　话：邮购部 62752015　发行部 62750672　出版部 62754962
　　　　　　编辑部 62767349
印　刷　者：北京虎彩文化传播有限公司
经　销　者：新华书店
　　　　　　890 毫米×1240 毫米　A5　8.25 印张　240 千字
　　　　　　2007 年 6 月第 1 版　2021 年 9 月第 4 次印刷
定　　　价：29.00 元

未经许可，不得以任何方式复制或抄袭本书之部分或全部内容。
版权所有，侵权必究
举报电话：010-62752024　电子信箱：fd@pup.pku.edu.cn

目　　录

前言 ………………………………………………………… （1）

第一章　语言交际概述 ………………………………… （1）
　第一节　交际的含义、构成及符号系统 ………………… （1）
　第二节　语言交际的起源 ………………………………… （7）
　第三节　语言交际的方式与层级 ………………………… （13）
　第四节　为什么要学习语言交际 ………………………… （19）

第二章　性别差异与交际意识 ………………………… （24）
　第一节　交际者与语言交际 ……………………………… （24）
　第二节　性别差异与话语诠释框架 ……………………… （27）
　第三节　两性语言交际意识守则 ………………………… （33）
　第四节　交际者的其他影响因素 ………………………… （38）

第三章　交际关系与语言交际 ………………………… （45）
　第一节　角色结构与交际关系 …………………………… （45）
　第二节　交际关系与话语理解、话语模式 ……………… （48）
　第三节　语言交际礼貌体系 ……………………………… （52）
　第四节　话语策略与关系协同 …………………………… （57）

第四章　文化差异与语言交际 ………………………… （64）
　第一节　跨文化语言交际的特征 ………………………… （64）
　第二节　文化特征与语言交际差异 ……………………… （66）
　第三节　语言交际与文化交融 …………………………… （75）
　第四节　跨文化语言交际的改善 ………………………… （79）

第五章　思维、心理与语言交际 ……………………… （86）
　第一节　思维方式、思维活动与语言交际 ……………… （86）

第二节　思维训练与语言交际能力培养 ………………………（91）
　　第三节　语言交际与良好的心理素质 ……………………………（96）
　　第四节　语言交际的心理障碍与克服方法 ………………………（99）
第六章　时空场合与语言交际……………………………………（106）
　　第一节　时空场合与交际者………………………………………（106）
　　第二节　时空场合与交际关系……………………………………（108）
　　第三节　时空场合对语言交际的影响……………………………（111）
　　第四节　语言交际时空场合的利用………………………………（115）
第七章　语言交际的基本原则……………………………………（120）
　　第一节　得体原则…………………………………………………（120）
　　第二节　合作原则…………………………………………………（126）
　　第三节　礼貌原则…………………………………………………（131）
　　第四节　尊重原则与真诚原则……………………………………（138）
第八章　语言交际能力及其培养…………………………………（142）
　　第一节　语言交际能力的基础……………………………………（142）
　　第二节　语言交际能力的表现……………………………………（145）
　　第三节　培养倾听能力……………………………………………（149）
　　第四节　培养表达与互动能力……………………………………（152）
第九章　日常交际礼仪……………………………………………（165）
　　第一节　介绍礼、握手礼与递换名片……………………………（165）
　　第二节　招呼礼、约请礼与拜访礼………………………………（170）
　　第三节　待客礼、馈赠礼与受礼…………………………………（174）
　　第四节　致谢礼与告别礼…………………………………………（179）
第十章　涉外交际礼仪……………………………………………（182）
　　第一节　涉外交际观念……………………………………………（182）
　　第二节　涉外交际惯例……………………………………………（184）
　　第三节　涉外活动礼仪……………………………………………（190）
　　第四节　涉外交际风俗……………………………………………（195）
第十一章　日常语言交际策略……………………………………（199）
　　第一节　交谈策略…………………………………………………（199）
　　第二节　安慰与劝说………………………………………………（204）

第三节　赞美和道歉……………………………………（207）
　　第四节　培养幽默感………………………………………（210）
第十二章　郑重场合语言交际策略……………………………（214）
　　第一节　商贸谈判…………………………………………（214）
　　第二节　成功演讲…………………………………………（219）
　　第三节　辩论………………………………………………（226）
　　第四节　求职面试…………………………………………（230）
第十三章　非语言交际手段……………………………………（233）
　　第一节　非语言交际的特点与作用………………………（233）
　　第二节　时间控制与空间运用……………………………（237）
　　第三节　面部表情与身体动作……………………………（241）
　　第四节　身体接触与副语言………………………………（246）

参考文献……………………………………………………（252）

前　言

当今社会,越来越注重人的综合素质。语言交际能力、与人合作的能力、处理人际关系的能力,以及对压力与挫折的耐受能力等等,都是人的素质的重要组成部分。构成人的综合素质的各种能力可以分为不同类型,也可以分成不同层次。人们通常将其分为三个层次,即职业特定能力、行业通用能力与核心能力。

每个具体的职业都对应着一些特定能力,特定能力总量最多,适应范围却最窄。每个行业,又都存在着一定数量的通用能力,它在数量上比特定能力少,但适应范围要宽得多。此外,还有任何人从事任何职业都离不开的一些能力,即核心能力。

中国就业培训技术指导中心主任陈宇教授曾用三个同心圆来表现以上三种能力的关系。其中,核心能力处在中心,第二圈是通用能力,最外面的是特定能力。(见图1①)该图很好地反映了核心能力的核心地位。

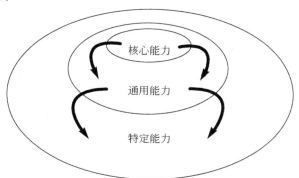

图1　能力分层体系示意图之一

---

① 参见黄大钊:《处己处人处世——沟通决定成败·代序》,中国书籍出版社2006年版,第2页。

一位欧洲学者则用三角形来表现三种能力的层次关系。(见图2)其中,核心能力处在最底层,是承载其他能力的基础。该图从另一角度很好地展现了核心能力是其他能力形成和发生作用的条件。

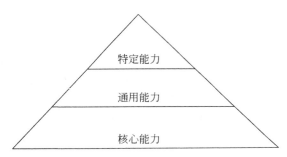

图2　能力分层体系示意图之二

这两个图形正好相辅相成地表现了三种能力的层次关系及核心能力的地位、作用。图1表明,核心能力存在于一切职业中,从事任何工作都需要核心能力。图2则表明,核心能力作为人的基础能力,是人的其他能力的支撑和依托。

核心能力具有普遍的适用性和广泛的可迁移性,它能辐射到行业通用能力和职业特定能力领域,对一个人的终身发展和终身成就影响极为深远,因此,开发和培育核心能力,不仅能拓展和增加一个人的就业范围与就业机会,还能为其终身发展奠定基础。目前,根据劳动和社会保障部职业技能鉴定中心组织制定的试行标准,核心能力共分为八项,即交流表达、数字运算、革新创新、自我提高、与人合作、解决问题、信息处理和外语应用。[①] 其中第一项"交流表达",就是语言交际。

语言交际能力作为人的核心能力之一,后天的学习和唤醒非常重要。有些人可能天生内向,不善表达,在他人面前说话会有羞怯、心慌等诸多交际障碍,但这并不等于说他们一辈子都只能这样,只说

---

① 参见黄大钊:《处己处人处世——沟通决定成败·代序》,第4页。

明他们在与其他人交际方面缺少锻炼和学习,他们的语言交际潜能还有待唤醒和开发。正像美国著名心理学家詹姆斯教授说的那样:如果与我们的潜能相比,我们只是半醒状态,我们只利用了我们心智能源的极小一部分,至多每一个人也就开发出了百分之一二。所以,不善交际、不会交际的人完全可以通过学习和锻炼唤醒交际潜能,提高交际能力。

我国语言学界对语言交际能力的重视和强调,始于20世纪80年代的中后期。当时相继出版了几部著作,如刘焕辉主编的《言语交际学》(1986),孙莲芬、李熙宗的《公关语言艺术》(1989)和夏中华的《交际语言学》(1990)。现在二十年过去了,语言交际研究的某些方面有了一定进展,但总体而言,我国学术界对语言交际的重视程度、学术研究以及对学生语言交际能力的培养等方面还有待继续加强。而欧美学术界,半个世纪以来就一直将交际视为一门重要学科进行研究。当前美国已经有几百所大学设置了相关系所,众多知名商管学院还颁授有关交际与沟通研究的硕士或博士学位,并视其为MBA的核心课程。

作为一门科学,语言交际有很多原理、规律及相关技巧,要培养和提高语言交际能力,实现与他人的有效沟通,就需要了解并掌握其中的相关原理、规律与技巧。

本书共分十三章:第一章,主要介绍交际和语言交际的基本知识。第二章至第六章,分别从交际者(主要是从性别这一角度)、交际关系、文化、思维、心理、环境等方面,分析其与语言交际的关系,并指出如何利用这些因素提高语言交际质量。第七章,具体阐述了语言交际的基本原则。第八章至第十二章,从语言交际能力的分析入手,讲述如何实现有效表达和倾听,介绍日常交际礼仪与涉外交际礼仪,并提供一些具体的语言交际策略。第十三章则分析如何通过非语言手段的有效配合,最终实现完美、艺术的交际效果。

本书力图通过上述内容的安排,最大程度地实现"学"与"术"的有机结合。对语言交际规律及相关原理的分析和介绍,有利于读者对语言交际本质与原则的把握,有助于理性地认识语言交际,从而提高语言交际的科学性;而对语言交际方法、礼仪及相关策略的阐述和指导,则有利于读者对语言交际知识与技巧的把握,有助于有效地进行语言交际,从而提高语言交际的艺术性。

最后,感谢我的导师于根元先生百忙之中为书稿审校!感谢北京大学出版社及责任编辑严胜男女士的大力支持!

中国传媒大学 刘艳春
2006 年 2 月 20 日

第一章 语言交际概述

人类离不开交际。人类用以交际的工具和手段很多,语言、文字、旗语、信号灯、电报代码、音乐舞蹈、表情语、体态语、碰触语、时间和空间等等,都是人们用以交际的工具和手段。那么什么是交际?交际有哪些构成要件?又有哪些主要特征?语言交际如何产生?语言交际有哪些方式和层级?我们为什么要学习语言交际?这些都是我们首先应该了解的内容。

第一节 交际的含义、构成及符号系统

一、什么是交际

"交际"一词在汉语中出现至少已经有两千多年的历史。汉语里交际的"交"有接合、通气、赋予的意思;"际"有接受、接纳、交合、会合、彼此之间等意思。《孟子·万章下》:"万章曰:'敢问交际何心也。'"宋朝儒学大师朱熹作注:"际,接也。交际,谓人以礼仪币帛相交接也。"可见,在中国古代,交际既包括人与人之间的物质交换,也包括人与人之间的精神性交接,如信息传递、思想沟通和情感交流等。

"交际"一词在英文中的对译词,人们通常认为是 communication。而 communication 又可译为"交往"、"沟通"、"交流"、"传播",但就汉语而言,这些词语在内涵和习惯用法上还是有一定差异的。一般来说,凡是发生在人和与人有关的一切对象(可以是人,也可以是物)之间的活动,都属于"交往"。"交往"可以发生在人与人之间,

也可以发生在人与物之间。其中人与人之间的交往,即人际交往,等于古代汉语中谈到的"交际"——以礼仪币帛相交接。实际上,在现代学术界,人们研究的"交际"更多的只限于"人与人之间的精神性交接"这一部分,此时的"交际"与"交流"最为接近,但交流的重点在于相互理解,交际的重点则在于行为和行动。"沟通"与"交际"基本相当,不同的是,交际的重点在于行为和行动,沟通似乎更强调结果或效果,因此,"沟而不通"通常不被认为是严格意义上的沟通。"传播",尽管包括人际传播和大众传播,但从非严格意义上来说,传播就是大众传播,因此它与"交际"的区别就比较明显了。

"交际",《现代汉语词典》的解释是:"人与人之间的往来接触;社交。"这个解释对于想深入研究和学习交际的人来说显然有些空泛。比如,抛开人与人之间的物质性交换不谈,仅在精神性交接上,就存在这样两个问题:第一,交际必须是当事人有意识的行为吗?第二,交际必须是对方感知的行为吗?弄清这两个问题,对我们深入认识什么是"交际"非常重要。

根据是否有意识,人们在往来接触过程中可分为三种类型:1. 无意识的非语言行为。2. 有意识的非语言行为。3. 有意识的语言行为。根据是否被感知,也可以分为三种情况:A. 未被感知。B. 附带被感知。C. 被感知。那么综合起来,人们在往来接触过程中就会产生如下九种情况:

1A. 未被感知的无意识非语言行为——甲方的无意识行为,乙方没有感知到。如,甲打个哈欠,乙没看到。

1B. 附带被感知的无意识非语言行为——乙方同时感知到其他刺激和甲方的无意识非语言行为,但认知上没有立即处理甲方的这一行为,事后才理解甲方该行为发生的原因或其涵义。如,乙在看报纸时,感觉甲一连打了几个哈欠,后来才知道甲昨夜只睡了两个小时觉。

1C. 被感知的无意识非语言行为——乙方感知到甲方的无意识非语言行为,并有所反应。如,甲打个哈欠,乙侧头看了看甲。

2A. 未被感知的有意识非语言行为——甲方的有意识非语言行为,乙方没感知到。如,甲向乙挥手告别,乙没有看到。

2B. 附带被感知的有意识非语言行为——乙方同时感知到其他刺激和甲方的有意识非语言行为,但认知上没有立即处理甲方的这一行为,事后才理解该行为发生的原因或其涵义。如,甲的妈妈问乙:"听说你们的竞赛成绩出来了?"甲示意不要说,但乙完全不顾甲不让他说的动作,仍然兴奋地说:"是啊,甲得了第一名呢!"后来乙才知道原来甲想等到第二天再告诉妈妈,因为第二天是妈妈的生日。

2C. 被感知的有意识非语言行为——乙方感知到甲方的有意识非语言行为,并有所反应。如,甲向乙挥手告别,乙也挥挥手。

3A. 未被感知的有意识语言行为——甲方的有意识语言行为,乙方没感知到。如,甲向乙问好,乙没听到。

3B. 附带被感知的有意识语言行为——乙方同时感知到其他刺激和甲方的语言行为,但认知上没有立即处理甲方的语言行为。如,乙忙着包扎自己划破的手指,甲问:"疼不疼?"乙没有立刻回答,直到包扎完毕才说:"现在不怎么疼了。"

3C. 被感知的有意识语言行为——乙方感知到甲方的语言行为,并有所反应。如,甲问:"作业写完了吗?"乙回答:"还没写完。"

以往著述讨论最多的是 3C 这种类型的交际,它属于典型的语言交际。讨论到非语言交际时,2C 是最典型的类型。其实从交际本质来看,除 1A、1B、1C 之外,都属于交际。因为首先,交际行为区别于一般行为的重要条件是,以交换信息、沟通思想、交流情感为目的,即具有"交际"的意图。不具备交际意图的行为尽管也可能引起对方的反应,仍然不能属于交际行为。其次,交际行为是否被对方感知,涉及的是交际效果,不能因为没有达到预期交际效果就否定了交际行为。所以 2A、2B、2C、3A、3B、3C 都属于交际,只是交际手段、类别和效果存在差异。

从交际手段来看,2A、2B、2C 是非语言交际,3A、3B、3C 是语言交际。从类别来看,2B、3B 是非即时交际,2C、3C 是即时交际。从交际效果来看,2A、3A 由于一方的行为没有被另一方感知,也就不可能产生任何交际效果,毫无疑问是失败的交际。2B、2C、3B、3C 由于一方的行为已经被另一方感知,因此是形式上的成功交际,至于最终是不是成功交际,还要看感知方的具体反应。例如 3C 中,甲问:

"作业写完了吗?"乙答:"没吃饭呢。"假设乙没有任何言外之意(也许乙根本听不懂甲所使用的语言,还以为甲在问自己是否吃饭了),那么虽然从形式上看乙已经作出了回应,但这个交际还是失败的。

至此,我们就可以回答前面提出的两个问题了。第一,交际必须是当事人有意识的行为,只有具备交际意图的行为才是交际行为。第二,交际并不一定必须是对方感知的行为,对方没有感知与对方感知有误、对方感知正确但不予合作一样,都是失败的交际。失败的交际也是交际。

二、交际的构成要件和主要特征

(一) 交际的构成要件

交际者、交际意图、交际内容和交际渠道,是构成交际行为的四个要件。

1. 交际者。交际者,是交际中的人。没有人,产生不了交际。过去,从信息传播的角度常常将交际双方称为"发信者(表达者)"和"接收者(交际对象)"。但需要注意的是,现实生活中的交际过程是一个互动过程,交际双方的关系很少固定不变,二者总是在相互转化,一会儿是表达者,一会儿又是接收者。同时,这种划分方式将交际对象作为交际活动的客体对待,容易忽视其在交际活动中的重要参与功能。因此,为了表现交际双方的平等地位及各自的能动作用,我们将其统称为"交际参与者",简称"交际者"。当然,在特定情况下为了表达方便也可以称为"表达者"和"交际对象"。

2. 交际意图。没有交际意图的行为是人的一般行为,不是交际行为。交际意图是区别人的交际行为与一般行为的重要条件。

3. 交际内容。交际离不开交际内容。交际内容需要借助语言或非语言符号(包括面部表情、空间位置、手势身姿、身体动作、语调语气等)来传达或表现。

4. 交际渠道。交际内容的传达要经过一定的通道。面对面口头交际靠的是空气传导,书面交际靠的是纸介传输,电话网络交流靠的则是电信工具。

（二）交际的主要特征

交际是人们相互联系、相互交流、相互合作的手段和方式之一。总体而言，它有以下几方面特征。

1. 社会性。交际是一种社会现象，具有社会性。人类的交际都在一定的社会条件下进行，构成和影响交际的各个因素都摆脱不了当时的时代和社会烙印。

2. 个体性。交际是不同个体之间的具体行为，具有个体性。无论是哪种形式的交际都要通过具体的个人来实现，离开了个体的脑力和体力劳动，任何交际都无法进行。

3. 对象性。交际是信息、思想的交换或情感的交流，必然需要交换或交流的对象。对象可以是一个，可以是多个，还可以是自己。对象是自己的交际，被称为自我交际，属于一种特殊的交际类型。

4. 动态性。交际是一个动态过程，前一分钟还风和日丽，后一分钟就可能乌云密布，甚至雷雨交加。交际内容、环境气氛、交际者心情等的动态变化最终构成了交际的整体动态性。交际的动态性还体现在交际的可延展性上，这次交际可能就是下次交际的基础，接触交际可能就是相识交际、相知交际的前奏。

5. 不可回收性。交际的过程是信息传递、思想碰撞、情感交流的过程，这个过程具有不可回收性。交际一方一旦把信号投送出去，就如同泼出去的水，无法再回收。交际可修复，不可回收。

6. 影响因素的复杂性。上述交际要件以及其他相关因素（如社会背景、时空环境、文化差异等）都会对交际产生影响（见图1）。这些影响交际的因素又可以分为主观因素和客观因素。

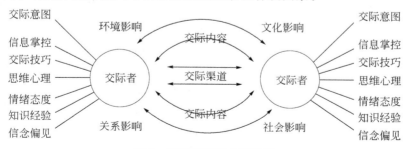

图1　影响交际的主要因素

（1）主观因素。主观因素主要是交际者方面的因素。如交际者的交际意图、信息掌控、交际技巧、情绪态度、知识经验、信念偏见、思维心理等因素都是影响交际的主观因素。这些因素不仅影响着交际的广度和深度,还常常会产生内部噪音(内部噪音产生于交际者的头脑,有时也来自于交际者的信念或偏见)或语义噪音(由人们对词语情感上的反应而引起,比如,在交际中一些人不愿听自认为是冒犯尊严的话),影响交际的质量。

（2）客观因素。交际内容、交际渠道、交际者之间的相互关系,交际者所处的社会背景、相互之间的文化差异以及交际所处的时空场合等因素都是影响交际的客观因素。这些因素不仅会影响交际者的交际行为,还会影响最终的交际效果。比如,来自环境的外部噪音就会对交际行为和交际效果起直接的干扰作用。

三、交际的符号系统

所有信息都是由语言或非语言符号构成的,符号是人类交际的基本要素。在社会交往过程中,人们之间交流信息、思想和情感,必须借助于某种符号系统。

（一）符号

没有符号就不能交际。用于人类交际的符号可以分为语言符号和非语言符号。

语言包括口头形式和书面形式,前者以声音为载体,后者以文字为载体。语言是人们运用最广泛、最普遍、最重要的交际符号。

非语言符号包括体距、体态表情、辅助语言和类语言等。体距指的是交际者之间的身体距离。它除了文化差异所导致的不同规范意义(如欧洲和北美相对来说习惯于保持一定距离,而阿拉伯地区的人们习惯彼此靠近)之外,还体现交际者的身份、地位以及交际者之间的人际关系(疏远、亲密)。体态表情是指人们通过身体姿态以及身体和面部各部位的变化来表示某种意思。辅助语言主要是指交际者说话时的声调、音量、节奏、变音、停顿和沉默等。类语言则是指那些有声音而无固定意义的符号,如呻吟、叫喊、口哨和咳嗽等。

(二) 信息的符号化过程

交际者获得的信息,首先是符号化了的信息,经过解读,才能得出其中的含义。

同一文化背景下的人们,共同掌握一套符号系统,按照同一套符号系统进行信息转换一般不至于在交际中出现误解与隔阂。但由于人与人之间地位、身份的差异,以及人与人之间需要、动机、兴趣等的不同,有时也会形成对符号解读的主观化倾向,从而造成交际误解,即一方发出的符号含义与另一方对该符号的解读结果出现偏差。例如:

> 有一天,我在洗衣店里正等着老板(引者注:老板是男的)找钱,这时进来一位穿迷你裙的非常性感的小姐。我尽量视而不见,老板则双目凝视。这位小姐轻盈地走了过来,对老板说:"老板,还是管您自己的事儿吧!"老板却有些为难地说:"说老实话,小姐,我是关心本店的名誉,您的裙子不是我们店洗缩水的吧?"

像这样的交际误解在日常工作和生活中会经常发生。因此,交际双方都应该特别注意反馈信息。当发现对方没有理解或误解了自己的本意时,可以再次进行信息转换。只要交际活动继续下去,信息转换过程就不会停止,而交际也正是在这样不断转换的过程中得以进行和延续。

第二节 语言交际的起源

尽管用于交际的工具和手段多种多样,但人类历史中,应用最广、使用人数最多、表达内容最丰富的,还要首推语言。对人类而言,任何事物的起源都具有奇特的魅力,语言和语言交际也不例外。从古至今,人们从来都没有停止过对语言交际起源问题的探索和研究。

一、语言交际起源的古老传说

历史上人们对语言和语言交际的产生曾有过很多猜想和传说,这些猜想和传说为语言和语言交际的起源披上了一层神秘的面纱。

(一) 神授说

最早的学说认为,语言是上帝或神创造的,因此语言交际也是上帝或神的恩典。中国古代有女娲抟土造人的神话。据说女娲开始造出的人都不会说话,她在这些泥人后脑勺上拍打几下,泥人便哇哇地叫起来,这样就有了语言。因此孩子出生都伴以哇哇的哭声。在澳大利亚传说古代东方住着一个凶恶的老太婆,叫布鲁利。夜晚一到,她就拿着一根木棒去捣毁周围熟睡人们的篝火。布鲁利死后,大家都非常高兴,聚在一起分食恶婆婆的尸体以作纪念。由于大家分食的部位不同,于是都说起相互不懂的话来。

基督教的经典——《圣经》,也对语言起源有比较详细的描述。《旧约全书·创世纪》第二章说:

> 耶和华神用地上的尘土造人,将生气吹在他鼻孔里,他就成了有灵的活人,名叫亚当。耶和华神在东方的伊甸立了一个园子,把所造的人安置在那里。耶和华神使各样的树丛地里长出来,可以悦人的眼目,其上的果子好作食物。园子当中又有生命树和分别善恶的树。……耶和华神说:"那人独居不好,我要为他造一个配偶帮助他。"耶和华神用土所造成的野地各种走兽和空中各种飞鸟,都带到那人面前,看他叫什么。那人怎样叫各样的活物,那就是他的名字。那人便给一切牲畜和空中飞鸟、野地走兽都起了名,只是那人没有遇见配偶帮助他。①

第十一章还讲到:

> 那时,天下人的口音、言语都是一样。他们往东边迁移的时

---

① 文庸:《圣经文选》,今日中国出版社1999年版,第6—7页。

候,在示拿地遇见一片平原,就住在那里,他们彼此商量说:"来吧,我们要做砖,把砖烧透了。"他们就拿砖当石头,又拿石漆当灰泥。他们说:"来吧,我们要建造一座城和一座塔,塔顶通天,为要传扬我们的名,免得我们分散在全地上。"耶和华降临,要看看世人所建造的城和塔。

耶和华说:"看哪,他们成为一样的人民,都是一样的言语,如今既做起这事来,以后他们所要做的事就没有不成就的了。我们下去,在那里变乱他们的口音,使他们的言语彼此不通。"于是,耶和华使他们从那里分散在全地上,他们就停工,不造那城了。因为耶和华在那里变乱天下人的言语,使众人分散在全地上,所以那城名叫巴别(就是"变乱"的意思)……[①]

在这个故事里,也没说最初上帝是如何赋予亚当语言的。亚当一造出来,就有了语言能力,不仅能说话,还能给其他生物命名。但是这个故事给出了另外一个信息:上帝当初赋予人类的是一种语言,后来发现人类有了共同语言后,彼此协作,团结一致,要造一座通天的高塔。上帝认为人类之所以有如此大的力量,完全是因为使用同一种语言造成的,于是他变乱了人类的语言,从此人类就说不同的语言了。

(二)语言雨

关于语言和语言交际的产生,还流传着一个"语言雨"的传说:

在最初的时候,每个人都是哑巴,相互往来都用手势、眼色、表情和动作来表示,他们当时发出的声音只是简单的呼喊和吼叫。有一年发生大旱,地干裂,人干渴,人们连呼喊吼叫的力气也没有了。忽然有一天下起了大雨,干渴的人们高兴得手舞足蹈,每个人都张开了大口来饮雨水解渴。这雨很奇怪,不但解了大家的渴,还向人们浇灌了许多词语。等雨一停,大家都能张嘴说话了。而且,还发现不同地区雨的颜色不同,饮用红色雨水的人和饮用白色雨水的人彼此说着互相听不懂的话,而饮用同一种颜色雨水的人却都能听懂对方所讲

[①] 文庸:《圣经文选》,第14页。

的语言。

不管是神造语言的幻想还是关于语言雨的传说,都反映了当时人们的认知水平和想象能力。这些想象性幻想和解释,反映出古代人们对于语言产生及语言交际现象的天生好奇和宝贵探索。

二、语言交际起源的长期探索

随着科学的发展,人们开始摆脱"语言神授"的原始观念。

(一) 与"神授说"诀别

18世纪下半叶,西方学界关于语言起源问题的探讨进行得非常热烈。普鲁士科学院在1769年甚至发表公告说,如果谁能针对这一问题提出一个让人信服的答案,就将获得一项科学奖。在德国,争论主要在哈曼和赫尔德之间进行。神学家哈曼诚信《圣经》所述,认为语言确实是神所造,并由神授予了人。赫尔德同样笃信上帝,但在语言起源问题上却是无神论者,他以一篇题为《论语言的起源》的论文赢得了大奖。这件事本身已经说明:发展到当时,神授说在语言起源问题上业已成为明日黄花。又过了几十年,至少在德国学界,语言起源与神无关这一点对大多数人来说已成为定论。

洪堡特在《论差异》一书里指出,世界上许多民族都有一个内容相似的传说,说的是人类如何从一对男女开始逐渐繁衍起来,然而这类传说正如许多神话那样纯系杜撰,并无确凿的历史根据。人与他所属的一代人、与他所在的时代有不可分割的联系,孤立独处的一男一女是绝对不可想象的。他告诫道,语言学应当依靠经验事实,而不是信赖那些关于人类及其语言的起源的神话传说。即使是初始的语言,也必须以群体的形式存在,一种只为两个人所用的语言是违背经验常识的。[①]

尽管赫尔德与洪堡特都否定语言和语言交际的神造说法,但两

---

① 参见姚小平:《洪堡特——人文研究和语言研究》,外语教学与研究出版社1995年版,第82页。

个人提出的观点并没有让更多人信服。赫尔德指出,人与动物有根本的种属差别,人所独有的生物本性是"思考",这种本性第一次自由和充分地发挥作用,便创造出了语言。而人们的质疑是:一种产生出语言的"思考"能力可以脱离语言、先于语言而存在吗?对于洪堡特的观点——语言是一个整体;语言是人类存在不可或缺的一部分;语言与思维密不可分①——研究者们认为这些是语言的本质问题,与语言起源没有直接关系。

(二)恩格斯"劳动创造"说

恩格斯在《自然辩证法》中提出劳动创造了语言,语言交际产生于劳动的观点。这一观点对我国语言学界影响很大。恩格斯认为,语言是人类形成时,在集体劳动过程中,为了适应交际需要而产生的,是"这些形成中的人,已经到了彼此间有什么非说不可的地步了"②才产生出来的。对于这一学说,李宇明认为:"集体劳动需要协调步伐,需要交流经验,于是提出了创造语言的必要性。远古祖先在劳动中,前肢与后肢逐渐分工,开始直立行走,发音器官得到了改善:肺部不再受压迫,呼吸变得自由;气流通道由直变弯,有利于节制气流;声带下移,口腔变得灵活起来。而且,随着生产力的提高,饮食结构的变化带来了营养条件的改善,视野逐渐开阔,思维能力有了飞速发展。这些变化为语言的产生提供了生物学和心理学的基础。但是,这一学说并没有解决语言发生的具体过程,因此对语言起源问题的解释还是不完备的。"③

(三)其他几种说法

关于语言及语言交际的产生,还有其他一些说法。

1. 摹声说。认为语言起源于对外界声音的模仿。我国清代学者张行孚在《说文发疑》中就有"字音每象物声"的主张。

2. 感叹说。认为语言起源于原始人对各种感受的感叹。古希腊的伊壁鸠鲁学派就持这种看法。

---

① 参见姚小平:《洪堡特——人文研究和语言研究》,第83页。
② 恩格斯:《自然辩证法》,人民出版社1957年版,第139页。
③ 李宇明主编:《语言学概论》,高等教育出版社2000年版,第190页。

3. 劳动叫喊说。由19世纪70年代哲学家诺埃利提出,认为语言起源于伴随劳动而发出的叫喊,这种叫喊演变为劳动号子,进而又发展成为原始语言。也有学者将其称为"无意叫唤说"。

4. 社会契约说或约定说。正式提出这一说法的是18世纪中叶的卢梭。这种说法认为原始人没有语言,后来大家彼此约定,规定了一些事物的名称,就产生了语言。

5. 手势说。最早由德国心理学家冯德提出,后来得到苏联语言学家马尔的大力支持。该说法认为原始语言不是有声语言,而是手和身体的姿态,后来在这些手势和身姿的基础上才逐渐发展出有声语言。

这些说法目前也都缺乏有力确凿的科学证据。

三、语言交际起源的现代假说

从人类社会发展来看,旧石器时代延续了近300万年,在这漫长的时期里,人类社会的发展异常缓慢。但是到了旧石器时代的晚期,人类社会的发展步伐突然加快。这种突然加快的发展步伐,意味着这时人类获取了一种从未有过的魔力般的东西。很多学者认为,这种东西很可能就是语言。

综合对灵长目动物"语言"的观察、考古学方面的探索以及对儿童学习语言的研究成果,形成了现代一些学者对语言起源的新认识。他们认为,有声语言产生在距今四五万年前的旧石器时代的晚期,也就是晚期智人时期。人类语言是长期进化的结果,既非神授,也不是短时期内由人创造出来的。在晚期智人之前,猿人或原始人已经可以用比黑猩猩的叫声更复杂一些的声音来交流信息。随着发音器官的不断进化和思维水平的逐渐提高,这些声音也渐渐清晰起来,并可以分解为更小的单位或依照一定的规则组合成语流,于是真正的语言也就产生了。

人类的语言交际由动物似的叫声进化而来,是依据现代科学提供的新资料作出的关于语言及其交际起源问题的新构想。这不完全是主观拟测,当然也还不是最后结论。另外,还有说法认为,游戏是语言的一个重要起源。高万云在《文学语言的多维视野》中说："我们认为除了语言神造说以外，像约定说、摹声说、无意叫唤说、感叹说、手势说等都应视为语言产生的不同途径，尤其是在恩格斯提出劳动说以后，丹麦语言学家叶斯泊森提出了语言起源于游戏或歌唱学说，更不能简单加上'荒谬'的帽子。"[①]

我们相信，随着科学的新发展和有关学科的综合研究，对语言及语言交际起源这一科学之谜的解答会有更新的发展。

第三节 语言交际的方式与层级

语言是人类最重要的交际工具，人们在运用语言进行交际的过程中会采用不同的交际方式，同时也会表现出不同的交际层级。

一、语言交际的主要方式

按语言交际的媒介方式来划分，语言交际可分为口头交际和书面交际。

（一）口头交际和书面交际

口头交际包括听、说，书面交际包括读、写。随着不同国家、不同民族、不同文化间交流的日益频繁，"翻译"在相互交流中的地位日渐提高。翻译有口头形式的同声传译，它是听、说能力的综合反映，也有书面形式的文稿翻译，它是读、写能力的综合反映。因此，当今完整的语言交际能力应该是听、说、读、写、译的能力以及与其他交际者互动的能力。

口头交际、书面交际与口语交际、书面语交际不同。口头交际使用的并非一定是口语，书面交际也并非一定使用书面语。

以书面形式传递信息、情感、思想的方式叫书面交际。书面交际以文字为工具。文字作为语言的书写符号，在语言交际中可以补充

[①] 高万云：《文学语言的多维视野》，山东文艺出版社2001年版，第235页。

口语的不足,使语言交际不受时空限制,也便于对交际内容、表达方式的选择和斟酌。另外,书面形式还可传递平时口头上不便表达的内容。但随着时代的发展和信息工具的不断升级,以往相当一部分书面交际不知不觉已经被口头交际所取代。

(二) 口头交际中的说与听

大多研究语言交际的著述都侧重谈语言交际中的口头交际,也就是语言交际中的说与听,本书也不例外。但以往著作基本都在讨论"说",相对而言,对"听"显得不够关注。其实,在实际的语言交际过程中,"听"对语言交际的成功与否发挥着相当重要的作用。比如,在很多情况下,只有听得好才能说得好,双方才能互动得好。"听"是语言交际能力的重要组成部分。

(三) 口头交际中的谈、讲、述、辩、说

口头交际又可以细分为谈、讲、述、辩、说等几种不同的具体形式。

谈,是谈话、对话。它是口头交际中使用频率最高、最能体现交际者交际能力的一种语言交际方式。因为"谈"不仅仅考验交际者讲、述、说的语言能力,还考验着交际者听的能力以及与交际对象的互动能力。在这种互动的过程中更能表现出一个人的语言交际实力,如语言交际的得体性、灵活性、艺术性等等。这种交际方式是对一个人的语言表达以及这个人的学识、修养、能力等各方面素质的综合考验。

讲,一般来说是比较正式的口头交际。"讲"通常是有准备的,而且通常是一个交际者面对众多交际对象,因此,交际者在讲的过程中不像谈话那样有交际对象适时的语言暗示和语言配合。"讲"更多的是考验交际者成篇表达的能力,如演讲、做报告、新闻发布会以及老师的讲课等等。

述,指的是口头交际中的陈述、复述。"述"的能力也是语言交际能力的一种体现,它通常是锻炼谈、讲、辩、说几种语言能力的基础。在训练儿童学习母语时,复述训练是常见的一种方式。当今初级阶段留学生的外语学习也常常用这种"述"的训练方法。

辩,通常是交际双方就一个论题展开讨论的一种口头交际形式。

辩,有的是通过精心准备以组团形式参加的正规辩论,如大学生辩论赛,国际大专辩论会等;有的是交际双方就某一问题有不同见解而展开的相互讨论,这种讨论事先没有准备。观点的对抗性是"辩"与其他口头交际方式的最大不同之处。

说,是一般的口头表达。"说"可以是简单的重复,也可以是个人独白。"说"与讲、谈、辩的最大区别是后者都存在实际听话人。"说"不见得一定有听众。

在实际语言交际中,谈、讲、述、辩、说在交际风格上存在差异,比如,谈话中所用的风格,有时就不能放到讲话中去,反之亦然。但通常人们在表述时不作特别细致的划分,将它们统称为"说话"。

二、语言交际的层级

(一)按交际关系划分的三个层级

人与人之间的交际关系可以简单分为接触、相识和相知三个层级,相应地,语言交际也就被划分为接触交际、相识交际和相知交际三个不同层级。

1. 接触交际。接触交际是指陌生人之间的交际,也称为路人交际。实际生活中属于该层级的人相当多,只要迈出家门、走出单位,我们接触最多的并不是熟人,而是来来往往的陌生人。但在这一层级中能实际发生语言交际的并不多,一般只有在不得不交际时才会发生语言交际。

接触交际的对象都是陌生人,决定了人们在这种关系的交际中通常比较谨慎。交际内容上,通常只说必要的信息。比如问路,应答者一般不会说或不会说太多超出关于这一话题的内容。这种交际突出的是信息性。交际形式上,尽管因个人教养不同在礼貌上会有所差异,但基本都是简单、常规的应答,一般不会表现出太多的感情色彩。生活中的这种语言交际经常发生在临时产生需要和临时满足需要时,因此,这种类型的交际通常是偶然的、不深入的、临时的,在内容上也是受限的。

工作中的接触交际是不可避免的,它是将来相识交际甚至相知交际的基础,因此初次交际的成功在工作中显得非常重要。在交际中有两个效应,即"首因效应"和"近因效应",它们都对后续的语言交际有重要影响。而接触交际就相当于所有语言交际链中的"首因效应"。好的接触交际可以为后续交际奠定非常好的基础,糟糕的接触交际很可能让后续的交际布满荆棘,甚至还可能从一开始就丧失了后续交际的可能性。

2. 相识交际。第二个层级的交际关系是相识,相识语言交际几乎占据了一个人语言交际的全部。这一层级的人数也相当多,它包含着不同的级别和复杂的关系。只要是认识的而没有达到心灵相知的人都属于这个层级,下起仅共事一天的同事或在旅途中因同一坐席聊了一两个小时而知道对方姓名的客友,上至与自己生活几十年却未能真正达到心灵相通的伴侣、父母以及兄弟姐妹等等。

这一层级存在错综复杂的人际关系,有的是业缘关系,如同事关系、领属(领导和下属)关系、同学关系等;有的是血缘、姻缘关系,如夫妻关系、父子母女关系、兄弟姐妹关系等;有的是情缘关系,如恋人关系、朋友关系等;有的是其他社会关系。这些人际关系中经常出现交叉现象,比如,是同学又是朋友,是同事又是恋人。不同的人际关系决定着不同的语言交际内容和形式,比如,有些话只能在夫妻之间耳语,不能与同事或父母说。在这些关系中还存在着不同层次的情感关系,语言交际内容的广度与深入程度实际上是由交际双方情感关系的深入程度决定的。比如,一个人与自己亲戚的感情不如毫无血缘关系的朋友深,那么他与这位亲戚的语言交际广度和深入程度总体上一定不如这位朋友。

3. 相知交际。相知层级的人最少,有的人一生也未见得会遇到一个真正与自己相知的人。"人生得一知己足已",足见相知层级的人确实难得。可一旦到了这个层级,双方的交际是最深入、最知心的。这种深入和知心与话语量没有太大关系,有时甚至一个眼神就够了,并不需要太多言语。这个层级上的交流常常会达到不沟而通的境界。

（二）按交际效果划分的三个层级

沟而不通、沟而能通和不沟而通是根据交际效果为语言交际划分的三个层级。

1. 沟而不通。"沟"指实施了交际行为，"不通"指没有达到交际效果，这是失败的语言交际。沟而不通可能有以下几种情况。

（1）信息未被顺利接收。我们在第一节谈到的 2A、3A 这类情况属于客观上没听见或没看见。此外，也有主观上拒绝接收的情况，如另一方听不进去或故意不看。

（2）信息被顺利完整接收，但不理解。如语言不通，或另一方当前知识储备与智力能力不够，不能理解对方的话语意义。

例如，一天，父母都出去了，只有一个十一二岁的小孩在家。这时有位陌生人来访。他一进门就问小孩："令尊令堂在家吗？"孩子听不懂"令尊令堂"的意思，瞪着眼睛呆想了半天，才说："我吃过许多糖，可没吃过令糖（堂）。"

还有些人由于学识层次不同，根本无法真正领会对方的话语意义，但出于面子不好追问，只能佯装明白，而在他的频频点头中说的人兴致越来越高，结果说到最后才发现他从一开始就没懂，这常常是最令人恼火的沟而不通现象。

（3）信息被顺利完整接收，但理解错了。例如：

甲：你明天还去玩球？
乙：怎么？你不希望我去？
甲：吼什么吼？（实际上，甲是想让乙带她一起去玩球）

（4）信息被顺利完整接收，也正确理解了，却不予认同或配合。例如：

丈夫：情人节我们怎么过？
妻子：你说呢？
丈夫：要不我们一起出去吃饭？
妻子：随便。
丈夫：那就这么定了？

妻子：……（沉默）
丈夫：你听见了吗？（焦急）
妻子：听见了！你都定了还问我干什么？（愤怒）

很显然，妻子是不希望以出去吃饭的方式来过情人节的，但妻子没说出自己的希望和需求，这也是不成功的沟通。

2. 沟而能通。"沟"指实施了交际行为，"通"指达到了交际效果。要做到沟而能通，首先要有积极合作的心态，遵守交际的基本原则。此外，还要学会积极平衡和调试交际心理，消除交际障碍。比如，很多人在与比自己地位高得多的人交际时，常常因为不能平视对方而精神紧张、行为局促，这时如果地位高的交际者能主动热情地与之打招呼，效果会好很多。这是地位高的交际者主动将自己的心理高度降低，以便与对方保持平等的一种积极合作的表现。地位低的交际者也会因为此时双方的心理距离缩小而放松了许多。这样，沟通起来也就会顺畅得多。如果地位高的交际者不懂得主动降低自己的心理高度，地位低的一方为了保持沟通顺畅，就应该主动提高自己的心理高度或降低对方的心理高度，这叫作调整心理"势位差"。比如，地位低的交际者可以提示自己：对方也是人，没什么了不起，只不过是被社会放在了一个较高的位置而已。这种暗示实际上是在调试自己的心态，把对方看成和自己差不多的平常人。在心理上做到了平等看待自己和对方，才能放开自己，才能使交际顺利畅快地进行，从而实现沟而能通。

3. 不沟而通。"不沟"指没有实施交际行为，"通"指达到了交际效果，即不经过语言交际却能达到语言交际的效果。不沟而通包括不同层次，高层次的不沟而通很难，那是一种先天存在或长期磨合，相当了解后的高度默契。低层次的不沟而通可以通过相应培养来实现。比如，随时随地养成注意对方行为举止的习惯；采用将心比心的方法，体会对方发出的无声信息，并注意锻炼自己这方面的推测能力等等。

第四节　为什么要学习语言交际

一、学习语言交际的重要性

(一) 语言交际是人的基本需求之一

每个人都有多种需求。美国心理学家马斯洛曾经把人的各种需求归纳为五类，按其重要性和先后次序分别为：生理需求、安全需求、归属与爱的需求、尊重需求和自我实现的需求。其中，"归属与爱的需求"是指与其他人建立、维持、发展良好关系的需求，实际上就是交际需求。这是人继生理、安全需求之后的又一基本需求。之所以如此，主要是因为：首先，人是社会的，人的社会性决定了人具有强烈的归属感，他们往往要通过与他人往来交际的方式体会着自己是这个社会的一员。其次，古人说，植物有情不能动，动物有情而且能动，其中高等的还有义。人，有情、有义、能动，而且有理智，能思考。因此，人的需要不仅是物质的，更要有精神的。人需要交换信息，需要交流思想和情感，而这些精神需求只有通过语言交际才能得到最大程度的满足。

除部分语言残障者外，绝大多数人都是通过语言交际来实现与他人交往、与社会联系的，语言交际就像老朋友一样默默伴随人的一生。作为人的基本需求，语言交际通常有这样的特点，即存在的时候人们往往不十分在意它，失去的时候才真正体会到它的重要。

(二) 语言交际能促进身心健康

社会心理学家对交际与人的身心健康的关系进行过非常具体的研究。如美国学者摩根就曾在普林斯顿大学做过一次限制语言交际的实验。他请一些学生单独住进悄然无声的封闭小屋里，里边放着各种美味佳肴，尽可自由吃喝，但没有任何东西可以阅读欣赏。这相当于切断了他们可能与外界进行语言交际的所有渠道（阅读欣赏也是一种与外界交流的方式）。实验结果是，这几个学生在小屋中待了两天就拼命地敲打墙壁,要求出来。据说他们被放出来后,所有人都神情呆滞、表情麻木,动作也不协调了。经过很长一段时间才得以恢复。这个实验再次表明,人类一旦脱离社会、失去交流,就会给身心健康造成严重伤害。

培根曾说,如果你把快乐告诉一个朋友,你将得到两个快乐;而你如果把忧愁向一个朋友倾吐,你将被分掉一半忧愁。语言交际之所以能促进人的身心健康,是因为通过语言交际,人们能减少痛苦、宣泄愤怒、缓解压力、消除恐惧,同时能获得快乐、感受友爱、体会真情、分享智慧。总之,语言交际不仅可以使一个人远离可能产生的孤独感,还能减少或消除已经出现的负面情绪,增加人间快乐和积极体验。

(三) 语言交际是促进事业成功的重要因素

首先,一个人的成功需要以知识、能力为基础,语言交际能帮助人们增长知识、广博见闻,从这个角度来说,语言交际能间接地促进一个人的事业走向成功。增长知识、广博见闻不仅需要读万卷书、行万里路,还需要与万人谈。与万人谈是非常便捷地获取知识和见闻的方法。如果我们多听、多看、多阅读,我们就比那些少听、少看、少阅读的人了解更多的科学知识和社会见闻。听、看、阅读的过程是语言交际中接收吸取的过程,是能量吸收的过程。一个人的知识多了,见闻广了,本领增强了,成功的机会就多了,成功的可能也就大了。

其次,语言交际能力作为人的核心能力之一,本来就是一个人事业成功的重要因素。20 世纪初美国就有人提出,一个人在事业上的成功,只有 15% 仰仗业务技术,另外 85% 则要靠人际关系和处世技巧。而在这 85% 中,很大程度上又取决于一个人的语言交际能力(主要指口头交际能力)。西方国家一直把语言交际能力作为衡量人才的标准,他们认为口才是发明创造的重要因素,所以,很多企业招聘各类人员,特别是高级技术人员时,都要进行口试。口试不仅能考察一个人的语言表达能力,还能考察出一个人的综合素质和水平。比如,杨澜在《别误解我——杨澜自述》中陈述过她考中央电视台节目主持人的经过,她说,考试中,主考官突然问:"你敢不敢穿三点式泳装?"这在当时是个很敏感的问题,无论回答"敢"或"不敢",效果可能都不是很好。她机敏地避开正面回答,说:"服装和社会生活有着密切关系。若是到海滨浴场,穿三点式未尝不可;若是在乡间小路、旅店客栈穿三点式,就不免显得对人不尊重。这不是敢不敢的问题,而是合适不合适的问题。"正是这一次的出众回答,为她后来成功当选中央电视台节目主持人奠定了基础。

二、学习语言交际的必要性

古希腊政治家、军事家塔里克斯普曾经说:"会思考但不知如何去表达的人,无异于那些不会思考的人。"[①]中国科学院院士卢嘉锡也说过:"一个只会创造不会表达的人,不算是一个真正的科学技术工作者。"[②]可见,从古至今人们一直都把语言交际能力放在一个非常重要的位置。但是,我们绝大多数人都是在不知不觉中掌握语言进行交际的,对语言交际的原理、规律缺乏必要的理论认识和相关的知识了解。即使一些人语言交际能力较强,也常常是知其然不知其所以然。所以了解一些语言交际知识,可以使他们的语言交际锦上添花。而对那些不善交际或语言交际能力较弱的人而言,了解相关的语言交际知识和锻炼方法就可以称得上是雪中送炭了。

对于在校大学生而言,目前讲授现代汉语和语言学知识的课程,谈的大多都是静态的语言内部结构和语言理论,这些都是处于"备用状态"的语言知识。这种知识的学习是必要的,但与现实生活中如何运用语言与他人交际毕竟存在一定距离。语言交际课程把语言放到社会交际(应用)中来阐释,不仅可以使学生的汉语知识和语言学知识融会贯通,还可以使其得到巩固和深化。

随着国内对应用语言学的重视,一些院校先后成立了应用语言学系,讲授"应用语言学概论"这门课程。广义的应用语言学包括语言交际。我国多数学者采用的是广义说,因此很多院校讲授的应用语言学课程都包含一部分"语言交际"内容。但总体而言,语言交际

[①] 转引自康家珑编著:《语言的艺术》,海潮出版社2003年版,第6页。
[②] 同上。

部分在整个"应用语言学概论"这门课中占的比重很少,所以,试图通过应用语言学概论一类课程的讲授来指导学生的语言交际是不现实的。语言交际是一项非常复杂的交际活动,语言交际能力并不能通过拥有语言知识或一部分语言交际知识就能得到提高,因此,要想培养和提高语言交际能力还需要系统地学习。

当然,需要说明的是,语言交际知识和规律不等同于语言交际能力,而我们所能给大家的只能是语言交际知识和规律。而且,现实生活中的语言交际能力,不仅仅体现在语言知识储备和语言知识运用上,还体现在与不同交际参与者互动的能力上,也就是与不同交际参与者既趋同又趋新的不断磨合的能力。这种互动(磨合)能力是无法直接教授给每位交际者的。即使网罗了普天下的语言交际术,也不可能指望它们成为一剂应付千变万化的语言交际活动的万能良方。一个人的语言交际能力还要通过经常参与交际活动的实践才能获得并不断得到提高。这与学习了写作理论、写作技巧不一定会写出漂亮文章是一个道理。

学习《语言交际概论》的意义仅在于掌握语言交际的基本原则和基本规律,了解语言交际的基本礼仪及相关技巧,并通过借鉴成功的语言交际案例,做到在语言交际中触类旁通、举一反三,从而提高自己的实际语言交际能力。

1. 什么是交际?交际与交流、沟通、交往、传播有什么不同?
2. 下面这则故事说明了交际的什么特征?为什么?

　　韩信遣使来见汉王刘邦。来使呈上书信,汉王展视未终,不由怒道:

　　"我困守此地,日夜盼他来助,他不发一兵一卒,却想自立称王!"

　　张良、陈平闻言,忙走到汉王面前,暗中踢了一下他的脚。

汉王本是敏感之人,忙停住了骂声,将书信递给张良、陈平。二人见书中写道:

"齐人多诈,反复无常,且南临项羽地界,恐有所变,请封假王以镇抚。"

两人看罢,附耳汉王道:

"汉军不利,怎能禁住他称王?不如因势利导,封他为王,否则恐怕生变。"

汉王已明其意,遂佯叱道:

"大丈夫平定诸侯,要做就做真王,何必称假呢?"

3. 语言交际有哪些不同形式,各自的特点是什么?
4. 谈谈语言交际的层级。接触交际有什么特点?
5. "沟而不通"主要有哪些情况?
6. 我们为什么要学习语言交际,学习语言交际还要注意什么?

第二章　性别差异与交际意识

交际者作为语言交际的必备要件,和语言交际有多重关系。同时,交际者作为语言交际的执行者,其性别、年龄、职业、文化程度、处境心情、性格爱好以及与对方的熟悉程度等等都或显或隐、或多或少地影响着语言交际。

第一节　交际者与语言交际

交际者是语言交际的主体,他们是语言交际的执行者,同时也是语言交际效果的权威检验者及语言交际多方面的制约者。

一、语言交际的执行者

任何语言交际都离不开人——交际者,交际者是语言交际的执行者。在整个语言交际过程中,直接依赖人参与的只有作为始点的交际者和作为终端的交际者。在发送与接收的两极中,无论缺少哪一方,语言交际都无法进行。没有发信者,语言交际活动无从谈起;没有接收者,语言行为成了单一的信息输出,也就谈不上严格意义上的语言交际了。

交际者的素养决定了语言交际的旨趣及语言交际的不同层次和水平。具有较高文化素养的人之间的交际,有时是机智的,有时是微妙的,甚至是艺术的。比如,某作家与朋友的这样一席对话:

朋友:文人的胃口真好,在你们的笔下什么都能吃:吃苦、吃力、吃醋、吃官司、饮泣、饮恨、食言、啃书本、喝西北风、咬文、嚼字……还有什么不能吃的？

作家：不吃软，不吃硬，不吃眼前亏。

作家的回答借"吃"说"吃"，道出了自己的骨气，同时那"不吃眼前亏"，也毫不客气地顺势回击了对方。

二、语言交际效果的检验者

从接受美学及语言学的角度看，一个孤立的语言片断，无论其形象生动与否，都谈不上好与不好，只有把它放在语言交际的具体环境和过程中，并联系其他交际参与者的反应才能看出效果的好坏。因此，评价或检验语言交际效果的重要标准是看其他交际者是否对表达的信息有所领悟、有所理解、有所收获，以至有所反应、有所行动，以及领悟了多少、理解了多少，反应、行动的程度如何。成功的语言交际是传达并实现自己的交际意图，同时能获得其他交际者良好的评价和印象的语言交际。

比如，一个新上任的年轻军官要在火车站打个电话。他翻遍了所有的口袋，也没有找到零钱，于是他到站外看看有没有人能帮忙。终于有一位老兵走了过来，年轻的军官拦住他说："你有10便士零钱吗？""等一等，"老兵回答，忙把手伸进口袋，"我找找看。""难道你不知道对军官应该怎样说话吗？"年轻的军官生气地说，"现在让我们重新开始。你有10便士零钱吗？""没有，长官！"老兵迅速立正回答道。

老兵的反应告诉我们，这位长官的交际效果是非常失败的。如果他不摆架子，可能那10个便士的零钱早已到手了。

三、语言交际多方面的制约者

交际者对语言交际的影响和制约是多方面的，并且贯穿语言交际过程的始终。

（一）交际的话题

和一个人说什么话，要受交际目的的支配，同时，也受交际者自身诸多因素的影响。交际者的身世经历、职业身份、性格爱好、知识储备等都会对交际话题有制约。比如,一个在旧社会被迫沦落到烟花柳巷的女子,在她跳出火坑,重获新生后,不愿意回顾那段痛苦的过去,即使其他交际者无意中提及,也会引起她的防御性反抗,使交际氛围变得不愉快。再如,出生在农村的人,不喜欢其他人说农民如何落后,在孩子面前要避开一些成人话题等等,都是交际者制约和影响交际话题的表现。

(二) 交际的方式

交际者对交际方式也有制约。比如,与外地人交际,大家一般都尽最大可能地用普通话,而与老乡交流就自然地会使用家乡方言。我们常常会看到一个外地人,只要一遇到同乡,马上就会改用家乡方言。再如,两个医学同事交谈医学方面的知识会采用规范的术语,而与一个平常的家庭主妇交际,就要尽量用生活语言而避开医学术语。又如,与有身份地位的人交际,言谈举止要严肃郑重些,与一般百姓就可以轻松随意一些;与老人交流要注意语气语调,表现出尊重,与儿童说话要注意使用儿童语言等等。如果不考虑其他交际参与者的实际特点和具体条件,就容易造成交际失败或交际不畅。

(三) 交际的风格

两个人先后经过火车站旁一个卖仿制劳力士表的钟表店门口。

> 老板(对第一个人):你好!要仿制表吗?
> 老板(对第二个人):先生,你好!要劳力士吗?

两个过路人,第一个是民工模样,与他同行的几个人看起来都是民工。卖仿制劳力士表的老板招呼的第二个人五十四五岁,穿着西装,打着领带。从上面打招呼的方式可以看到老板面对两个不同身份的人,表达有所不同。对第一个人,他直接用"你好"来招呼,并言明自己卖的是"仿制表",暗示该表价格低廉;对第二个人,他用"先生,你好"来招呼,强调所卖的表是"劳力士",暗示该表是有身份、有地位人的所选。

该例中,老板没有说谎,但面对有社会差异的交际对象,他通过对客观信息有选择的表达和语言形式转换,达到了最大程度打动和吸引潜在顾客的目的。当这些语言形式的转换用来表示语言情境中的元素变化时,语言学家用了很多不同的术语来指称这种转换,如"语域"和"表达风格"。

"语域"这一术语大多倾向于同特定的场景相联系;而"表达风格"则倾向于和交际对象相联系,尽管在很多情况下它们并没有明显区别。例如,如果我们偶然在大街上碰到一位朋友,问候可能非常随意而口语化;但如果我们和朋友都出席一个董事会,那么问候就会正式得多。尽管交际对象相同,问候的"语域"却会随着不同的背景场合而发生变化。同"语域"相比,"表达风格"这一术语少了一些限定。例如,我们可以说张三很善于在任何场景中选择恰当得体的语域或表达风格;我们不能说张三有一种有趣的语域,但却可以说张三有一种有趣的表达风格。"表达风格"可以包含"语域"的概念。

对不同人交际风格不同,还可以体现在很多方面。比如在性别方面,是否有异性在场,交际风格往往有很大不同。有异性在场,一般都比较收敛,但如果都是同性别的人,往往就会放纵一些。

第二节　性别差异与话语诠释框架

在现实的语言交际中,性别差异造成的影响最容易被忽略,因为大多数人不会认为性别还会对交际产生多大影响。实际上,性别对语言交际的影响常常来自于不同性别看待问题和处理问题的方式不同,从而导致对语言诠释框架的差异。这些不同和差异通常是比较隐蔽的,因此往往容易被交际者和研究者所忽略,而由此导致的语言交际障碍和误解也就频频发生。

一、你就是不理解我——两性交际障碍

下面是一对夫妻的对话:

男:你过生日想要什么?

女：什么都行。
男：不,说真的,你想要什么?我想送给你点儿好东西做礼物。
女：你不用给买我什么,而且现在我们也负担不了那么多。
男：那——我们就一起出去吃饭怎么样?
女：行,我真的不要什么。

通过上述对话,我们可以了解到这样的背景:(1)当前他们的经济状况不太好。(2)男人确实想送给女人一样不同寻常的、她自己不会去买的礼物。

但对话后的结果是:丈夫有些沮丧,尽管他相当清楚、相当明确地问妻子想要什么,妻子却什么都没有告诉他。他无法判断妻子到底想要什么,于是只好放弃猜测而选择对双方都没有什么特殊意义的活动——出去吃饭。妻子同样是沮丧的。她实际上非常想要一件代表他们深厚关系的特殊而不同寻常的礼物。她并不在乎这礼物究竟是什么,对她而言,重要的是丈夫应该判断出什么才是最恰当的礼物,从而证明丈夫对她的深刻了解和体贴入微。而丈夫直截了当的问话却使她感到丈夫缺乏观察力,不了解她的感受和用意,更严重的是她也许会觉得丈夫根本不像他自己说的那样真正地关心她、在意她。误解就这样产生了。

结果,尽管这位丈夫心中原有最美好的意图,并且真诚地想对妻子表达自己的这份情感,但他自己的话语所传达出的信息却恰恰相反。妻子感觉丈夫根本不关心她。妻子为什么会这样认为呢?

因为,对妻子来说,她之所以没有明确表示到底想要什么,是为了给丈夫一个表达感情的机会。对妻子而言,含蓄是重要的,因此她不让丈夫察觉出她想要什么礼物,不给他提供一点线索。她希望话虽这么说,丈夫还是会出去为她购买礼物。所以,当她发现丈夫仅仅理解了她的字面意义,只是又一起吃了一顿饭时,她非常失望和沮丧。

那么,他们的交际误解根源在哪里呢?

在这个语言交际过程中,尽管他们的交际是连贯顺畅的,但他们并没有真正互相沟通和理解。这主要是因为他们用不同的诠释框架来进行交际,也就是说,他们按照自己不同的期待来理解话语。在他们的交际中,交际的一方期待明确、直接的表达,而交际的另一方却期待间接的表达方式。期待直接表达的一方以直接的方式来理解对方的间接表达就会造成上述的交际误解,反之亦然。

当然,上述例子并不能简单推断出男性直接,女性间接的结论。但是只要当一方期待直接,而另一方却以间接来回应,那么错误的诠释和交际误解就不可避免。问题在于预期的不同,而不是风格或行为上的绝对差异。比如,很多女性抱怨男性,说他们从来不对她们说"我爱你"。而许多男性对这一抱怨的反应是,他们工作很努力,是忠实的丈夫,他们多年没有在自己身上花钱——除了他们年复一年的实际行动之外,还有什么更能明确表达出他们的爱呢?换句话说,这种情况下,似乎是女性要求不断用语言作出明确的表达,而男性却在用行动作出间接含蓄的表达。

在有些场合,女性喜欢用间接的表达方式,而男性却期待她们更为直接地来表达自己的心理。在另一些场合,女性期待直接的表白,而男性却倾向间接地表达自己的心声。问题不在于直接或间接,而在于当时的诠释框架是否一致。正是因为很多情况下男性和女性有不同的诠释框架,才导致他们最终在语言交际中得到错误的推论。

二、两性差异与诠释框架

(一) 两性差异

《那不是我的本意》(*That's not what I meant*)和《你就是不解人意》(*You just don't understand*)的作者德博拉·谭楠(Deboran Tannen)与其他学者研究了不同年龄的女性和男性(从学前到成人)的交际方式,发现女性和男性主要存在以下方面的不同。比如,从牙牙学语起,女孩和女人就在交际中表现出如下特点:

1. 寻求建立关系。
2. 作为平等者,建立对称的关系。
3. 偏爱相互依赖和合作。

4. 以一致赞同来作出决定。
5. 渴望亲密性。
6. 需要同伴的赞同。
7. 喜欢窃窃私语。
8. 喜欢分担问题。
9. 注重感情细节。
10. 公事、私事一块谈。
11. 寻求帮助、忠告和指导。
12. 给予他人同情和怜悯。
13. 想了解问题。

男孩和男人在交际中表现出的特点则是：
1. 追求地位。
2. 作为对手，建立非对称的关系。
3. 偏爱独立和自主性。
4. 以实力、说服或少数服从多数原则作出决定。
5. 渴望"空间"。
6. 需要同伴尊重。
7. 喜欢当众发表意见。
8. 喜欢独自面对问题。
9. 注重事实细节。
10. 公私分明。
11. 不求帮助、忠告和指导。
12. 给予他人忠告和分析。
13. 想解决问题。

(二) 不同的诠释框架

谭楠将上述男女差异归结为文化的差异，认为男人与女人成长于截然不同的文化中。实际上不管这些差异是天生的还是习得的，是自然的还是人为的，它们都是客观存在的。正是这些差异造成了两性之间对话语的不同诠释框架。谭楠在 *You just don't understand* 中指出了如下九个维度的差异（其中有一些是密切关联的，也可以认为是同一事物的不同说法）：

1. 亲密——独立　　　2. 关联——身份
3. 包容——排他　　　4. 关系——信息
5. 和睦——报道　　　6. 团体——竞争
7. 问题——解决　　　8. 新手——专家
9. 倾听——讲演

在"亲密——独立"、"关联——身份"的差异中,谭楠曾经举过一对夫妇的例子。

男主人接到了一个即将进城来访的老朋友的电话,他立刻邀请该朋友来家里住。当他将此事告诉妻子时,妻子很不愉快,因为丈夫在作出邀请之前没有与自己商量。但男主人不想让老朋友认为他在作出决定之前还要征得妻子的同意。

这个故事中男主人关心的是:如果他与妻子商量,朋友可能会认为他软弱、怕老婆,危害了他的独立性。妻子关心的则是:丈夫对老朋友显得比对自己更加亲密和尊重,而她认为实际上丈夫不应该这样。

对于男性来说,他关注的是自己的独立性,而女性则更关心他们之间的亲密关系。男性羞于或不喜欢对妻子表示亲密,反映出他们对某种"非对称身份"的追求和偏爱。对他们来说,表示亲密就意味着地位平等,而实际上很多男性在面子上不希望这样,尤其在所谓的"外人"面前或大庭广众之下更不希望这样。

"独立——亲密"、"身份——关联"之间的分歧,也同样可以用"排他——包容"来加以体现。比如,老板把雇员叫到办公室,说要给他升迁,但这一职位需要到外地工作。如果是男雇员,更多的人会考虑这个机会对自己个人前途发展的影响如何,一旦认为这是一个好机会,他们就会比较痛快地表示愿意去、能去,并让老板放心一定能做好这项工作,尽管这次调动不只是他个人的调动,而要涉及整个家庭的迁移。在与老板的对话过程中,对大多数男性而言,他们一般不考虑在话语中把妻子儿女也包括在内。至于最终的家庭迁移,他们通常会回到家里后再做妻子的工作,再安排整个家庭的搬迁。但是,研究表明,处在同样情况下的女性,则更多的是首先考虑她整个家庭搬迁后如何生活,而不仅仅是她个人该如何工作。更多的女性也会很自然地认为在作出最终决定之前应该与家人商量。

由于女性强调亲密、关联和包容,所以女性更倾向于将话语作为建立关系的一种方式。相反,由于男性注重独立、身份和排他,因此男性会更重视话语的信息功能。谭楠在著述中把这一特点称作"和睦——报道"的区别。

男性和女性在谈话内容上常常兴趣点不同。女性谈话的中心常常是那些日常生活中联系紧密的人群,比如她们所熟悉的张三怎么样了,李四怎么样了,某某朋友结婚了,某家人的孩子留学了等等。而男性则更关注体育、政治、国际商务与经济等话题,更关注竞争。如果一个男人与别人谈话时涉及范围很广,如经济、政治以及体育等,他很可能会说他们进行了一次愉快的谈话。而女性不同,女性更易于将包容个人细节的谈话看作好的谈话。也就是说,在一次谈话中,涉及的细节越多,女性认为这样的谈话越深入,这样的谈话也就越好。但是,女性所认为的好的谈话,在男人们看来可能只不过是闲话。

正是男女两性在谈话上的兴趣点不同,导致女性常常在比较亲密的小圈子里很健谈,而在较大的正式场合或公众场合显得言语不多。男性则相反,往往在公众场合能说会道,在亲密情境中却常常会沉默寡言或自言自语。

每个人都会遇到问题,男性和女性在交际中对对方所提问题的回应也很不相同。一般而言,女性趋向于在听到对方的问题时,反过来将自己的问题告诉对方,以此来表明她们理解对方的处境,并对其表示最大程度的同情。男性则更倾向于将问题看成是别人寻求帮助的信号,因此无论是否可行,他们都会尽力提出一个解决的方案。比如,一个女人说:"上个星期天我特别倒霉,车开在路上突然熄火,当时急死我了。"另一个女人多半会马上说:"是,我半年前也有过一次,我弄了将近一个小时,后来才算开走了。"如果对方是一位男士,他很可能第一反应是:"噢,是吗?后来查出什么原因了吗?是不是没油了?你应该出门前先检查一下油箱。"

男性与女性上述两种不同反应主要源于"关联——身份"的差异。对女性来说,对方提出一个问题就给她们提供了一个表现同情、强调她们与对方相关联的机会。对于男性,则可能意味着给他们一个解决问题的机会。在这类话题交谈中,女性就像一个遇到问题的新手,而男性就像解决问题的专家。这一"新手——专家"的区分维度是语言交际发生挫折与误解的最大隐患。

男性对女性常见的谴责之一是:女性缺乏逻辑性,没有条理感。因为当男性向女性提出一个问题时,他们期待的是具有可行性的解决方案。然而,女性此时却运用其关联与同情的诠释框架,提出了某个她们自己也遇到的类似问题。从男性的观点看,这完全是一种不根据前提的推理。在他们看来,女性根本不是在解决问题,而是提出了另外一个根本不相关的问题。

这种"新手——专家"的两极分化,产生的后果之一便是造成了"倾听——讲演"的两极分化。因为当女性提出一个问题以寻求同情时,男性会认为她们是寻求问题的解决办法。女性对问题说得越详细,男性就越认为这个问题急需解决。结果男性提出了一个成熟的解决方案,而实际上女性所要寻求的只是一个富有同情心的听众。一旦女性意识到她们越是谈论自己的问题来博得对方的同情与倾听,对方的说教讲演就越长时,她们会最终陷入沉默。

以上仅从诠释框架角度,分析了交际双方因性别差异对语言交际产生的影响。而交际者因性别不同造成的其他方面的语言交际差异和交际误解还有待考察和分析。

第三节　两性语言交际意识守则

了解了男性和女性的差异以及他们在语言交际中不同的诠释框架,要想让男性和女性之间的交际效果更好,男性可以培养自己变得更敏感,更会表达情感,更会克制自己争强好胜和好为人师的冲动,女性可以训练自己变得更自信,更坦率,更善于解决问题。这么做不是为了男性说话像女性,女性说话像男性,而是培养一种交际意识。这种交际意识使交际者能够诠释和理解异性的交际方式及话语含义,避免与异性发生交际误解或冲突时一成不变的消极反应和刻板老套的交际方式。

一、男性语言交际意识守则

在现实的语言交际中,男性要想实现与女性的良性沟通,就要关注和了解女性对话语的诠释框架,并结合这一框架特点增强相应的语言交际意识。

(一)注意感情细节及话语背后可能暗示的关系

男性在语言交际中往往更在意信息的传递;而绝大多数女性不仅关注话语信息,还重视话语方式中包含的感情细节以及其中所暗示的关系。因此与女性交际,男性就要注意女性的这一特点。比如,任何女性都愿意听男朋友或丈夫对自己甜言蜜语或海誓山盟,即使她们不完全相信那些话语本身所传达的信息,但听到那些话,她们还是很高兴甚至很感动,这是因为她们接收的不仅仅是信息,还有信息背后所蕴含的情感及所暗示的关系。

在很多时候男性会感到莫名其妙,甚至认为女性有点无理取闹,因为他们认为在他们与对方的交际中没有什么说得不对,他们认为自己说的话既冷静客观又合情合理。如果出现这种情况,男性就应该检查一下是否因为自己话语背后所蕴含的情感冷落了对方,或话语背后所暗示的关系伤害了对方。因此,男性与女性打交道时,还要注意通过语言交际中的某些形式和信息来暗示与对方的友好关系。比如,回到家里,男性学会首先与伴侣打声招呼,而不是径直走向电视机、计算机或冰箱。此时,作为女性,她们在乎的其实并不是男性在招呼中说些什么,而是通过这样的语言形式,她们能感受到男性对自己的尊重、关注以及两者的亲密关系。

(二)注意倾听而不是一味地指导和忠告

有时,女性向对方讲述一件事情并不是为了寻求解决办法,而只是表达自己的想法或感受,此时她们需要的仅是一个忠实的倾诉对象或能给自己以理解和宽慰的倾听者。所以,这时女性最期望的是男性能够安静地倾听,并适时表示理解。而大多数男性往往倾向于给事情找出答案,他们会非常自然地认为一个实用的办法对女性会更有实际意义,同时也是他们聪明、有能力的最好展现。因此,当男性听到女性提出某个问题时,常常会比较习惯地思考解决这个问题的办法,并很快给出自己的指导建议和忠告。然而,当女性发现对方的反馈与自己的期望发生偏差时,她们会感觉非常郁闷,毫无心情倾听对方的具体建议,有时还会认为对方自以为是,根本没法沟通。

因此,与女性交流时,男性首先要学会倾听,弄清对方是在寻求指导还是在自我倾诉,而不要急着去解决问题。如果是后者,善解人意的耳朵远比聪明的建议更受欢迎。

(三)解读并利用女性的"闲聊"

很多时候女性谈话只是为了维系双方关系和亲近感,而男性谈话常常是为了传递信息。这种交际目的的差异常常导致男性对女性的交际话题产生质疑,他们不理解女性为什么竟然能够围绕一个在他们看来如此无聊的话题谈上一两个小时。而女性也常常会抱怨男性为什么会对她们的谈话如此地不屑一顾。如果交际双方彼此意识到各自交际目的的差异,这些困惑和质疑也就不存在了。男性如果向女性表示亲近感,加入她们的"闲聊"活动,将是一个比较奏效的方式。

男性和女性的另一个不同是:男性倾向于公私分明,女性倾向于公事、私事一块谈。多数男性主张工作是工作,感情是感情,不要掺杂在一起,工作闲暇时谈私事也是"闲聊"。多数女性则认为感情和工作无法截然分开,带着感情去工作,心情好,工作效率也更高。因此,男性往往不习惯也不喜欢在工作场合谈论私事。女性则不同,她们在工作场合闲暇时谈论私事会感觉人与人之间更亲密,而并不仅仅是冷冰冰的工作关系。因此,在工作场合,男性闲暇时也不妨透露一点个人生活,当然不必原原本本地都说出来——只是自愿地与他人分享有关自己的情况,比如,自己的想法、感情或者业余爱好的一些细节,这样更有利于加强与其他女性的关系。

(四)交流心声,增获友谊

大多数男性倾向于独自面对问题,不求帮助、忠告和指导。实际上,让女性知道自己的烦恼、忧虑或正在面临的困难,并不是软弱的表现。女性渴望亲密性,喜欢分担问题,注重感情细节。如果男性真诚地向她们讲述上述困惑或困难,她们多数会非常感动,并油然增加相互之间的亲密感。她们会努力支持他们,关心他们,不会抱怨他们,更不会看不起他们。

所以,如果男性希望女性加倍地对自己感兴趣,那么就应该真诚地回答她们的问题。比如,对方问:"你最近好吗?"如果不好,就不要硬撑着说:"我很好,一切顺利。"要学会试着说:"我最近很沮丧,工作不顺利。"这样真实的声音和情感更容易获得女性的心,更容易让对方感到你是一个有血有肉的人。不要认为这样做是示弱或自卑,其实这是一个分担困难、集思广益的好办法,而且在获得帮助的同时,还能收获更多的友谊。

二、女性语言交际意识守则

与男性打交道,为了提高语言交际的成功率,女性也要根据男性的诠释框架,培养相应的语言交际意识。

(一) 注重话语的信息性和条理性

与女性在交际中重视感情细节,重视在交际中建立关系相对,男性在交际中更重视事实细节,更重视语言交际中的信息功能,这是男女两性在"关系——信息"上的不同,也可以看作"和睦——报道"的差异。因此,与男性交际,女性要注意与男性在这一点上的区别。

当女性倾听一件事情的来龙去脉时,要尽量注意各种事实细节,必要时可以记录下来,不熟悉的术语可以请对方作出解释;尽量忘掉情感暗示和感情细节,不考虑自己是否喜欢这些人,或者这些人是否喜欢自己。当丈夫、男友、父亲或兄弟想知道事情的来龙去脉时,可以详详细细地告诉他们,不要让他们产生"女人总是心不在焉"的想法。

给男性讲述某一事件或某个道理时也要注意其中的事实细节,同时还要注意表达的条理性,不要让男性产生"女人总是很感性,缺乏理性头脑"的印象。在事实面前,女性完全可以非常客观,非常冷静,非常理性。在语言交际中,尤其是在工作或谈论事实过程中,女性要注意发挥这方面的能力。

（二）必要时言明交际需求

男性往往不习惯于向别人寻求帮助、忠告和指导，却常常喜欢给予他人忠告和分析，喜欢为他人解决问题。女人喜欢给予他人同情和怜悯，喜欢寻求帮助、忠告和指导，也希望得到别人的同情和理解。面对女性诸多可能的需求，男性经常本能地以自己喜欢或习惯的方式——"忠告和指导"作为满足对方的方式，然而，一旦男性的反馈并不是女性的真正需求时，就会影响双方的交际效果。

要想避免或减少这类情况发生，女性首先要假定男性在猜测方面并不在行，所以在实际语言交际中尽可能地言明自己的交际需求。因此，如果女性需要对方帮助分析事件，并找到解决办法时，可以直接提出请求。如果只希望对方以同情和体恤之心听自己说话，真正理解自己的感受，最好也明确表明用意，否则，男性多半会一本正经地提供一大堆自己当时根本无心去听的建议。

（三）专注工作，沉默是金

女性渴望亲密性，喜欢窃窃私语，希望通过语言交际建立和巩固与对方的关系。男性喜欢公私分开、公私分明，不喜欢在工作场合谈私事，也不习惯在公共场合窃窃私语。因此，女性要注意在工作场合尽量将更多时间用在工作上，少谈或不谈个人生活或私人情感，多专注手头的工作。群体中的男性会欣赏这一点，群体也会因此更有效率。

很多女性喜欢通过谈话来建立和巩固双方关系，但很少有男性沉迷于闲聊。因此，女性不要因为男性伙伴沉默寡言，而自然地认为他们清高或对自己没兴趣。他们之所以沉默寡言，很可能是因为他们感到没有什么要紧的信息一定要告诉对方。男性通常以任务为中心，他们很少只是坐着彼此闲聊或与女人闲聊。如果女性希望与某位男性多说些话，可以寻找一件双方可以共同做的事，在共同做事过程中女性既可以实现预期的语言交际目的，又能避免男性因"闲聊"而造成的对女性的偏见和误解。

（四）独立、果敢，锻炼在公众场合大声讲话

女性一般喜欢相互合作共同完成任务，男性一般喜欢独立行事，他们通常也会欣赏和尊重同样这么做的女人。在一个团体中，男性

通常还喜欢知道对方站在哪一边,不管对方是否与他们的意见相左。因此,在与男性交际过程中,女性不仅要注意发表自己的独立见解,还要注意明确自己的立场和态度。了解清楚交际各方的想法和立场,维护自己的地位和自主性,对于男性来说远比亲密无间的默契感更重要。所以,女性清楚地表明自己的意见、感情和需要,会有较大的机会获得男性的尊重与合作。

相对于女性喜欢了解问题,男性更喜欢解决问题,因此女性在与男性交际中,显示一种"我能解决这个问题"的姿态,也会赢得男性的欣赏。另外,要想在男性圈中赢得尊重和感激,女性还应该学会当机立断,因为男性喜欢迅速作出决定,而不像女性那样介意是否每个人就共同的解决方案达成一致意见。因此,在与男性交际过程中,不妨在一些事情上做一个独立、果敢的女性。

大多数女性在小范围的语言交际中往往表现得很活跃,但在更大的公众场合却常常不像男性那样谈笑风生。克服这方面的弱点,首先要克服怯懦心理,更经常、更有力地当众阐明自己的观点。其次要关注和了解一些适合在公众场合讨论的话题,譬如政治、经济、军事等方面的知识和一些备受关注的社会话题。如果女性能在这些方面培养意识,勇于实践,在交际中一定会赢得男性的尊重和欣赏。

第四节 交际者的其他影响因素

交际者的其他因素,比如年龄、职业、文化程度、熟悉程度、处境心情、性格爱好等等也都是影响语言交际的重要因素,因此我们在语言交际过程中也要注意这些因素的影响。

(一)年龄影响

通常,与中年人和青年人交际不难,可以交际的话题也多。相对而言,与老年人、孩子、青少年进行语言交际就不那么容易,这就需要交际者根据他们各自的不同特点,有针对性地选择交际内容、交际形式,恰到好处地变换自己的表达风格。

一般来说,老人多半喜欢追忆往事,如果能引起他们谈谈自己的过去,对他们而言是一件很快乐的事情,对年轻的交际者而言也是一个了解过去的好机会。与孩子交际的秘诀,首先是要把自己变成小孩,用孩子的口吻、孩子的语句和孩子的想法去交流。平常觉得不大有意义的话,此时也许是非常合适的。如:"你吃了几碗饭?"这是很少问大人的话,但孩子对此可能并不讨厌,因为他们是孩子,很多具体的事情都是他们有趣的话题。

青少年一般指十四岁至十八岁的人。一个人到了这个年龄通常会变得敏感。他们认为自己是成年人了,会竭力表现得有礼貌,努力维护自己的尊严。这个年龄通常是一个人求知欲最强的时期,交际者如果想得到这个年龄段的孩子的好感,不妨把自己的经验和知识与他们分享。青少年的感情不易获得,可一旦获得了他们的好感,他们可能比任何人都要忠诚。他们也许会把这个交际者当成一个榜样、一个偶像来看待,会对这个交际者产生诚挚的感情。如果此时这个交际者给他们以善意的教导,效果可能会比老师或父母好得多。

总之,与不同年龄段的人交谈,要注意不同的技巧和方法,即便是对同一年龄段的人也要因人而异,这需要交际者在平时的生活中注意去发现、去体会、去总结、去实践。

(二) 职业影响

职业对语言交际的影响反映在积极和消极两个方面。消极影响主要是指交际者用自己所从事职业的思维方式去对待日常的语言沟通,从而导致交际障碍。比如,有一天,王某碰到一个自诩为历史学家的人,下面是他们的对话:

> 王某:今天天气真好。
> 历史学家:不,今天的天气好不好,要等五十年后去说。
> 王某:这花儿开得真美。
> 历史学家:这花儿是否美丽,最好等上一百年再去评定。
> 王某:我有一个好妈妈。
> 历史学家:那需要更长的时间来检验。

但是五十年后,谁会费神去想起今天的天气?一百年后,谁会考证今天某一朵花儿是否美丽？而数个世纪后，又有谁来研究今天的母爱？王某只能说自己倒运，碰上这么一个所谓的历史学家。然而这种带有严重职业病的人在交际场合中并不难碰到，或许会有程度的不同，但这种机械的思维模式，并不少见。

因此，交际者一方面要避免职业特点对语言交际的消极影响，如职业思维惯性对语言交际的破坏，另一方面还要善于利用职业特点对语言交际的积极影响，如利用职业共性拉近与其他交际者的心理距离，顺利展开话题。

（三）文化程度影响

一个人文化修养的深浅、受教育程度的高低，既影响着他对话语意义的理解，又制约着他对语言材料的选择与组合。许多语言交际误会，往往是由于交际对象的文化水平不高所致。因此对文化程度不同的人，语言交际的内容和方式也要有所不同。只有把握好深度，对方才能理解，否则就会事与愿违。

例如，我国古代对生男生女有一种习惯的称法，生男为"弄璋"，生女为"弄瓦"，这实际上是利用语言表达中的借代手法。"弄璋"最早见于《诗·小雅·斯干》："乃生男子，载寝之床，载衣之裳，载弄之璋。"（意思是生下一个男孩儿，让他睡在床上，给他穿上正式的衣裳，给他玩的是玉璋。）"璋"是一种玉器。后来将这句诗中的"载弄之璋"简缩为"弄璋"，借代男孩儿。"弄瓦"最早见于同诗："乃生女子，载寝之地，载衣之裼，载弄之瓦。"（意思是生下一个女孩儿，让她睡在地上，给她穿的是破衣裳，给她玩的是纺线瓦。）"瓦"是古代陶制的纺线锤。后来也将"载弄之瓦"简缩为"弄瓦"，借代女孩儿。有一位赴京赶考爱用典故的书生，写信回家问不识字的妻子生下的孩子是男孩儿还是女孩儿，信中用"不知弄璋乎？弄瓦乎？"来问妻子。妻子不知道"弄璋"、"弄瓦"是指男孩儿、女孩儿，她以为"弄璋乎"是"弄璋壶"，"弄瓦乎"是"弄瓦壶"，于是请人给丈夫回信说："家中茶壶、酒壶、尿壶都不缺，璋壶、瓦壶就不要再弄了。"

（四）熟悉程度的影响

熟悉程度针对自我袒露而言，熟悉程度的影响用最通俗的话说，即"不怕生，不怕熟，最怕半生不熟"。熟悉程度可以分为完全陌生、比较陌生、比较熟悉、非常熟悉。"不怕生"指的是在语言交际中交际者不怕完全陌生的人,"不怕熟"指的是交际者也不怕非常熟悉的人,"最怕半生不熟"指的是交际者对比较陌生或比较熟悉的人在交际中通常都有些顾忌。

交际者之间的熟悉程度对语言交际的影响主要体现在对话题范围的限制和深入程度的制约。相对而言,与完全陌生或非常熟悉的人交际,话题范围可能更大,深入程度可能更深。而对于比较陌生和比较熟悉的人在交际中一般会有所戒备和顾忌,这是安全感的作用。因为远离自己甚至完全与自己天各一方的人对自己是安全的,而非常熟悉、自己完全能把握的人,也是安全的,他们能够被信任,和他们说自己内心深处的想法往往不会被透露出来。

但是,与比较陌生或比较熟悉的人说话一般就很注意了,除了必要的往来交际外,人们多半不会谈及个人问题,因为和这些人之间的关系还没达到能够谈及此类事情的程度。其实还有一个信任和自我安全的问题。人们多半不喜欢自己的个人隐私或重要的事情被公开,但有时又非常想把自己的心里话说一说,因此他们要找一些安全的人作为倾诉对象。这些人能保证不将自己的事情公开化,这样的人只能是自己非常熟悉、非常要好的人。而完全陌生的人一般只把说话人当成故事的主人公,即使把说话人的事情传扬出去,对说话人的真实生活也不会造成影响,因此也是安全的。唯有与自己半生不熟的人(比较陌生或比较熟悉),自己对他们把握不准,因此在语言交际中也就"不能全抛一片心"了。

(五)处境心情、性格等影响

这里的处境心情主要指交际者在发生语言交际时的心理情绪和心理特点,具有临时性特征。它不同于心理素质和心理障碍,心理素质和心理障碍指的是交际者长期的心理状态和心理特点。这里主要从话语理解的角度来讨论处境心情对听话人的影响,第五章则就说话人的心理素质和心理障碍对语言交际的影响作详细解说。

清代学者章学诚在《文史通义·文理》中说:"富贵公子,虽醉梦中不能作寒酸求乞语;疾痛患难之人,虽置之丝竹华宴之场,不能易其呻吟而作欢笑;此声之所以有其心,而文之所以不能彼此相易,各自成家者也。"①足见处境心情对语言交际的影响。而处境心情对听话人的影响主要体现在对话语的理解上,这种影响至少表现在三个方面。

首先,处境心情会干扰听话人的注意力。在语言交际过程中,交际双方常常面临两方面的干扰。一个是物质干扰,如人的走动声、孩子的哭叫声、汽车的鸣笛声等等,这种来自环境的物质干扰也称为"外部噪音",它可能会打断交际双方的交际进程。因此,交际者往往通过寻找一个安静的场所或者避开有声环境等方式来克服这些外部噪音。另一个是心理干扰,属于"内部噪音"。比如,交际一方说话时,另一方却在想:"他说这些干吗?""他要多长时间才能说完?"等等。这种干扰的原因可能是多方面的,如时间太晚、惦记孩子,乃至表达者一句无意的话引起接听者的联想等等。这种心理干扰严重影响着语言交际的质量,因此,要有效地进行交际,就必须努力克服或至少在某种程度上减轻这种心理干扰。

其次,交际者的处境心情是导致语言交际误解的重要因素。比如,《三国演义》中有这样一段描述:曹操行刺董卓未遂,逃到父亲的好友吕伯奢家中。突然,他听到后堂有人说:"缚而杀之,何如?"当时处于亡命途中的曹操,处处提防他人告发缉拿自己,加上他一贯疑心甚重,一听此话,就认定是吕家要把他捆起来杀了。于是先发制人,杀尽了吕伯奢一家。直到后来走进后院看到一只待杀的猪,才知道是自己错杀了无辜。这正是当时曹操特定的逃亡心理造成的严重话语误解。

再次,交际者不同的处境心情会赋予同一词语以不同的联想意义。词语的词典意义对每个人都是相同的,但是在具体的语言交际中,人们不仅要考虑词语的词典意义,还要分析词语背后所传达的深层含义。尤其在听话人处于特殊的心理状态时,更容易去联想词语背后的含义。比如,小说《新星》(柯云路著)中的一段描述就能充分反映出一个人的处境心情对词语联想的影响:那是同一天早晨,古陵县新来的县委书记李向南和老县长顾荣都在县城大街上散步。散

---

① 章学诚:《文史通义》,中华书局1956年版,第62页。

步时免不了有熟人打招呼,其中一名普通干部和一名中学教师的问候引起了顾荣相当的反感。这两人的招呼是这样打的:

顾县长,你也是早晨转转?
顾县长,您也转啊?

顾荣的反应是:什么"也是"早晨转转?我顾荣还要跟着李向南学吗?难道,不是我在古陵每天早晨转了这么多年吗?怎么我现在倒成了"也"转转啦?

可以看到,仅仅一个"也"字就引来了顾县长那么多的联想。如果是过去,顾县长不会在意,说不定听了还会很高兴。但那天,新来的县委书记李向南要打破古陵县的旧格局,否定他(顾荣)过去的工作,而且改革措施一个接着一个出台,这使他感觉到巨大的压力和威胁。在这种处境中,难怪他对一个"也"字也耿耿于怀,浮想联翩。

人的性格也会影响到语言交际,影响到对交际形式和交际风格的偏好。《周易·系辞下》说:"将叛者其辞惭,心疑者其辞枝,吉人之辞寡,躁人之辞多,诬善之人其辞游,失其守者其辞诎。"[①]因此,针对不同性格的人,就要有针对性地采取不同的交际形式和交际风格。一般而言,性格内向、老成持重的人,喜欢真诚质朴、亲切大方,与他们交谈不应该轻率急慢、模棱两可;开朗自信、秉性耿直的人,则喜欢活泼明快、话语坦诚,与他们交谈不应该吞吞吐吐、欲言又止;而性格多疑、心胸狭窄的人,常常会对交际内容左右思量、反复推敲,与他们交谈就要注意精细稳重、字斟句酌,不宜信口开河、直来直去。人的性格特点多种多样,不可能穷尽列举,交际者只有在现实的语言交际中留心观察,有针对性地选择语言交际方式和表达风格才能取得较好的交际效果。

以上只是从交际者的性别、年龄、职业、文化程度、与对方的熟悉度,以及处境心情、性格特点等方面简要讨论了影响语言交际的其他因素。除此之外,在一次具体的语言交际中,交际者对该项语言交际

---

① 《十三经注疏》,中华书局1980年版,第91页。

的信息掌控、交际技巧、交际者当时的态度、相关的知识和经验等等，也都对语言交际产生不同影响。

例如，一天夜里，一个杀人犯受到警察的追捕，逃到一个单身姑娘的住处。警长带着人随后来敲门搜查，犯罪嫌疑人用枪抵住姑娘的胸口，要她回答说已经上床睡了。于是姑娘照凶手的吩咐作了回答，但加了一句"我兄弟问您好"。警长一听觉得纳闷，这姑娘没有什么兄弟啊，更谈不上向我问好了，警长明白了，于是装着没事撤离了现场。当犯罪嫌疑人自以为得意，从姑娘家出来，准备扬长而去时，被埋伏在周围的警察一举抓获。

在这个案例中，姑娘正是利用警长与自己共知的信息——没有兄弟，巧妙地运用交际技巧和经验来组织话语，传达出其他的重要信息。

1. 交际者和语言交际是什么关系？
2. 为什么两性交际常常会产生交际障碍或误解？两性对待交际的诠释框架有哪些不同？
3. 两性交际要注意哪些意识守则？
4. 除性别差异外，交际者还有哪些因素会影响语言交际？请就其中某一方面的影响进行具体说明。
5. 意识训练：改变你的沟通模式。

设想你与某位异性发生冲突的情景。

步骤一：写出发生冲突时典型的对话片段。记下你通常所说的话以及对方的回答。

步骤二：回顾一下在沟通模式上男女所显示的不同方式，确定哪些方式在你刚刚写下的对话中得到了清晰的说明。

步骤三：用异性的沟通风格重写你的那部分对话。

步骤四：在现实生活中改变一两种你的沟通模式。

第三章　交际关系与语言交际

　　每一个生活在社会上的人都有一个属于自己的人际关系网络，在这个人际关系网络中，相识的人与人之间常常是几种关系纠结在一起，在错综复杂的关系中，他们分别扮演着不同的角色。比如，既是父子又是师生，既是同事又是恋人，既是对手又是朋友，既是父母又是老板，既是以前的同学又是现在的师生等等。在语言交际中，人们的这些复杂人际关系一般并不同时出现，交际者总是以其中的某一特定身份参与到当时的语言交际活动中。也就是说，在实际的语言交际中，相识的交际者之间往往是多种关系中的某一种关系凸现，其他几种关系潜藏。即使几种关系都掺杂进来，也会以其中某一种关系为主导，其他几种关系退居其次。我们把交际者在某一具体的语言交际中所凸现的那一种人际关系称为交际关系。交际者之间的交际关系是影响语言交际的重要因素。

第一节　角色结构与交际关系

　　现实生活中每个人都同时担当着家庭角色和社会角色，这些角色在这个人的周围形成一个网络，这个角色网络就是这个人的角色结构。一个人的角色结构标示着这个人必须发生的各种交际关系。
　　人与人之间的交际关系有的是某种单一人际关系的表现，有的是多种人际关系中的某一关系的显现。人际关系可以初步划分为相识关系和陌生人之间的关系。一个人的人际关系网络通常指这个人相识框架下的人际关系网络。陌生人之间的关系是一种单一关系，它不包含或衍生其他的人际关系。而相识关系则可能是单一的简单相识关系,也可能包含或衍生很多其他的人际关系,一个人在这些人际关系中分别扮演着自己的特定角色。

相识框架下的人际关系类型,不同人以不同标准作出了不同划分。如从"人际关系是否可选择"来划分,分为可选择的人际关系和不可选择的人际关系。不可选择的人际关系主要由血缘决定,交际者不能自由选择,如父子关系、母子关系以及兄弟姐妹关系都属于此类。从"交际者亲密程度"来划分,分为亲密型人际关系和松散型人际关系。交际者之间感情深厚、交往密切的属于亲密型人际关系,而见面相识或虽然有某些接触但无多少感情投入的关系都属于松散型人际关系。从"影响人际关系的形成和发展的因素"来划分,分为血缘型人际关系、地缘型人际关系、业缘型人际关系和情缘型人际关系。血缘型人际关系属于前面谈到的不可选择的人际关系,这种关系由先天的血缘关系决定。地缘型人际关系是指因人们所处的空间位置或地理环境的影响而形成的人际关系。最典型的地缘型人际关系是邻里关系。业缘型人际关系是指因职业或工作建立和发展起来的人际关系,如同事关系、同学关系、上下级关系或师生关系。情缘型人际关系则是指以情感为纽带结成的关系,如朋友关系和恋人关系。在现实社会中,血缘、地缘、业缘和情缘型人际关系是四种普通而重要的人际关系。当然,任何划分都难以包罗万象,也难免交叉重复,只能是一个大概的划分而已。

人与人之间的角色关系多样复杂,具体的语言交际都以其中某一特定的角色关系为背景,这一特定角色关系就是该语言交际中交际者的交际角色关系。当交际者的交际内容、交际方式与这一特定的交际角色关系相适应时,就会取得较好的语言交际效果;如果交际者所选择的交际内容、交际方式与该次语言交际中的特定交际角色关系相悖时,就容易造成交际误解或交际冲突。

在实际的语言交际中,交际者不仅肩负着传达交际信息和情感的使命,同时还必须要对交际角色关系进行判断、确认或改变。这一过程包括无标记的初始推测和交际角色关系的协同,而后者是对无标记推测的确认或改变。当然,一般情况下交际双方的角色关系是相对稳定的,而双方交际角色关系的协同也并非任何时候都发生。

比如,销售部的经理助理与他的经理的交际关系一般不会随着他们一次次的见面而改变。这种以社会身份为基础的交际关系一旦在雇佣关系之初确定下来,一般都会保持下去,直到其中某个人改变身份为止。

交际关系对交际方式的影响十分突出。特定的交际关系要求交际者在交际中遵循特定的交际规则,语言交际中这种普遍而稳定的规则构成了语言交际的礼貌体系。交际关系决定语言交际的礼貌体系,语言交际的礼貌体系反过来也体现交际双方的交际关系。比如,王主任和张三分别是同一个公司中的领导和员工,那么在这个公司中,王主任和张三就形成比较稳定的领属(领导和下属)关系。因此他们在公司中发生语言交际就要遵循这种交际关系所决定的等级性交际礼貌体系。如在称呼上,王主任可能要直呼张三的名字(一般正式场合都要这样称呼),也可能称呼张三为"小张"(在平时的工作场合)。而张三与王主任说话时一般会称其为"主任"或"王主任"。如果此时王主任需要张三配合他外出办一件公事,他通常会说:"张三(或小张),今天上午我们去一趟市政府。"这种表达方式,带有命令语气,不容对方拒绝,暗示着他和张三处于一种上下级的从属性工作关系。

如果在工作之外,王主任和张三还是好朋友关系,那么他们在公司以外的场合(比如,在大街上)见面时,他们在生活中的朋友关系凸现,工作中的领属关系潜藏,他们的语言交际就要遵循这种交际关系所决定的语言交际礼貌体系。如在称呼上,这时王主任可能称呼张三的名字或小张,张三也可能称呼王主任的名字或类似"老王"、"王哥"等称呼。如果此时王主任需要张三配合他外出办一件私事,他一般会说:"张三(或小张),今天上午你能和我去一趟市政府吗?"这种表达方式,用的是商量语气,张三的回答可以是同意,也可以是不同意,如:"实在抱歉,今天上午我没空。"这种交际方式表明了张三和王主任此时是平等的朋友之间的交际关系。

语言交际中出现的一些问题,表面上是话语内容的争论,实际上却是对双方关系的质疑或否定。比如,你需要外出办一件事,在没征得同屋张三同意的情况下,把他的自行车骑走了。他回来时发现自行车不见了,恰好又看见你正骑着他的车回来,于是他非常恼火,可能会朝你大喊:"你究竟在干什么?"这句话并不难理解,你的回答也可以很简单:你要外出办事,用了他的车。但是他问的或责怪的绝不是这个,这句话在两个人关系方面的含义是:"你为什么不事先跟我打声招呼?你没把我放眼里,你不尊重我!"或者:"不要以为你是我的朋友就可以随便动我的东西,实际上我根本没把你当朋友,以后别乱动我的东西,你以为你是谁!"等等。因此,这句话背后的实质是,他感觉你不尊重他。对此他很气愤,或者在警告你他和你之间的关系还远未达到你可以随便动他东西的程度。

第二节 交际关系与话语理解、话语模式

前面我们以"自行车"事件谈到了交际关系及话语背后的真正含义。这实际上涉及了语言交际中的一对关系,即交际关系与话语理解。

一、交际关系与话语理解

相同的语言交际内容,由于交际双方的关系、身份不同,话语的实际含义也会有所不同。因此,交际中的听话人也就不得不从各自身份及双方的特定交际关系上去领会话语的真正含义。比如,为落实某单位一名干部的人选,如果是基层单位对上级主管领导说:"您看看某某怎么样?"这句话充其量只能算是建议而已。但如果是主管领导对基层单位的领导说:"你看看某某怎么样?"当然,这也不排除建议成分,但更多时候却是在暗示已经决定,至少是已经大致倾向于此,不容再作更多讨论。听话人只有从双方的上下级关系上去领会"某某怎么样"的深层含义,才能作出受欢迎的反馈,如果看不清这一点,则有可能作出不受欢迎甚至非常糟糕的反馈。

要想正确理解交际一方的交际意图,在把握语言交际双方关系的基础上,有时还需要利用已知的生活常识和共同的背景知识。比

如,编辑与作者的关系,决定了两者的往来以投稿和用稿为主要内容。假设有位作者给某主编寄来一篇稿件并附言道:"寄上拙作一篇,请斧正。"作为编辑的收稿人一看就明白,作者并不是真的写了文章来请自己修改,而是在这种礼貌语的掩饰下来探询文章能否被采用。此时,双方关系以及各自对该交际模式的把握与了解,成为他们成功理解话语用意的基础。如果换成师生关系,那就真的是请老师修改,而不存在其他什么言外之意了。

文坛上盛传的雨果和编辑部的通信逸事,也能说明这一问题。据说,雨果将《悲惨世界》的书稿寄出以后,好久没收到回音,于是便写了封信去询问。他在信上什么也没说,只画了一个大问号,落款"雨果"。没过多久,雨果就接到回信。信上也是什么也没说,只有一个很大的感叹号,落款是"编辑部"。很快,《悲惨世界》就与读者见面了。这说明,无论是编辑还是雨果都对信中意味深长的符号心领神会,这种心领神会正是以双方的关系,即作者与编辑,而且是已经寄出书稿的作者和收到书稿的编辑的关系为前提的。如果变换一种交际关系,如一对关系密切的情侣,表达的意思可能又大不一样了。

二、交际关系与话语模式

交际关系不仅影响交际者的内容表意和话语理解,同时对交际者的话语交际模式也有重要影响,主要体现在交际关系中"权势"与"距离"对交际话语模式的影响上。前文谈到的王主任和张三之间的交际,同样都是王主任希望张三与他一起去市政府,但前后两次的话语形式差异很大,这种差异就是王主任和张三在前后两种交际关系(前者:上下级工作关系,后者:平等的朋友关系)中权势与距离的变化造成的。

(一)权势关系与话语模式

"权势"指在等级框架中交际参与者之间的社会地位距离或垂直距离。比如,在公司的等级框架中,王主任是张三的上司,那么他们的关系就是正权势(+P)关系。这一关系决定了王主任拥有某些特权,而张三对王主任则有一定的责任和义务。在大多数商务和政府机构中,其组织结构示意图将这种正权势关系表现得非常明确。在这种关系中,交际双方所运用的交际模式在很大程度上是可以预测的。

与此相反,当交际者之间存在很小或不存在等级差别时,他们的关系称为负权势(-P)关系,其礼貌体系被称为负权势体系或平等体系。亲密的朋友之间一般共享负权势关系,谁也不在谁之上。当然,这种关系并非仅出现于好朋友之间。同一公司或机构中地位相同的两个人,即使彼此并不认识,也可能共享一种负权势关系。在商务交往或政府的国际交往中,大多数交际都尽可能处于一种平等的关系中,以达到共享一种负权势关系,如公司董事长同董事长的交谈、销售经理助理和销售经理助理的往来、大使与大使的对话等等。

话语模式一般来说有两种,即归纳式和演绎式。归纳式话语模式的结构形式是:因为 Y(背景或原因),所以 X(主旨或行动建议)。与此相对,演绎式话语模式的结构形式为:之所以 X(主旨或行动建议),是因为 Y(背景或原因)。

曾经有一位美国商人被问及商务交往中他认为哪方面最重要时,他回答说:你所需要的一切就是五个 W 和一个 H:什么(what)、谁(who)、何时(when)、何地(where)、为什么(why)及怎么样(how),仅此而已。这位美国商人显然更偏爱演绎式话语模式。

在中国的日常语言交际中,如果交际双方是比较亲密的平等的关系,或者说话一方在权势地位上较高,那么,那位美国商人"五 W 一 H"的策略是有效的。如果双方在权势地位上平等,或者说话一方权势地位较低,同时双方的关系又不亲密,那么,这位美国商人的建议可能就不太好。因为如果这样做,权势地位平等的一方(或权势地位高的一方)很可能会认为另一方(或权势地位低的一方)没有礼貌,缺乏教养,甚至很放肆或盛气凌人。

一个人的交际方式应该与他的身份、地位相匹配。认为演绎式交际模式重要的美国商人之所以能有成功的交际效果,是因为实际上他处于一个相当高的权势地位。比如,他以一位老板的身份给员工讲笑话,结果大家都笑了,他可能因此认为自己很幽默。但事实上,他的员工也许是因为没有其他选择,只能笑。这个美国商人在某种程度上忽略了自己话语模式的可接受性是以其权势地位为前提的,交际的顺畅或成功也是其自身权势地位的结果。如果他是一名普通员工,也采用这种交际模式,其结果可能会完全不同。

我们还可以通过下面的电话对话来体会交际双方的权势关系对话语模式的影响。

> A:您好,您近两天方便吗?我需要开展下一步工作,所以先想向您汇报一下我的工作计划。我星期二11点以后和星期三3点以后有空。
> B:星期二12点行吗?
> A:没问题。星期二12点见。

从第一个对话可以看出A在公司机构中的地位低于B。A在某种程度上归纳性地引入话题,提出希望与B见面,并汇报工作计划,他以"您这两天方便吗?"留下B没时间或者没兴趣听汇报的可能性。此外,在见面时间上,也给B留出了很大的选择范围,以便B不会过度受限于会面时间。而B,作为回应,表示愿意与A见面,但在时间上缩小了A可选择的范围。如果A和B在公司机构中处于相反的地位,其对话就可能变成:

> A:我想和你谈谈我的计划。你星期二12点有空吗?如果没空,告诉我其他可能的时间。
> B:星期二12点可以,十分期待聆听您的计划,我准时到。

这种情况下,职位高、权势大的人提出的问题更为直接,限制性更强,对方可选择的余地也更小。而作为交际另一方,B有点夸张他对A计划的兴趣,如果从人际权势关系角度来看,也就不难理解了。

(二) 距离关系与话语模式

交际参与者之间的"距离"与"权势"不同。"距离"最容易体现在平等关系或负权势关系中。比如,两个好朋友之间的亲密关系可被归为负距离关系,但来自不同国家的两个政府官员在他们的系统内部尽管地位、权势平等,他们之间仍然是正距离(+D)关系。

即使在同一个商业机构内部,权势(P)也不等同于距离(D)。比如,人事部经理与其职员的关系是正权势(+P)关系,同时他们之间还可能是负距离(-D)关系,因为每天在一起工作,尽管工作上是领属关系,但私人情感上却是朋友关系。同样是这些雇员,他们与同一公司内质量管理部的上司则可能因为很少接触,既存在正权势(+P)关系,又存在正距离(+D)关系。

不管是否存在正权势关系,只要存在正距离关系,交际双方就都倾向于采取归纳式交际模式。对这种交际模式,交际双方会感到比较舒服,因为采用这种模式通常显得对对方更加尊重,相互之间也更客气,更礼貌。

称呼在表现距离关系方面留有特别鲜明的标记。一个试图显示亲密关系或疏远关系的人,会在称呼上斟酌。一般来说,相互以官称讲话的人,总有一定距离感,难以形成亲密关系。而当一个人被他人称呼小名时,意味着关系的距离已经被缩到了最小。

第三节 语言交际礼貌体系

交际者之间的权势差异(正权势、负权势)及他们之间的距离关系(正距离、负距离)直接决定了不同的语言交际礼貌体系。语言交际中最常见的礼貌体系有三种,即尊敬礼貌体系、一致性礼貌体系和等级礼貌体系。

一、三种礼貌体系

(一) 尊敬礼貌体系(-P,+D)

如果来自香港大学的王教授与来自北京大学的李教授会面,他们一般会尊称对方为"王教授"和"李教授"。在这样的体系中,出于对彼此身份及其学术地位的尊重,他们会平等对待对方,相互间的交流谦虚礼貌,同时却保持一定的心理距离,这样的礼貌体系就是尊敬礼貌体系。

尊敬礼貌体系是指交际各方身份、地位平等或近乎平等($-P$)，但心理或情感上却保持一定距离($+D$)的情形下所采用的体系。像上述不太熟悉的教授之间的交际就是典型的事例。这一体系的特征是：

1. 对称性，即负权势($-P$)关系：交际参与者的关系是对称的，享有平等的社会地位。

2. 距离性，即正距离($+D$)关系：每个交际参与者都比较客气地同他人交谈，相互间有一定距离感。

我们可以在任何权势平等同时又保持一定距离感的交际者之间的对话中，找到尊敬礼貌体系。很多国际间交往就是以这种礼貌体系为基础的，这种礼貌体系表现为政府之间平等会晤，但却同时谨慎地避免形成不必要的亲密关系。

(二) 一致性礼貌体系($-P, -D$)

两个好朋友交谈，他们会使用一致性礼貌体系，交际双方都不会感到彼此间存在什么权势差距和距离感。

一致性礼貌体系特征如下：

1. 对称性，即负权势($-P$)关系：交际参与者的关系是对称的，享有平等的社会地位。

2. 亲密性，即负距离($-D$)关系：交际参与者相互之间心理距离很小，彼此之间关系比较密切。

只要交际参与者之间地位平等，交际双方又感觉到或表现出比较亲密的关系，就会使用一致性礼貌体系。因此，亲密的同事之间的对话常常采用这一礼貌体系。比如，王教授称呼李教授为"教授"，但可能对他本系的一个共事多年的人使用更为亲密的称谓形式，如直接称呼对方名字的后一两个字，或直接称呼"老李"或"小张"等。

(三) 等级礼貌体系($+P, +/-D$)

在等级礼貌体系中，交际参与者意识到并尊重他们之间的权势差异。这种权势差距使某人处于控制地位，而另一人处于受控地位。在前面提到的例子中，王主任对他的下属张三采用命令的口吻"向下"说话，而张三对其上级则要采用服从的口吻"向上"说话，体现的就是等级礼貌体系。这一体系的主要特点是交际参与者意识到双方社会地位的差异(+P),而交际参与者之间距离的远近此时并不重要。因此我们将这个体系定位距离远近两可,或正距离(+D)或负距离(−D)。

在等级礼貌体系中,交际双方的关系是非对称的。也就是说,交际参与者彼此说话时使用的并不是相同的交际策略。处于较高地位的人以命令口吻"向下"说话,直呼下属名字(如张三)。而处于较低地位的人以服从口吻"向上"说话,以"姓"+"头衔"(如王主任)的方式称呼对方。总公司与它的附属公司之间的交际会突出地显现出这种礼貌体系,就像在一个非对称的等级礼貌体系中"上对下"的谈话。

等级礼貌体系的特征是:

1. 非对称性,即正权势(+P)关系:交际参与者在权势关系上是非对称的关系,处于不对等的社会地位。

2. 语言交际策略的非对称性:社会地位的非对称性导致交际策略的差异性,这种差异能从相互的称谓、各自的话语模式等方面体现出来。

等级礼貌体系在商界、政府、教育机构中比较普遍。

二、三种礼貌体系的主要性质

语言交际中的尊敬礼貌体系和一致性礼貌体系都是对称的礼貌体系,等级礼貌体系则是一种非对称的礼貌体系。在尊敬礼貌体系中,语言交际双方身份、地位平等,相互独立,在语言交际中彼此表现得非常客气,非常尊重对方,但存在一定的距离感。在交际内容上也有一定限制,双方都采用很正规的交际方式。在一致性礼貌体系中,交际双方的身份、地位也是平等的,相互独立的,但相对于尊敬礼貌体系而言,这种交际显得更为随意,彼此比较亲密,因此在交际内容和交际方式上也比前者更广泛,更多样。

在语言交际的等级礼貌体系中,因交际双方权势地位的非对称性,导致交际双方在客观上存在明显的势位差。这种心理上的势位差往往会导致双方在语言交际中存在很大的心理距离。如果他们的语言交际发生在工作中,双方都会自然而然严格遵照等级礼貌体系来进行,不会感觉到有什么别扭或不适应。但如果他们的语言交际发生在工作之外的日常生活中(这种交际更倾向于情感沟通),一开始双方是既有的领属性角色关系,遵照的是等级礼貌体系,在话题开始之后,如果社会地位高的人无意主动缩小这种因社会地位造成的心理势位差,他们的交际必将仍然是心理距离较大的"上对下"的谈话,而这种谈话方式,由于双方的心理距离仍然比较远,一般来说很难达到真正的情感沟通的目的。一致性礼貌体系相对来说更利于日常生活中的情感沟通。如果社会地位高的人主动降低自己的心理势位,缩小交际双方的势位差,尽量以平等的身份与对方交际,那么双方的语言交际便可能由正权势、负距离关系转变成负权势、负距离关系,即由等级礼貌体系转变为一致性礼貌体系,从而更容易从内心深处进行情感交流,也更容易增进双方的情感和友谊。

三、礼貌体系错位造成交际误解

不同的语言交际礼貌体系对应着不同的权势、距离关系。交际一方改变语言交际的礼貌体系则意味着对原有权势、距离关系的否定。比如下面王主任(领导)和张三(下属)的对话:

王主任:小张,把明天要带的资料准备好。
张三:没问题,老王,我会把一切都准备好的。

听到张三的回答,王主任感觉很不舒服。因为张三把本该是等级礼貌体系关系的语言交际转变成了一致性礼貌体系关系。如果张三一向是这样"没大没小",王主任至多认为他很没礼貌,不会说话。但如果平时张三并非如此,王主任可能就免不了要仔细分析了:张三改变原有的等级礼貌体系是什么意思?是不是开始有人在背后给张三撑腰,并要他与自己对着干?是不是张三马上要升迁,想以这种语言交际礼貌体系的改变来否定他们之间原有的权力结构关系?

当交际双方正确辨识相互之间的交际角色关系,并采用适应该角色关系的礼貌体系进行语言交际时,才能取得较好的交际效果。如果交际一方对交际双方的交际角色关系作出错误评估,就容易采用不适当的礼貌体系,从而导致交际误解或交际失败。比如,孙主任是 A 律师事务所副主任,王律师是 B 律师事务所律师。因业务需要,A 律师事务所托中间人说合,希望王律师能到其事务所工作。王律师本无跳槽想法,看在中间人的面子上,打算与孙主任就将来待遇等问题进行商讨。下面是双方的电话录音片段:

> 孙主任:你什么时候来一趟啊?
> 王律师:我这几天比较忙。
> 孙主任:你今天上午来一趟吧,正好我在。
> 王律师:不好意思,我今天上午已经与客户约好了,我们以后再约吧。(实际上王律师今天上午根本没有约会,因为他很不满意对方的交际口吻,认为对方很没礼貌。)

在这个语言交际片段中,孙主任的交际方式是不妥当的,最终导致了语言交际的失败。因为孙主任和王律师此时的交际身份是平等的,是负权势(−P)关系,同时也是正距离(+D)关系,所以双方在该次语言交际中应该采用尊敬礼貌体系。而孙主任并没有遵从这种礼貌体系,却采用了等级礼貌体系的交际方式,是一种"上对下"的说话口吻。王律师感觉对方很不礼貌,因此有意在交际内容上采用了不合作的方式(交际内容是不真实的)来作回应。

如果在某次语言交际中,交际双方本应该采用一致性礼貌体系(−P,−D),即很随意亲密,而其中一方却主动采用了尊敬礼貌体系(−P,+D),这表明他想与对方主动拉开距离,想疏远对方;如果其中一方主动采用等级礼貌体系(+P,−D)进行交际,比如用严肃的命令的口吻,"上对下"的说话方式,则暗含着这一方认为双方的关系已经发生变化,而他自己在这种关系中处于较高地位,双方的交际便开始由平等关系转换成不平等关系。如果此时对方认为双方关系实际上并没发生任何改变,他会觉得说话人很没礼貌或者想压在自己头上。

不同关系决定不同礼貌体系。在实际语言交际中,只有把握好与对方的关系及应该遵从的礼貌体系,才能使语言交际顺畅而圆满。

第四节　话语策略与关系协同

在语言交际中,交际者除了要对交际双方交际关系进行推测外,必要时还要进行一定的交际关系协同。例如,甲和乙本来是一般的同事关系,双方平时的交际基本上遵从尊敬礼貌体系。但今天甲想向乙寻求帮助,那么甲通常会先以原来的交际关系和礼貌体系开始,但接下来他会逐渐协同成一种更为亲密的关系,如果他能获得这种亲密关系,那么他会觉得此时开口求助会比建立这种关系之前或相互协同反而导致他们关系更远时,成功率要高。

交际关系的协同往往要通过"关联"或"独立"的话语策略来实现,而协同后的交际关系反过来又会直接影响交际者以后的话语内容、形式和效果。

一、话语策略——关联与独立

在人际交往中,交际者一方面需要与其他交际者有所关联,表示出对其他交际者的兴趣和关注;另一方面,也需要维护其他交际者的独立性,表示出对其他交际者自我行为能力的尊重。

关联性话语策略强调的是交际双方的相关性。表示自己与对方相关联,可以有很多渠道和方式。比如,可以通过支持对方观点或采纳对方意见的方式来表示,可以通过自己对对方的关注和重视来表示,也可以通过展现与对方拥有共同点的方式来表示。"关联"经常通过下面话语形式表现出来:关注他人(如"你最近好像瘦了");对他人的事情表现出强烈兴趣(如"你的发型真漂亮");表明自己与对方是同一群体内的成员(如"咱们女同胞……");与对方有相同的观点(如"我同意你的看法");或相互以昵称、名字称呼等等。

"独立性"强调的是个人想法或行为不受他人干扰和束缚,不受他人强制。尊重他人的独立性体现为尊重他人的自我行为能力,尊重他人的不同想法、自主行动及选择的自由。尊重他人独立性的话语策略主要有：最低限度地推测他人的需求或兴趣（如"不知您是否喜欢看电影"）；不把自己的观点强加于人（如"您还是自己拿主意"）；给他人以充分的选择余地（如"您想怎么做都可以"）；相互称呼时使用头衔或更正式的称谓形式（如"XX先生、XX女士"）等等。尊重他人独立性的话语策略的关键是不强加于人，让对方享有充分的自主性和独立性。

二、话语策略与交际关系、交际话题

语言交际者社会地位平等，但相互之间存在一定距离时，他们的交际要遵从尊敬礼貌体系（−P，+D）。与这种礼貌体系相适应，交际者应该相互独立，彼此尊重而客气，更多地采用独立话语策略。如前文提到的香港大学的王教授与北京大学的李教授会面，他们采用"王教授"和"李教授"这种互称职称的称谓形式，他们在向对方发出邀请或提出要求时，通常也都会给对方比较大的选择空间和余地，这都是尊重他人独立性话语策略的表现。

语言交际者社会地位平等，相互之间的关系又比较亲密时，他们的交际要遵从一致性礼貌体系（−P，−D）。这种礼貌体系要求交际者经常采用关联性话语策略来表示双方比较亲密的关系。比如，两个好朋友交谈，他们会使用一致性礼貌体系。使用关联性话语策略，交际双方都不会感到彼此间存在什么权势差距或心理距离。体现在称呼上，双方一般都称对方的名字，更亲密的还可能叫对方的小名、昵称或绰号。

语言交际者社会地位不平等，无论他们之间的关系是否亲密，通常他们在工作场合首先要遵从的都是等级礼貌体系（+P，+/−D）。在这种交际关系和礼貌体系中，交际双方在地位上的非对称性，决定了交际者彼此说话时使用不同的话语策略。处于较高地位的人会使用关联性话语策略，而处于较低地位的人则一般使用独立性话语策略。以"姓+头衔"（如王主任）称呼对方体现的是独立性话语策略，而不用头衔，直呼某人名字（如张三）则是一种关联性话语策略的体现。另外，"下对上"说话，采用归纳式话语模式，还要考虑给领导较大的选择空间,也是独立性话语策略的表现;而"上对下"说话,采用演绎式话语模式(有时说一下原因,有时根本不说原因,只说决定),不给对方选择余地,也是关联性话语策略的体现。

不同的话语策略会让交际者有不同的关系感受,如果交际一方擅自改变了话语策略,说明他可能在有意改变原有关系。假如我认为我们应该遵从一致性礼貌体系($-P,-D$),而你使用了独立性话语策略,那么在我看来,你就把自己置于低位而将权势赋予了我($+P,-D$),或者想试图与我拉开距离($-P,+D$)。假如我认为我们应该遵从尊敬礼貌体系($-P,+D$),我使用了独立性话语策略,而你使用关联性话语策略来回应,那么在我看来,你可能试图将我置于你的权势之内($+P,-D$),或有意想拉近我们之间的关系($-P,-D$)。

以上讨论的是交际关系中权势关系、距离关系和与之相应的语言交际礼貌体系、话语策略,以及不同话语策略所反映的交际关系和语言交际礼貌体系。其实,语言交际礼貌体系及话语策略除了受交际关系制约外,一定程度上还受交际话题的影响。在实际的语言交际中,即使交际者之间有着相当固定的关系,双方所使用的交际方式、交际策略有时仍会因为所谈话题的影响而有所改变。比如,张三和王主任谈论日常事务,他们的交际方式是不难预测的。然而,如果张三打算在今天为增加工资的事接近王主任,那么他与上司之间的语言交际策略可能会与以前有很大不同。同样,当王主任要告诉张三很不幸的消息时,他的话语策略也会与以往不同,权势可能会消失,体现出比平常更为亲密的关系,语言中含有更多的情感因素。

三、关联与独立在语言交际中的冲突

关联与独立在任何交际中都同时呈现,相互之间是此消彼长的关系。在语言交际中,说话者需要寻求一种恰当的表达方式,既要表现出对对方的关联,又要表现出对他人独立性的尊重。

关联与独立之所以相互冲突,是因为强调一方,另一方就可能受到威胁。如果向对方表示过多的关联,对方很容易感觉他们的独立性受到威胁。反之,如果给予对方过多的独立性,对方又很容易感觉自己的关联受到了限制,导致双方在心理上比较疏远。比如,张三和李四是一般的同事关系,张三出去寄信,李四希望他能顺便给自己带一份当天的晨报,那么李四可能这样说:

① 老张,给我带一份今天的晨报。
② 张三,给我带一份今天的晨报好吗?
③ 张先生,如果方便,我想请您给我带一份今天的晨报。

上例中,①的关联性最强,张三的独立性受到很大程度威胁。李四近乎命令似的请求没有给张三留有多少可以拒绝的余地,但这样的说话方式让人感觉双方的关系很亲密,就像是多年的好朋友,彼此根本不需要客气。②的关联性弱了一点,独立性有所增强。③的独立性最强,关联性最弱。李四如此客气的请求方式给张三留下了很大的选择空间,但这种请求方式也让人感觉双方的关系比较疏远,甚至双方可能还处于不太熟悉的阶段。

从前面交代的背景来看,张三和李四是一般的同事关系,那么②的方式应该是最得体的。这一方式既体现了关联(称呼张三的名字),又顾及了独立(用征询方式来请求,对方可以选择同意,也可以选择不同意)。相对而言,①显得不够礼貌,③显得过于客气,似乎想与张三拉开距离,人为疏远双方关系。所以对于①,张三听后可能会很不舒服,"你谁啊,你有什么资格命令我给你带报纸?"对于③,张三心里也会不太舒服,"怎么了,我什么地方得罪他了吗,搞得这么正式?"

因此,在语言交际中只有根据交际双方关系,把握好关联与独立的尺度,才能取得好的交际效果。从对方角度来分析,如果我们给予对方过多的关联,就会侵犯他们的独立性;反之,如果我们给予他们过多的独立性,势必会让他们的关联受到威胁。因此,交际者在交际中应该措辞谨慎、恰当得体,既维护彼此的关联性,又要照顾到他人的独立性。

四、关联、独立话语策略与话语量

关联、独立与话语量也有一定关系。从话语量角度来分析关联与独立,首先从话语量的有无来划分,可以分为不说话和说话。不说话(又全无一点默契的影子)处于独立性的终端。一个人往往通过不与他人说话来维护或显示最高程度的独立性,一旦说话了,就带有了一定程度的关联性。因此,从话语量的有无来划分,通常将说话归为关联方面,而将不说话归为独立方面。

其次从话语量的多寡来划分,可以分为少言和多言。通常是交际者说话越多,越表示出他对关联的渴望;说话越少,越反映出他对独立的追求。但是判断一个人说话多少要以特定情境为前提,以该情境下对交际者话语量期待值的高低为基础。比如,在某一宗教仪式上,人们对交际者随机性话语量的期待值为零,那么,这种场合下一个人即使只说了一句话,也会被认为说话多。而在好友的晚宴上,一个人尽管说了五百句话,也可能被认为是说话少,因为此时人们期待交际者用大量的话语交流来体现彼此之间的高度关联。

五、关联、独立话语策略例释

(一)关联话语策略例释

关联可以通过很多不同的语言形式来表现,下面这些例子是其中的一些类型。

1. 对对方表示关注。例如:
   你今天的气色好多了。
2. 强调对对方的赞赏或同情。例如:
   你在学校一直都那么优秀。
3. 表明与对方属于同一圈里的人。例如:
   咱们05级研究生都喜欢唱卡拉OK。
4. 对对方表示移情,与其在观点、意见、态度、知识或情感等方面取得共识。例如:

我知道你现在的感受,上个月我也遇到了这样的事。

5. 表示乐观。例如:
   我们会如期实现目标的。

6. 表明深知对方的需求,并对其加以考虑。例如:
   我肯定你们都想知道我到底什么时候放假。

7. 推测或表明共同利益。例如:
   我知道你会像我希望的那样努力取得好成绩的。

8. 用昵称或绰号称呼对方。例如:
   盈盈,把昨天的记录给我。

9. 积极主动参与交流,话语量多。

10. 与异国、异族或异地人交际时主动使用对方的语言或方言。

(二)独立话语策略例释

1. 对对方的需求作尽量少的推测。例如:
   不知您采用何种方式汇款。

2. 给对方留有充分的选择(或拒绝)余地。例如:
   如果能一起逛街就太好了,但我想您可能很忙。

3. 尽量减少对对方的约束。例如:
   我想要张小纸条,什么样的都行。

4. 向对方表示歉意。例如:
   非常抱歉,我可能让您担心了。

5. 表示消极或悲观的态度。例如:
   没人能理解我。

6. 表明话语内容与对方无关。例如:
   某工厂要倒闭了。

7. 泛泛而论,陈述一条总的原则。例如:
   大家注意了,公司要求每个人都穿西装。

8. 用"姓+头衔"或以尊称称呼对方。例如:
   王先生,您的电话。

9. 在应该畅谈的场合保持沉默或少言寡语。

10. 与异国、异族或异地人交际时使用自己的本国语言或自己的方言。

1. 举例说明交际关系中"权势"与"距离"对语言交际礼貌体系的影响。

2. 从交际关系与礼貌体系角度来分析下例中语言交际双方为什么没能很快进入良好的交际状态?

  美国作家马克·吐温在没有成为知名人士之前,不善于同他人交际。一次,有人把他介绍给后来成为美国第18届总统的格兰特将军。当时,马克·吐温竟然想不出一句可说的话,而格兰特将军也仍然保持着平时的庄重和严肃,不说一句话。最后,马克·吐温说:"将军,我感到尴尬,您呢?"

3. 举例说明话语策略与交际关系、语言交际礼貌体系的关系。
4. 关联与独立在语言交际中存在什么冲突?

第四章 文化差异与语言交际

科技发展所带来的全球化潮流,已经使不同文化之间的语言交际成为当今生活的常态。正因为如此,语言交际与文化的关系也就更为密切,因文化差异而导致的语言交际障碍也显得更为突出。因此各国的研究者都在进行跨文化交际的研究。在美国,除了大学里设有这方面的课程之外,社会上(如商业界)也有许多机构专门负责跨文化交际的知识传授与技能培养,以适应国际化社会的交流需要。

第一节 跨文化语言交际的特征

分属于不同文化的人们之间进行的语言交际被称为跨文化语言交际或文化间语言交际。跨文化语言交际也是交际,因此交际的特征如社会性、个体性、对象性、动态性、不可回收性以及影响因素的复杂性等,也是跨文化语言交际的特征,此外,跨文化语言交际还有异质性高和冲突性大两个突出特点。

一、跨文化语言交际的异质性

与同一文化背景下的语言交际相比,跨文化语言交际的异质性十分突出。文化对一个人认知、信仰、态度、价值观等方面的影响,直接塑造了一组特殊的语言交际形态。来自不同文化的人们之间进行交际时,最明显的差异在于无法共享语言符号系统,或者常常赋予相同符号以不同意义。这种异质性是跨文化语言交际的最大障碍。例如,一个人曾这样讲述过他的一段经历:

二十余年前第一次踏入美国,到那里的第二天,我和住在那里的老朋友到公园踏青。正在路旁喂鸟时,一个可爱的美国女孩突然走向我来,问道:"Do you have time?"我愣了一下,不知如何回答。朋友看到我傻在那里,赶紧向那女孩说道:"现在是十点十分。"这句十分简单的句子,把我弄傻了,因为我把它直接译成"你有时间吗?"在台湾,如果一个女孩子问我是否有时间,可能意味着她要跟我约会,要不然可能是在招揽客人。哪知道英文的意思是"请问现在几点?"听朋友的解释后,我吓出一身冷汗,还好没有会错情,表错意,以为美国人真的是那么开放。

文化之间的差异,也称文化距离,存在大小的不同。两种文化的共同点越多,文化距离越小,而共同点越少,文化距离就越大。

东方人与西方人的文化距离最大。如果这样两个人同在一个单位做事,外表长相、宗教信仰、语言、饮食习惯、社会风俗、哲学思考、教育方式等等,都有很大的差异。相对而言,中国人与日本人,因地缘、文化、历史的关系,与中国人和美国人相比,文化距离就要小得多。

二、跨文化语言交际的冲突性

跨文化语言交际的第二个特征是跨文化语言交际的冲突性。

有一位赴美访问的中国女学者参加一个聚会,会上一个美国女人友好地走过来并称赞她的衣服漂亮。她出于客气,连忙说:"不,不,这是一件很普通的衣服。"在中国,这是很常见的一种谦虚方式,谁知当时对方很不高兴。因为在美国,这意味着对她的审美观点和鉴赏能力表示否定。

还有一例是说,英国某教授被邀请到开罗某大学讲授文学。在分析一首诗歌时,该教授由于精力过分集中在诗歌上而进入了一种忘我状态。他身体靠在椅背上,双脚跷在讲桌上,鞋底朝向学生。在穆斯林文化中这一动作带有严重的侮辱性。开罗的报纸对此事作了重点报道,学生也游行,用大幅标语对此表示愤慨。他们认为这是典型的英国人的傲慢,并强烈要求将该教授遣送回国。

当然,跨文化沟通的异质性和可能带来的冲突,并不表示人类跨文化语言交际前途的暗淡和失序。在当前全球化潮流的冲击下,跨文化语言交际是各国人民相互了解与相互协助的重要渠道。只有经由适当的跨文化语言交际,来自不同文化的人们,才能逐渐彼此理解、相互学习,最终建立一个更为和谐的人类社会。

第二节 文化特征与语言交际差异

每一种文化都是以自己独特的方式形成的。文化之间的相互区别体现在一系列的文化特征上。文化特征表现在很多方面,本节主要从感知、语言、非语言、价值观以及行为模式(习惯、规范、角色)等方面来讨论它们对语言交际的影响。

一、感 知

在感知方面,时间感和空间感对跨文化语言交际的影响最大。

(一) 时间感

在不同文化背景下,人们的时间观念及对时间的处理方式有很大差别,因此,在跨文化交际中,人们在对时间的处理上经常会发生冲突。比如,在南美的一些国家,人们常常让来访者等待一个小时或者更长的时间,这种做法对欧洲人和美国人来说显得非常奇怪和无礼。而如果来访者由于生气而愤然离开的话,那么当地的主人则会认为自己受到了侮辱。

(二) 空间感

人们的空间观念以及对空间的处理也因文化不同而不同。当具有不同空间观念、对空间处理方式不同的人们走到一起时,就可能出现交际上的冲突。

每个人至少在一定时间内都需要私人空间,这是一个他人不能任意侵入的空间。如果对方冒犯了这一空间,那么他就会被看作是侵犯他人、没有礼貌的人。

生物学家们发现,动物也有这样的属于自己"领土"的"私人"空间的概念。但动物的领土根据种类的不同而不同,而人的领土观则因为文化的不同而不同。

在英国,几百年来人们一直遵循着这样的信条,即一个人的家就是他的城堡,在他的家中不允许非法搜查,如果未经本人同意,连政府要员也不能踏入。人们把私人占有的土地看作个人的领土,而共有的土地才是集体的场所。

美国人把开门、关门当作是否允许他人进入的信号。不管是在办公室还是在家里,如果门开着,就表示欢迎来访。相反,关着的门则表示里面是一个"封闭的世界",此时主人可能在开会、私人交谈、集中精力工作或睡觉。

德国人最重视私人空间。比如,霍尔(Hall)曾写到:德国人把属于他们自己的空间看作自我的延续。德国人对于自我是非常敏感的,因此,他们利用一切方式来维护私人空间。在德国,办公室的门一般来说总是关着的,开着门被德国人看成是轻率和不守秩序。当德国人看到美国人将他们居室或办公室的门敞开时,常常会认为这是美国人办事缺少条理的表现。而实际上,美国人只是以此来表示他们没什么可隐藏的,任何外人的来访都是受欢迎的。

在不同文化下,人与人之间空间感的差异还体现在对"人与人之间距离"的不同看法,关于这部分内容我们将在最后一章作详细介绍。

二、语　言

在相异文化的语言交际中,语言上诸多方面的差异都会引起语言交际障碍和冲突,以下几个方面是比较常见的差异。

(一) 话语模式、语义焦点的差异

文化不同,话语模式则有所差异。亚洲人使用的表达顺序一般是"背景——主旨","主旨"的出现以背景被充分交代为条件,是一种

归纳式的语言交际模式。与此不同的是,西方人说英语时倾向于运用开门见山式的话语模式,一开始就交代主旨,然后才说明背景,有时对方作出反馈后,说话人再根据需要完善自己的论据,这是一种演绎式语言交际模式。

话语模式的不同常常会导致话语焦点的差异。西方人一般会认为话语的开头部分是最重要的,而亚洲人更倾向于从话语的后面部分寻找重要信息。话语模式以及语义焦点的不同往往会导致跨文化语言交际双方的困惑和误解。只有当双方使用相同的话语模式或双方都了解对方话语模式的特点时,才能聚焦于同一重点,从而准确理解对方话语的真正含义。

下面是一场因不了解对方话语模式及语义焦点而导致的语言交际误会。

刘先生和理查德先生的会谈使理查德很高兴,他在分手时表示要找个时间与刘先生共进晚餐,刘先生欣然应允。但是几个星期后,刘先生开始怀疑对方的诚意,因为理查德在那次发出邀请后,再没有主动与刘先生联系并约定进餐的具体时间和地点。为此,刘先生很生气,认为理查德是一个言而无信的人,并决定将来要和这个缺乏信用的人断绝商业往来。

其实,不同文化下相异的话语模式和语义焦点是导致这场交际误会的元凶。东亚人一般习惯于归纳式的语言交际模式,因此喜欢将重要信息或观点置于谈话的结尾。正是这种话语模式让刘先生认为理查德在会谈结束时发出的晚餐邀请是比较正式的。即使这次晚餐实际上对刘先生并不重要,他也会非常重视。相反,理查德却不这样想。他认为这样一个邀请无关紧要,因此才在会谈结束时提出共进晚餐的建议。对理查德而言,这仅仅表明他当时心情很愉快。也就是说,这并不是一个真正的约请,而是一种告别时表示愉快的习惯性客套话而已。所以说,话语模式以及自我话语体系中语义焦点的不同最终导致了这场交际误会。

在了解东西方话语模式差异的同时,还必须要注意这种模式实际上并非天生固定在亚洲或西方人身上。然而,一旦不同交际者在处理话语时对使用模式有不同的预测时,他们就可能会发生上述的语言交际误解。

归纳和演绎话语模式的采用都基于同一目的,即减少话语的整体模糊性。在归纳模式中,核心是要让说话者得出某个特定结论的原因显得更为清晰。这通过概述论据并在引出结论之前检验其他交际者对结论的潜在接受度来完成。而在演绎模式中,结论在开始时提出,从而使支撑性论据的关联更加清晰化。因此说,这两种模式的意图相同,但策略却是截然相反的。

归纳模式和演绎模式在亚洲和西方语言交际中都有所运用,具体采用哪一种模式,还要看当时的具体情况以及交际双方的交际角色关系等因素。

(二)不同文化心理对词语意义的影响

不同文化心理导致词语的社会文化意义不同,这种不同也会给跨文化语言交际带来影响。

从等值观点看,不同文化的语言之间在具体词语上是没有绝对等值的。成功的语言交际者,往往只能寻找那些相对等值的词语来进行交际。英语"dog"一词的文化意义以及由此衍生出的词语,如"Love me, Love my dog"、"Dog doesn't eat dog"、"To lead dog's life"、"You are a lucky dog"等等,都不能按汉语中的"狗"去理解。汉语中"狗"以及由"狗"构成的词语如"狼心狗肺"、"鸡鸣狗盗"、"狐群狗党"、"蝇营狗苟"、"走狗"等等,也不能按英语中的"dog"去理解。"dog"和"狗"的不同取喻是民族文化心理的表现,作为语言交际者必须要懂得这一点。

中国人对一些长寿的动物和植物都很喜欢,常常用它们来寄托自己的主观感情和希望。因而这些动物和植物便被赋予了具有浓郁民族文化色彩的文化意义。如"龟"是长寿的象征,人名中取"龟年"以寄托长寿希望的很多,像李龟年、陆龟年、蔡龟年等等。"鹤"、"松"同"龟"一样,在中国也被看作长寿的动物,人名中取"鹤年"、"鹤寿"、"松年"、"松寿"、"松龄"的人也不少。当然,"龟"在中国汉民族文化中还有一种负面的文化意义。汉族人在骂人时常说"乌龟王八蛋",对于这一点,语言交际者在交际中应该给以注意。传说在一次中日外交会谈中,日本代表说了句"我这是'小虾引出乌龟'",中国翻译照直翻译了过来。这样翻译不仅不符合原有意义,而且触犯了中国文化心理中"龟"的负面意义。其实,这句话恰当的翻译应该是"我这是抛砖引玉"。

(三) 不同文化背景中人们对数字的不同态度

数字迷信,普天下都有。西方最富有神秘色彩的数字是"十三"。现在很多旅馆和办公大厦没有第十三层楼;有些航空公司没有第十三号班机,甚至没有第十三排座位,十二号之后,是十二号半,下面就是十四号。如果十三日又碰巧是星期五,那就更加不祥了。星期五是凶日,跟基督教的《圣经》记载有关。有些古手抄本上说夏娃偷吃禁果适逢星期五,她和亚当被上帝逐出伊甸园正是在那一天;该隐杀害亲弟亚伯是在星期五;耶稣被钉在十字架上也是星期五。传说英国海军部有一次想破除星期五不祥的迷信,故意把一艘新舰命名为"星期五",在星期五安放龙骨,星期五起航,找了一个姓星期五的人当舰长。结果这艘舰出海之后,杳如黄鹤,一去不返。不过,自1937年以来,90次主要空难只有14次在星期五发生,而没有一次发生在十三日。

数字迷信不仅西方有,东方也有。东方人一般认为三、六、八、九都是比较吉祥的数字。当然,同是东方国家,文化背景也不尽相同。"一"到"十"的数字中,中国人最喜欢"六"和"八",其次是"九",最不喜欢的是"四"。

中国许多民族的妇女生下小孩后,都会受到乡邻、亲戚、朋友的祝贺,其中有些贺礼含有吉祥之意。比如,白族得到"报喜"后,娘家要送红白鸡蛋或六十,或一百六十或二百六十,依各家贫富不同而定,这"六"字不能少。其他的东西也要送"六",否则就会被认为不吉利。小帽子、小衣裳、小裤子、小袜子、小披篷、小裹被六种。其中衣、裤常用品各以"六"计,送六样。糯米粮食等也以"六"计,或六斤,或十六斤。至于为什么送"六",据说,白族是"六诏"的后裔,祖先"六诏"年年要给大唐帝王送礼,每诏一份,共是六份。大唐回赠也是六份,每诏得一份,所以礼品必须能以"六"计,这是祖宗的遗俗。同时,还因为"六"(方言)是取汉字的"禄","禄"与"六"的古读同音,六(禄)是小孩长大有钱财、有福气的吉祥表示。总之,礼物不在多,主要是给主人家带去吉祥的兆头,所以必须带"六"。另外,汉族人做事讲究顺畅,常把"六六大顺"挂在嘴边,因此"六"也就很受青睐。

"八"也是中国人喜欢的数字,它与汉语中的"发"谐音,电话号码、汽车牌照等如果含有"八",便成了抢手货。含"八"越多越抢手,因此,有时带"八"的手机号码,汽车牌照也都要贵一些。"九"与"久"音同,也是中国人喜欢的一个数字。而且"九"通常被中国人称为"天数",有"九霄云外"、"九州方圆"、"九泉之下"、"九五之尊"、"九九归一"等说法。帝王之家门的大钉是横九颗,竖九颗;故宫三大殿高度是九丈九;皇帝穿的龙袍要绣九条龙。《周易》乾卦也有"九五,飞龙在天,利见大人"的说法。

中国有些人不喜欢"四"和"七",因为"四"与"死"谐音,"七"同"气"谐音,很多人不愿意用含"四"或"七"的电话号码。

三、非语言

非语言交际在很大程度上是带有各自文化特征的,因此在跨文化交际中会由此产生很多问题和冲突。比如,在日本,"笑"通常不表示欢迎,而表示尴尬,这种非语言交际形式对欧洲人和北美人来说是陌生和奇怪的。

和其他交际者的目光接触在不同文化中意义也不同。在大多数西方国家,谈话时直视对方是很正常的。如果有人不这样做,对方就会怀疑他有什么隐瞒,认为他不诚实。当然,长时间地、目不转睛地盯着对方也被看作是过分和有失分寸的行为,尤其在男女之间更是如此。在很多其他文化中直接的目光接触是被禁忌的,比如,下属对上司,尤其是女人对男人不能直视。在一些文化中(比如中东文化)女人唯一能直视的男人是她的丈夫。

四、价值观

不同文化背景的人们在什么是好,什么是坏,什么值得追求,什么毫无价值等问题上的看法往往有所不同,这些不同在跨文化语言交际中会产生很多影响。这里我们主要从语言交际中情、理、法的角度来讨论。

中国文化体系中有一个非常显著的特点,就是特别讲究情面。情面包括情和面子两部分。相对来说,中国人重情义,讲关系,爱面子,很多事情按"情面"准则来办。"做人情"、"送人情"、"不看僧面看佛面"、"人情留一线,日后好相见"等俗语背后的价值观念,潜移默化地影响着中国人的处事原则和交际方式。如果说话办事不讲情面,常常得罪人,久而久之就会成为不受欢迎的人。如果该讲情面时仍然不讲情面,还常常被认为是薄情寡义之徒,轻者遭众人离弃,重者可能就千夫所指了。

在事理观上,西方人重事理而轻人伦,讲究一切按规章办事,遵循"法、理、情"事理次序。而中国人向来重人伦而轻事理,遵循的是"情、理、法"的事理次序。

在中国,过去常常是家里来了客人,主人把最好的房间让给他,把平时不舍得吃的好东西拿出来给他吃。尽管工作繁忙,主人照样好酒好菜热情款待,唯恐照顾不周,怠慢了客人。客人执意要走,主人还是要再三诚恳挽留。现在虽说这种情况在中国的一些城市有了相当的改变,但在中国的某些农村依然如此。

在外国,客人就未必能得到同样的待遇。据说,一名中国人到美国朋友家做客,因某些事情滞留了几天,哪料临走时美国朋友竟要求他付伙食费和住宿费。这位中国人恼羞成怒,而那位美国朋友却为此感到莫名其妙。这种交际误解正是源于两种文化对情面的不同理解。在有些文化中,一般不怎么顾及中国人讲的人情、面子,哪怕是亲朋好友一起吃饭也要 AA 制,甚至父子有时也是如此。

十分强调情感因素的文化背景,使得大多数中国人在语言交际时,特别关注对方的语言交际方式。也就是说,交际者的语言交际方式以及语言交际过程中所附带的情感、态度对语言交际效果的影响非常显著。甚至有些人并不十分在乎对方说什么,却相当在意对方怎么说。说些什么,涉及到说话的内容,这是听进去之后才进一步思考分析的问题。而怎么说,则代表着说话人与听话人之间的关系与情分,还涉及到听话人的面子。

中国讲求情面的文化特质,使得多数中国人在语言交际中首先讲的是情,其次是理,再次才是法。以情为先导,双方是同路人,然后再进一步讲理,这样的语言交际方式在中国往往十分奏效。如果一开头就讲道理,对方常常听不进去,甚至还会产生逆反心理,引起反面说辞。在"安慰"和"劝说"类的语言交际中,常常免不了要摆事实、讲道理,但面对中国人,劝说者一定不要忘了先以情动人,给对方一种同路人的感觉,再摆事实讲道理,这样才会更有效。尽管现今中国人法律意识逐步增强,但由于文化传统的影响,除非对簿公堂,否则多数中国人不愿意从法律角度谈问题。因为一旦涉及到法,在中国人看来会显得很伤感情。所以,多数中国人的语言交际往往是合理性大于合法性。一般情况下,合情合理的话成为沟而能通的主要条件。

总之,在中国的文化背景下,多数中国人语言交际的情、理、法的特点是:先由情入理,有理讲理,到了讲理实在解决不了的时候,才去讲法。

五、行为模式

不同文化背景的人们有各自不同的行为模式,即习惯、规范、风俗、礼仪等等。这些行为模式之所以让外人难以理解,是因为它们本身单独看来大多没有什么意义,只有在特定文化背景中才能获得其价值和意义。

例如,对日本人来说,一而再、再而三的道歉是表示友好,也是相互谦让模式的基本要求。这种谦让模式表示交谈者双方地位平等。而对于美国人来说,道歉是承认过失,会使说话人处于不利地位。因此,日本人认为美国人是不知变通的,而美国人则认为日本人有些唯唯诺诺。

再如,当你主动提出让一个阿拉伯人搭你的便车回家时,他嘴上说"不,谢谢",实际上他心里想的却是"也许会再问我一遍"。阿拉伯人说话通常比较含蓄,因此,当别人主动提出让他搭车,或者席间向他劝酒劝菜时,一般总会来来回回客气几番。只有当他说"哦,绝对不要了。以真主之名,我真的不能再吃了……实在不行了"时,你才能确信他真的不想要了。

了解文化差异和这些差异对语言交际造成的影响,可以避免在跨文化语言交际中触犯文化禁忌。几乎在所有文化中,违反禁忌都是十分严重的事。即使表示出于无知,一般也不会被他人谅解。因此,交际者在跨文化语言交际中还要特别注意以下几点。

1. 礼貌有别。尽量讲礼貌,是语言交际的重要原则之一。但不同文化背景下,交际者都有自己表示礼貌的独特方式,稍不注意就会失礼,甚至还可能会触怒对方。

中国素有"礼仪之邦"的美誉,十分重视礼貌。比如,人们见面要互相寒暄,以前经常会有人礼貌地问对方:"吃了吗?"曾经有一位来中国不久的留学生,就因为中国朋友这样一句表示关心的话而大为恼火。她说:"你们为什么老问我吃了没有?我有钱。"她以为人们是怕她钱不够花才这样问,而不知道这仅是中国人的一种礼貌问候语。

2. 谦虚有异。人们在语言交际中不仅要彬彬有礼,还要尽量为人谦虚,而各民族的谦逊语往往存在很大差异。

中国人通常遵循的是"贬己尊人"的谦虚准则,在日常生活中倾向于说自己"不才"、"无能"、"惭愧",习惯于称赞对方"高明"、"能干"等。

西方人一般则遵循"尽量缩小对自己的表扬"的准则,他们通常既不贬低自己,也不恭维别人,比较实事求是。因此,在跨文化语言交际中,如果不注意这一点也可能会造成尴尬。

3. 关怀有度。在运用关联话语策略时,免不了要表示一下对对方的关心。不同地区、不同民族、不同文化背景下,关怀语有很大差别。在中国,过去人们彼此谈论收入、年龄、健康、婚姻状况等,是表示关心,让对方感到亲切温暖,人情味很浓。但是类似的话题在西方却有探听或干涉他人隐私的嫌疑,是很忌讳的。

文化背景不同的人们进行语言交际,一言一行、一举一动都有"俗"和"禁"的问题。如果不注意,轻则伤害感情,重则被认为是侮辱人格,甚至还会影响到国与国之间的关系。据说,苏联领导人赫鲁晓夫访问美国,当他走下飞机时,曾用双手举过头顶并紧握在一起的动作,向到机场欢迎的群众表示致意。然而,这一举动却激怒了美国人,因为在美国文化中,这一行为象征着美国人被击败了。因此,从事跨文化语言交际,交际者一定要了解一些对方的文化,同时还要注意入境问禁、入乡随俗。

第三节 语言交际与文化交融

文化从来都是在碰撞中实现着交融。当今,文化与文化之间更是相互渗透、相互交融,这种文化的渗透与交融影响着语言交际的方方面面。

一、渗透与交融

东西方文化的渗透与交融,目前在语言交际中主要体现在词语运用、数字喜好,以及招呼语和问候语的趋同等方面。

(一) 词语

文化的互动与互融,可能是和平方式的,也可能是通过暴力实现的。

和平的互动方式包括翻译、旅行、通婚、通商、移民、外交以及其他温和的文化交流方式,在此过程中一种语言会受到另一种语言的影响。这种影响最明显地体现在词语的互融上。比如,毛泽东提出的"纸老虎"现在已经被收入英语词典。英语中一些有关烹饪的词语以及其他与中国文化有关的,像"阴阳"、"功夫"等词语,也是通过这种方式移入英国的。

暴力方式的互动包括异族入侵以及其他强制性的文化交流。这方面英国也有很典型的例子。比如,英语中一些家畜和它们的肉的名称是不一致的,如猪叫"pig"或"swine",猪肉则叫"pork";羊叫"sheep"或"goat",羊肉却叫"mutton"。这是因为英国曾经被诺曼人入侵并占领过,当时英国老百姓要待候诺曼贵族,要为他们养猪放羊,于是猪、羊的名称还是地道的英语。而销售猪肉、羊肉的诺曼贵族却用他们的本族语去称呼这些食物,于是就出现了一些家畜名称与其肉类名称不同的现象。

当今中国人的语言交际中,夹杂英语词语的现象也比较普遍,这是改革开放以及近几年加入WTO等一系列中外频繁交流的结果。现在很多外企职员在日常口语交际中已经将一些外语词汇比较固定地镶嵌在汉语句子中。

(二)数字

在数字的喜好上,西方通常很讨厌"十三",中国不知从何时起也开始不喜欢这个数字。比如,现在有些购房者也不喜欢十三层,有的楼房因为是"十三"层在价格上要便宜一些。而相对来说,"四"层好像没有多大影响。有些宾馆、写字楼也不设十三层。目前"星期五"在中国还不是不受欢迎的日子,很多人到星期五非常高兴,因为到了这一天意味着马上又能休息两天了。

(三)招呼语

各国在招呼语上最容易实现交融和趋向统一。过去,中国人常常在见面时用"吃了吗?"来招呼。现在已经不是这种情况了,如果哪一本对外汉语教学书上还这样介绍,那说明这本教材没有做到与时俱进。现在中国人见面说"你好"的更为普遍,相当于西方的"How are you"。以前还常常问:"干啥去?"现在随着隐私意识的提高,这种招呼方式也少见了。

(四)交际语

以前接到别人邀请,中国人总觉得自己赴宴会给对方带来很多不便,为了表示给对方造成不便以及对对方邀请的感谢,会常常说"您太客气了"、"免了吧"、"我尽量"等客套语。即使心里已经确定是否要去赴约,嘴上也不明确表示自己是去还是不去。现在已有了改变,比如,大多数人接到对方的邀请首先要表示感谢,然后会给对方明确答复,以方便对方准备。

在表示关心的话题上,过去可能要询问对方的年龄、婚姻状况、家庭成员,上学的要问他所在的学校,工作的要问他的单位以及工资待遇等等,这些问话完全是一种关心的表示,并没有窥探对方隐私的意思。但这些关心常常会造成跨文化语言交际的误会。渐渐地,一些中国人开始在跨文化交际中避免谈论这些事情,久而久之,有些人也不希望处于同一文化圈内的人问及这类问题。先是一些人不希望对方问自己的工资情况,当然这也有比较复杂的原因,但在一定程度上脱离不了西方隐私观念的影响。尔后,很多人也开始认为年龄是隐私,尤其是女性,不愿意公开自己的年龄,交际中也逐渐开始回避这个话题。再后来婚姻状况也成了一些人不愿意透露的内容。在这些话题上,东西方的交际观念正在一天天地接近。

二、趋同过程中的交际误会

随着文化交流的频繁,人们越来越意识到文化差异对语言交际的负面影响,因此一些从事跨文化交际的人会有意去了解交际对象的文化背景与交际习惯。但即使这样,也不见得就能取得良好的语言交际效果。有时恰恰因为对对方文化的敏感和一知半解的了解,最终导致了更加糟糕的交际效果。例如《跨文化交际:话语分析法》[①]一书中提到这样一个例子:

有两个人在东京到香港的航班上相遇。其中,楚洪发是一个刚从日本出差回来的香港出口商,而安德鲁·理查德森是一位第一次出差到香港的美国购买商。因为楚先生公司销售的一些产品正是理查德森先生去香港要购买的产品,所以他们便很自然地交谈起来。经过了一番简短的交谈之后,他们互相作了自我介绍:

理查德森:顺便说一下,我是安德鲁·理查德森。我的朋友叫我安迪,这是我的名片。

楚先生:我是大卫·楚。很高兴认识你,理查德森先生。这是我的名片。

理查德森:不,不,叫我安迪。我想我们会有很多生意上的合作的。

[①] 罗纳德·斯考伦、苏珊·王·斯考伦:《跨文化交际:话语分析法》,施家炜译,社会科学文献出版社2001年版。

楚先生：是的，我希望如此。

理查德森（念着楚先生的名片）："楚洪发"。洪发，明天我一到酒店就打电话给你。

楚先生（微笑）：好的，我等你的电话。

分开后，这两个人对对方的印象各有不同。理查德森认为，楚先生从笑容看上去是一个很友善的人，他们两人的初次见面和交谈是成功的，并且认为他尊重楚先生的中国背景，叫他洪发而不是他的英文名字大卫，否则会给楚先生强加不必要的西方文化烙印。

相反，楚先生觉得和理查德森先生在一起非常不舒服。他认为与理查德森先生共事会很困难，也许理查德森先生对文化差异一点也不敏感。他已经提示对方称呼自己"大卫·楚"，但对方却没有理会，因此，他感到很不快。而面对这种尴尬，出于礼貌，他只能一笑了之。

那么，为什么两个人在称呼上会有如此差异，而交谈后各自的感受又截然不同呢？

原来美国商业圈中有一种趋势，即人们更愿意在商业往来中建立亲密、友善、平等的关系，遵从一致性礼貌体系（−P，−D），它在商业会晤中常常表现在对称呼的使用上。因此，理查德森先生觉得被称作安迪很舒服，也用对方的名字来称呼楚先生。

作为交际另一方的楚先生则认为，最初的商业关系应该是彼此有距离又很平等的关系，应遵从尊敬礼貌体系（−P，+D）。如果他们彼此称呼为楚先生与理查德森先生，楚先生会感觉更舒服一点。

而事实上，造成楚先生不快的并不在于双方不同的关系期待，因为他了解对方的文化特点，在一定程度上也尊重这一特点，甚至为此专门给自己设计了一个"大卫·楚"的称呼。最终造成楚先生不快的是，理查德森凭借对中国文化一知半解的了解来称呼他，让他感觉到理查德森既不了解他的文化，也不尊重他的提示。

应该说楚先生和理查德森对文化差异都比较敏感。楚先生的北美经验促使他取一个英文名字，以便让像理查德森那样的人称呼他时感觉更舒服，这与中国文化中根据场合变化采用不同称谓的文化特点相符合。但理查德森对这一点并不了解。在他看来,用楚先生的英文名大卫,像是要强加给楚先生西方背景。他主观地认为,相对于一个为方便而取的名字,中国人对自己的名字会更有文化认同感。他希望表现出对楚先生中国文化背景的关注和尊重,所以选择了很不恰当的称谓方式——"洪发"来称呼。

理查德森对文化的敏感和主观判断,实际上造成了语言交际更糟的结果。尤为遗憾的是,理查德森并没有意识到楚先生的微笑表示的是尴尬,而不是对他的友善和对这次谈话的满意。在北美,尽管也有"不安的笑",但更多时候,"笑"还是被当作愉快或满意的直接表示。因此,理查德森先生把楚先生的尴尬误认为愉快,甚至错误地认为楚先生对第一次见面很满意。

实际上,不同文化背景的人们进行语言交际时,尽管交际一方对另一方的文化特点及交际方式有相当程度的了解,还是应该谨慎处理和认真对待。因为在以自己方式来推断的同时也许会忽略了更为重要的方面,或者实际情况远比交际者了解和设想的复杂得多。这就需要交际者在实际的语言交际中采取一种更为稳妥的方式——礼貌地征询。在介绍自己时先表明自己的喜好和倾向,比如,喜欢对方直接称自己的名字还是别的什么,是倾向于一致性礼貌体系还是尊敬礼貌体系等等。然后征询对方他最喜欢的称谓方式。其实征询称谓的过程也是判断对方所倾向的礼貌体系的过程。如果对方的礼貌体系与自己相一致,那很好;如果有差异,就要作适当调整,以便选择最得体的谈话风格和交流方式。因此,不同文化背景下的陌生人进行交际的最初过程,实际上是关系确认与协同的过程,尤其是关系协同的过程在跨文化语言交际中显得非常重要。

第四节　跨文化语言交际的改善

文化背景的差异常常会给语言交际带来很多障碍,这就要求从事跨文化语言交际的交际者对不同文化持积极学习和理解的态度。与此同时,交际者还要培养跨文化接触的适应力,提高跨文化语言交际的实际技能,从而减少因文化冲击(culture shock)而带来的不适感。

一、学习和理解不同文化

交际者要学习和理解不同文化,应该加强文化认知并避免刻板印象与偏见。

(一) 加强文化认知

不同文化中,人与人之间由于认知系统的差异而产生的交际误解十分常见。比如,在阿拉伯,女性被认为是没有社会地位的,因此她们出门必须面纱遮脸,衣袍裹身,不许开车。办护照要先有家里男子的允许函,才能办理。因此,在美国与伊拉克进行的波斯湾战争期间,阿拉伯报纸大张挞伐美国女兵在阿拉伯境内的穿着,指责她们既不包脸,也不蔽手脚的大逆不道行为。

不同文化对群体个性的总体倾向有所影响。比如,总体来说,西方人个性比较张扬,信奉"会叫的轮子有油吃";而儒家文化笼罩的国家,则以谦虚为美,信仰"枪打出头鸟"的格言,强调内敛的功夫。这使得西方人在语言交际中倾向于有话就说,直来直去;而儒家文化影响下的人们,常常是有话也不说,在决定说与不说的过程中,要考虑很多因素。

不同文化背景的人,对地位高、年纪大的人看法不同,对礼尚往来的期待不同,对关系、面子的理解和认识也不同,这些不同也对跨文化语言交际产生一定影响。比如,东方人通常习惯于以语言或肢体动作,对有社会地位或年高有德之人表达尊敬。而美国、加拿大、奥地利、以色列等国家的人则认为东方人对上司鞠躬点头、言语恭敬是缺乏自信、震慑于权威的表现。在人际交往中,东方人一般花费较长时间来建立关系。关系建立后,彼此之间就能相互照应,一方出了事故,另一方帮助他大事化小,小事化了。西方人不论对熟人还是陌生人,处理事情比较直截了当,他们认为东方人讲关系、套交情的作风是没有自信的表现。东方人讲面子,让对方丢脸,不仅伤他人自尊,对自己也是没面子的事,因此,一般不直接拒绝别人的请求或表达不同意见。正因为如此，一些在外国公司工作的人，可能被误认为是懦弱或缺乏主见。

不同文化中的人们社交互动的规则有所不同，社交问候也存在差异。比如，东方人对陌生人或上司，不可直呼其名，只能道姓，通常还加上对方的头衔，不好加头衔的要加上"先生"或"小姐"、"女士"等称谓。在会议上，发表意见时用词遣字通常比较谨慎。提出批评时，还要谨慎选择发言时间。这种小心谨慎的互动方式，在有话直说的西方人眼中，很可能被视为没有主见的做法。

美国人和挪威人在街上行走，不管认不认识对方，只要视线一接触，就会主动打招呼。英国人和瑞典人似乎比较孤傲，即使彼此认识，也不见得会打招呼，不过打招呼时，一定目视对方，以示尊重。在南欧、中南美、中东地区，人们都避免眼光直接与对方接触。在美国，白人打招呼时，通常是迅速看对方一眼，就把视线移开，被问候的人，则必须继续看着对方以示礼貌。美国黑人则正好相反，打招呼的人目视对方，被问候的人则避免与对方的眼光接触。

不同文化中的人们打招呼的用语也不同。英国人常说的是"早安"(Good morning)。美国人除了"早安"以外，还经常使用"How are you?""How's going?""How are you doing?""What's up?"等招呼语。日本人喜欢用"天气很好"做招呼语。现代中国人则不太习惯以天气为招呼语，一般用"你好"来打招呼。蒙古人的习惯，是从"你父亲好吧"问起，然后问母亲与兄弟姊妹。

了解、接受跨文化语言交际的差异，积极克服跨文化语言交际障碍，是改善不同文化背景下语言交际的关键一步。

（二）避免刻板印象与偏见

刻板印象是指对一群人过度简单、过度概括或夸张化的看法。刻板印象有三个特点，即以人们最明显的特征加以归类、以一组特征涵括全体和以同一种方法对待整群人。

刻板印象可能是基于事实的一种陈述，但因为过度简化和夸张，结果往往扭曲了原本情况，而且大部分会变成负面的印象。当人们开始形成刻板印象时，通常会有意或无意地忽略一个团体内人与人之间的差异或特征。

刻板印象虽然有助于我们对世界的理解,但其对事实的扭曲又常常形成跨文化语言交际的障碍。造成刻板印象对事实扭曲的主要因素有:过度强调群间差异、低估群内差异和选择性的认知。

有些刻板印象会很自然继续发展成偏见。偏见已经不仅停留在看法或信仰阶段,它已经进入了态度范畴。信仰必须发展成态度,才会直接引导人们行动,直接影响语言交际的过程和品质。

态度指我们对人、事、物所作的正面或负面回应的倾向,这种倾向是通过学习得来的。偏见以态度为基础,是对一群人产生错误的看法而累积成的僵化态度。虽然偏见与刻板印象都同时发生,但偏见的错误性与对语言交际的伤害性,比刻板印象更为严重。偏见是一种态度,是对一群人过度概括化的评估和判断,是一种负面的评断,这种评断主要来自个人的生活经验、社交互动以及媒体的影响等等。

在语言交际中,刻板印象和偏见对语言交际的负面影响非常大。交际者尤其是分属于不同文化背景的交际者,只有积极克服刻板印象和偏见,才能促使跨文化语言交际的顺利进行。

二、培养跨文化接触的适应力

不同文化背景的人们进行语言交际十分容易产生文化冲突,只有培养交际者跨文化接触的适应能力,才能减少或避免这种冲突。

不同文化背景的人在接触和交际过程中往往会出现"水土不服"的情况。如陈国明在《文化间传播学》中列举的例子:

> 来美国后不久,在大学城的商店购物,素昧平生的祖母级店员找钱时,居然呼我"蜜糖"(honey),教我着实大吃一惊。"蜜糖",不是电影里夫妻、情人的互称吗?[①]

这是美国人人情味的表现,没有什么私情关系。这"大吃一惊"

---

① 陈国明:《文化间传播学》,台湾五南图书出版公司2003年版,第267页。

是对美国人社交生活方式的适应不良。再如：

> 犹记抵达美国不久,有一日在校园的林阴大道慢跑。迎面而来是一位天使面孔、魔鬼身材的金发丽人。没想到在擦身而过之际,她脸带微笑,嫣然对我说了声:"嗨!"一向自认长相平庸,既无玉树临风之姿,亦无小白脸之貌,所以在女同胞面前吃不开,早就习以为常。现在居然有如此美女主动示好,难道是国内诸妹有眼不识泰山,还是番婆的要求标准太低?①

该故事的主人公显然是会错意了,以为天降美色给自己。"嗨!""How are you?""How are you doing?""What's up?"等,都是美国人对陌生人有礼貌的寒暄用语,并非因为主人公特别迷人才开口示好的。这也是对不同文化背景中人们的社交方式的不适应。

加强文化认同和跨文化训练可以提高跨文化接触的适应能力,与此同时,要想使跨文化语言交际顺利进行,还需要提高跨文化语言交际的实际技能,而提高语言交际技能至少要做到如下两点。

1. 加强外语知识学习。一位到美国留学的华人说,他第一次走在美国校园时,有几个美国学生从身边经过,突然对他冒出一句:"What's up?"他一听到就仰头环视天空,奇怪到底天上发生了什么事,为什么人家总是问他上面是什么。他每次抬头看天空,也把问的人弄得迷惑不已。当时他并不知道"What's up?"就是"How are you?"的意思。

在跨文化语言交际中,交际者首先面临的是另一种文化中的另一套全新的语言符号系统。如果不了解这套语言符号系统,语言交际可能会寸步难行。即使对这套系统有所了解,如果仅是一知半解,也常常会造成交际双方的交际误解和冲突。

2. 培养跨文化语言交际的弹性。跨文化语言交际的误会或冲

---

① 陈国明:《文化间传播学》,第268页。

突,有的是因为欠缺对方语言的相关知识造成的,有的是语言运用方面的问题导致的。前者相对而言容易克服,而后者要想有所突破则比较困难。因为自由运用一套语言符号系统远比掌握这套符号系统的语音、语义和语法规则要困难得多。

  曾经有一个笑话说:一个日本人在美国和一个美国人撞车了,美国人走下车关切地问:"How are you?"日本人忙答:"I'm fine. Thank you."对话中的日本人显然没有做到对语言的灵活运用。这也许跟他对英语的掌握程度有关,也许在当时应急情况下不知道如何回应,因此平日里自己最熟悉的一组对话便本能地溜出来。这就涉及语言交际的弹性问题。语言交际弹性也就是语言交际的适应力,这种适应力是指交际者能在不同交际关系、不同社交场合中,作出最恰当的表达。灵活运用语言,把语言运用得恰到好处,是语言交际弹性的表现,也是语言交际适应力的表现。

  培养弹性语言交际能力的方法之一,是在熟练掌握静态语言符号系统时,尽量多地在实际交际中运用这个系统,只有这样,才能做到举一反三、灵活运用。

  此外,在跨文化语言交际过程中还要注意双方的互动,在积极互动中了解对方,以便调整交际方式和交际策略,这也是合作原则的体现。在互动过程中,我们还要鼓励对方及时反馈。对方的反馈可以使我们获得目前交际的进展情况,适时调整交际行为或交际策略,达成交际目的。此外,鼓励对方明确表达心中的意图,还可以避免不必要的瞎猜而引发的交际误会。比如,前文提到的楚先生和理查德森先生的对话中,如果理查德森先生问一句:"您喜欢我怎样称呼您?"就可以避免后来因称呼给楚先生带来的不快。一般来说,可以用语言或非语言的方式来鼓励对方反馈。非语言的方式,如可以用目光来征询;语言的方式则可以直接请教对方,如:"你觉得这个建议可以吗?""您是怎么想的?"等等。

1. 跨文化语言交际有哪些特征？
2. 不同文化背景中语言交际的情、理、法顺序有何不同？
3. 文化同语言交际模式、话语焦点有何关系？
4. 举例说明不同文化间的相互渗透与融合给跨文化语言交际带来哪些影响？
5. 如何改善跨文化语言交际？

第五章　思维、心理与语言交际

不管是说，还是写，都需要先对信息进行加工处理，没有思维这个"加工厂"，就不可能完成。同时，不管是听，还是读，没有思维这个"加工厂"，也无法完成。翻译将听或读的过程与说或写的过程结合起来，没有思维这个"加工厂"，也根本无法进行。因此说，大脑的思维活动是人类语言交际的重要环节。

第一节　思维方式、思维活动与语言交际

思维有广义和狭义上两种解释，"广义上是相对于物质而与意识同义的范畴；狭义上是相对于感性认识而与理性认识同义的范畴"[①]。就是说，广义的思维与意识对等，狭义的思维与理性认识对等，其实两者很难截然分开。

人的思维包括形象思维、抽象思维和灵感思维三种基本方式。思维方式是一种比较稳定的思维结构模式和思维程式，它一旦形成，往往会形成一种"思维定式"或"思维惯性"。语言交际中的职业病，就是思维定式的反映。本书第二章中谈到的历史学家关于天气、花儿及母亲的论述，就是思维惯性在语言交际中的体现。

---

① 《中国大百科全书·哲学卷》，中国大百科全书出版社1987年版，第828页。

一、思维方式与语言交际

(一) 形象思维与语言交际

形象思维也叫感性思维。它是通过感性形象和观念形象来反映和把握客观事物的思维活动。语言交际中的形象思维,需要通过形象思维方式把纷繁的知觉表象整合成一个充满活力、具有特定意向的意象群,然后,再把这个意象群用语词表现出来。从整合到表现的过程中,常常要受到特定的心理定式、思维惯性的支配、调节和控制。同逻辑推理判断比较,通过形象思维来进行语言表达会显得更直接,更感性。这种思维支配下的表达包含着主体个性化的经验和现实的情绪以及比较浓烈的个性化色彩。

例如,报社老总气急败坏地说:"我不管你们屁股坐在什么地方,但我要你们的心在报社,要让你们的屁股坐在马桶上也在想着工作。"

老总把每个员工时时处处为工作、想工作这样抽象的道理通过"你们屁股坐在什么地方"、"让你们的屁股坐在马桶上也在想着工作"的语言形式表达出来,既具体、形象、生动,又把道理说得浅显易懂。

形象思维的特点是可感性、意向性和相似性。

首先,形象思维具有可感性。形象思维离不开具体物象,离不开对具体物象、人物肖像、生活现象的描绘。如"林教头风雪山神庙"就是使用形象思维,以特定事物的具体物象状态和人像的形态反映人物的处境和心情,给人的直观感觉是非常强烈的。

其次,形象思维具有意向性。在语言交际中,语言所描绘的直观可感的具体物象或人像不是纯粹的自然物象,而是人化了的自然物象,其中蕴含着深刻的思想和丰富的情感。

再次,形象思维具有相似性。钱学森指出:"形象思维中相似是一个重要因素。"[①]人们在学习和实践中积累起来并储存在大脑中的

---

① 钱学森:《关于思维科学》,上海人民出版社1986年版,第135页。

知识单元是"相似块"。人们根据这些"相似块"去对照、分析、比较和鉴别那些纷繁的客观事物的属性,再把反映到大脑里来的信息进行过滤,用联想、想象、类比的形象思维方法和归纳、演绎的逻辑思维方法进行分析。"相似块"不同,分析、联想的结果也不同。

在语言交际中,采用形象思维方式进行语言表达常常能将复杂现象表现得更具体、直观而富有可感性。如某局长说:"$100-1=0$,队伍出问题,一票否决,事小;影响执法机关形象、党和政府威信,事大。"$100-1=0$算术式和"一票否决制"在最后的结果上有一定的相似性,这个数学等式是超常的,具有意向性。用算术式表达,简洁、生动而形象,把本来需要大量文字来解释的"一票否决制"表现得非常具体、直观。

(二)抽象思维与语言交际

抽象思维也称作逻辑思维。它是以概念、判断、推理等形式反映事物内在本质和规律的思维活动,包括形式逻辑思维和辩证逻辑思维。抽象思维是相对于形象思维的一种理性思维方式。抽象思维的特点主要体现在抽象性、间接性、逻辑性等几个方面。

辩证思维作为思维的最高形式,对一个人的语言表达影响很大。如果一个人不具有辩证思维的能力,就容易产生直线思维活动,缺少多向性、多维性,认识问题和语言表达都容易片面和绝对。例如:

> 中国的男人,本来大半都可以做圣贤,可惜全被女人毁掉了。商是妲己闹亡的;周是褒姒弄坏的;秦……虽然史无明文,我们也假定他因为女人,大约未必十分错;而董卓可是的确给貂蝉害死了。[①]

这是鲁迅在《阿Q正传》中的一段话。阿Q的这种认识表面看似乎有一点道理,实际上却非常片面,其根源就是缺乏辩证思维,所得出的结论当然也不能让人信服。

在思维过程中,抽象思维和形象思维不是分开进行,而是交织进

---

① 鲁迅:《呐喊》,人民文学出版社1973年版,第90页。

行的,只不过因为人们所从事的社会实践活动不同,导致了他们在思维类型上有不同的优势而已。

在语言交际中将抽象思维与形象思维结合起来不仅会使自己的话语具有思想性,同时还会具有很强的形象感和感染力。

(三) 灵感思维与语言交际

灵感是一种直觉的形式,是无意识的、突发的直觉。钱学森指出:"思维灵感,恐怕是人脑有那么一部分对于这些信息再加工,但是人并没有意识到,这在国外也称为多个自我,即人不光是一个自我,而是好几个,一个是自己意识到的,还有没有意识到的,但它也在那里工作。那么,假设一个很难的问题,在这些潜意识里加工来加工去,获得结果了,这时可能与我们的显意识沟通了,一下得到了答案。整个的加工过程,我们可能不知道,这就是灵感。因此灵感思维是指在潜意识中酝酿成熟时突然与显意识沟通的一种人们没有意识到的对信息加工的思维活动。"[①]灵感思维有不同于抽象思维和形象思维的几个特点。第一是突发性。灵感思维往往是突发而来,有很大的随机性。第二是无意识性。灵感思维是一种潜意识、下意识(无意识)的思维活动,并不是人们有意识地、自觉进行的思维活动。第三是非逻辑性。灵感思维不是严格按照逻辑规则进行的,往往跳跃性、模糊性很强。

灵感的产生有的来源于外因的刺激,有的来自于内因的裂变。交际者的知识结构影响着灵感的质、量和形式,交际者的气质、修养、情趣、爱好影响灵感的方向,交际者的心境影响灵感的频率。一般来说,生活积累丰富了,体验、感受深刻了,才更有可能产生灵感。在文学作品中,很多艺术形象的塑造来自于作者突发的灵感,很多科学的发现与发明来自于灵感的恩赐,而很多精彩的对话也与灵感密不可分。

二、思维活动与语言交际

语言交际有时是先想后说,有时是边想边说。只有想得好、想得

---

① 钱学森:《关于思维科学》,第142页。

充分,语言交际才能清晰、顺畅,有条理。在思维活动中,一个人的概括力、思维速度及灵活性对语言交际的影响较大。概括力强,可以从纷繁的材料中提取出有中心、有层次、有条理的内容来。思维敏捷、灵活,不仅可以使朦胧的思想迅速明晰,并在第一时间将其外化为语言,而且能造就一个人在突发场合的语言应急能力和应变能力。

在语言交际过程中,人们在大脑中的思维活动是非常复杂的。下面是贾平凹在《龙卷风》中的一段描述,这段文字足以呈现出思维活动在语言交际中的复杂性。

> 一个夏天,两人散步到村外小路,路两旁苞谷都一人高,密如茂林,夹得那路像一条甬道。没有人,两人交了个口。
> 阿媛说:"你舌头这么短!"
> 一仁问:"还有比我舌头长的?"
> 阿媛略停了一下,说:"没我的长。"

作者在文中预先交代了钱一仁和妻子阿媛是村里的夫妻楷模,情意深沉。

这段对话中,阿媛在回答丈夫一仁的问话时略停了一下,很显然,她在思考如何回答这个问题。其实这个问题本身并不难,但是回答不好极容易出问题。因为既然感到一仁的舌头短,一定有同舌头长的人进行交口的感受,有过和别人亲吻的事。如果真是这样,能如实地告诉一仁吗?如果告诉他了,就会严重地伤害他们之间的感情,所以她必须要慎重回答。

阿媛的一句"你的舌头这么短!"是她潜意识中不自觉说出来的。事实上,在与丈夫一仁还没结婚之前,她确实和她的表哥亲吻过,甚至和她的表哥发生过性关系。说这句话的时候,也确实作了比较。这种潜意识是属于个人的,它是由个人的冲动、愿望、模糊的知觉以及经历组成。来自个人的潜意识,可以通过某些手段或词语联想,被召回到显意识中来,阿媛的表现就反映了这一特征。当丈夫一仁问她"还有比我舌头长的?"时,她突然意识到自己的话有了问题,但是在此之前她没有思想准备,因此不得不略停一下,说了句"没我的长"。把比较对象说成自己,既可以消除丈夫一仁的疑惑,也可以圆满地回答这个问题。

通过阿媛和丈夫一仁的这段语言交际,足见其中思维活动的复杂程度。在阿媛与丈夫对话的一瞬间,既有潜意识的参与,也有显意识的加入。阿媛瞬时间既回忆起同表哥所发生的一切,又盘算着如何掩饰自己的失误,来应付丈夫一仁所提出的问题。这还是贾平凹笔下的楷模夫妻的对话,如果不是楷模夫妻或换成其他关系的对话,也许思维活动就更加复杂了。

第二节 思维训练与语言交际能力培养

一、思维能力与语言交际能力

思维能力与语言交际能力的关系是必要不充分关系。思维能力强的人,语言交际能力不一定强,而思维能力弱的人,语言交际能力也一定不会强。

思维能力是人脑接受、加工、存储和输出信息的能力。思维品质是思维能力的具体体现。思维品质有思想的深刻性,思维的敏捷性、灵活性、创造性等方面的特点。衡量思维能力的主要标志是思想的深刻程度,思维的敏捷程度、灵活程度和创造性等。

在语言交际中,一个人的思维水平决定着一个人语言的准确度、语言的深刻性、语言的艺术性,以及与他人互动、磨合的能力。曾有这样一段对话:

> 孩子:妈,那叫什么?
> 妈妈:月亮,是世界的灯笼。
> 孩子:灯笼是什么?
> 妈妈:是晚上照亮的东西。
> 孩子:咱们家怎么没有啊?
> 妈妈(停了一下):咱家穷。

孩子：什么是穷呀？

妈妈轻轻捏了捏孩子的小手，答不出话来。

这是一对蒙古族母子的对话，他们的对话是不成功的。一方面，孩子小，缺乏相关的知识储备和生活经验，另一方面，孩子的年龄也限制了他的抽象思维能力，因此对"灯笼"、"穷"的概念不能理解。而母亲无意识地运用了比喻的修辞手法，对灯笼又作了不准确的解释，还给儿子不着边际地回答了"咱家怎么没有"的原因。正是这一切最终导致了这场交际的失败。

语言交际中有书面交际和口头交际。有的人书面表达很好，但口头表达不怎么好；有的人口头表达很好，但书面表达不怎么好。这种现象的出现与思维有一定关系，思维的敏捷性在这里起了很大作用。因为口头表达时语言编码的时间较短，因此，思维活动的节奏要快，而书面表达可以有充裕的时间去考虑、斟酌和推敲表达内容与表达方式。口头表达中话语一旦说出来就有不可回收性，而书面表达不同，写出来的内容和表述方式可以修改。

另外，思维越有条理，语言表达越清楚；思维越周密，语言表达越全面；思想越深刻，语言表达越有深度；而思维越灵活，语言表达越新颖、活泼。

例如，20世纪80年代初，港台流行歌曲开始在大陆流行。在一次政府官员与大学生联欢的晚会上，一群大学生居然邀请一位年逾花甲的老处长"唱一首流行歌曲"。当时，这位老人站起来，拿起麦克风，信心十足地说：

年轻人，你们一定要我这个老头子唱流行歌曲吗？好！我满足你们的要求！

学生鼓掌。

同时，我希望你们能和我一起唱。

学生活跃。

让我们一起高唱《团结就是力量》!

学生愕然。

你们不知道这是流行歌曲吗?可以回家问问你们的爷爷、奶奶、爸爸、妈妈,看这首歌是不是大江南北、长城内外曾经"最流行"的歌曲?

学生热烈鼓掌,为老人的机智、善辩鼓掌。

这首歌我也好久没唱了,我万一唱得不好……

学生安静地等待下文。

请大家热烈鼓掌!

学生大笑,为老人风趣、幽默而又机智、恰当的话语热烈鼓掌。老人的精彩表达充分反映出他思维的敏捷和灵活。

二、思维训练与语言交际能力培养

(一) 思维训练

提高语言交际能力,首先要加强思想深度和思维训练,特别是思维敏捷性和灵活性的训练。

深刻的语言要以深刻的思想为基础,深刻的思想要以广泛的知识和人生阅历为前提。因此,要提高交际者思想的深刻性,就要注意知识的积累以及对身边生活的观察与思考。

语言交际,尤其是口头交际,思维的敏捷性非常重要。它在语言交际中表现为交际者迅速生成话语内容,选择适当词语、句子表达出来,及时、迅速完成语言交际。

思维的灵活性在语言交际中主要体现为交际者在突发事件面前的语言应变能力。语言应变能力需要思维敏捷性和灵活性的相互作用和共同支撑。

例如,有一次,一位年轻的海军见习军官来到战舰,向舰长报到。这位舰长说话粗鲁,是一位从底层一直干上来的老头。他一见面就怪声怪调地问:"小伙子,你父母是否和多数人一样,也是想把家里最没出息的傻小子,送到海上来长长见识的?"老舰长的问话,显然暗含了一个语言陷阱,他企图羞辱这位刚刚前来报到的年轻军官是一个没有出息的人。见习军官如果答"是",则承认了老舰长对自己的羞辱,如此一来,老舰长接下来也许还会说一些不好听的话;如果反驳,见习军官作为下级,就可能给上级留下很恶劣的印象,危及自己今后的发展。面对舰长这句突如其来的问话,他不慌不忙、恭恭敬敬地答道:"长官,如果过去是那样的话,那么我们现在的情况已经与你们那个年代不一样了。"

在这场语言交锋中,年轻军官的回答是精彩、巧妙的,体现了他的机敏和才智。他巧妙地用"假设"作答,取得了一箭双雕的效果,既避免了问而不答的尴尬或怒而反抗的危险,又暗暗回击了发问者:你老舰长当年就是作为傻小子被父母送到海上来长见识的。

训练思维速度及灵活性的方法很多。一般来说,思维的灵活性建立在联想和想象的基础上,有时说一个人的思维是发散型的,就是因为这个人的联想和想象非常活跃。思维速度训练可以采用限定时间的方法,或几个人在一起抢答的办法。思维速度和灵活性可以放在一起训练。比如,限定时间给自己出一些题目:看到一个黑点你会想到什么,请在十秒钟之内把你所想到的用一段话表述出来;在三十秒钟内,用足球、姐姐、黑熊编一个故事等等。

逆向思维也是思维灵活性训练的一个重要方法,逆向思维是转换思路,从事物相反的方向思考。这种思考方式往往能达到出奇制胜的效果。

据《世说新语·言语》记载:后汉末年的孔融十岁时,曾到李膺家做客,当时登门拜访者均是社会名流。相互交谈中孔融对答如流,不卑不亢,博得众宾客的盛赞。但有一位名叫陈韪的大夫不以为然,并讥讽到:"小时了了(聪明),大未必佳。"孔融当即反驳说:"想君小时,必定了了。"对方当即面露愧色,哑口无言。孔融之所以有力地回敬了对方,正是因为他有效地利用了那位客人的推理,进行精巧的反推理,从而达到反唇相讥的交际目的。

"脑筋急转弯"也是一个可行的、比较简便的训练方式。有些"脑筋急转弯"的题目运用的是联想思维、逆向思维,有些题目是从近乎荒谬的角度看待事物。在思维训练中,可以适当选取一些"脑筋急转弯"的题目作为训练内容,以培养大脑迅速判断和灵活反应的能力。

(二) 语脉训练

提高语言交际能力,还要注意语脉的训练。语脉,指语言表达的思路。语脉训练主要是对语言表达条理性进行训练。

语脉训练和思维训练不能截然分开,如概括能力的训练,既是思维训练,也是语脉训练。语言交际中的思维活动离不开概括能力。没有比较强的概括能力,就不能明确表达的中心,不能把握内容的主次、详略,不能提炼出一条清晰、有条理的语脉。语言交际中,对人物特点的归纳,对其他交际者观点的提炼,对景物特征的表述以及对事情经过的浓缩等都需要概括能力。

在训练概括能力的过程中通常有两忌。首先是忌空。在概括过程中,要注意把事物放在它所处的时代和地域等环境中去考察和概括。其次是忌泛。概括时要注意把握事物的本质特征,不能用现象来代替本质。

语脉训练的方法有确定中心的训练、结构变序的训练和分类训练等。

语言交际,尤其是口头交际要特别注意中心突出。口头交际不同于书面交际,在书面交际中,中心不太突出还可以通过反复阅读去理解,而口头表达有即时性,一言既出,没有太多时间琢磨,如果中心不突出,就不容易让对方瞬间抓住要领、把握主题。

确定中心的训练可以从两方面进行。一是以现成的语言材料为对象,从中提取中心意思,培养在复杂的表达中归纳中心的能力。二是根据事物的情况,选择特定话题,确定表达的中心,培养根据语境确定中心的能力。

结构变序的训练对于语言表达也有帮助。语言表达的结构是话语的组织方式和内部构造,包括时间顺序、空间顺序、逻辑顺序、观察顺序等内容。结构变序训练的具体方法有时间顺序的改变、空间顺序的改变、逻辑顺序的改变等。

时间顺序的改变可以把倒叙改为正叙，把插叙改为正叙，把正叙改为倒叙等。空间顺序的改变包括远近的改变、起始点的改变等。逻辑顺序的改变，可以是前提与结论顺序的改变。比如，把先前提、后结论的结构，改变为先结论、后前提的结构。

在日常生活和语言表达中，我们常常需要对事物进行分类，如把生物分为动物和植物，把大学老师分为教授、副教授、讲师和助教，把文章分为记叙文、议论文、说明文等。分类训练也是语脉训练的一种方法，把事物按属、种进行分类，逐步分析，可以使语言表达条理清楚，脉络分明。

第三节　语言交际与良好的心理素质

语言交际不仅是思维活动和思想表达的过程，也是心理接触和心理活动的过程。交际者良好的心理素质是实现良好语言交际的重要条件。

一、语言交际与自尊自信

自尊自信作为良好的心理品质，往往被列为心理健康的首要标准，也往往成为语言交际成功的重要基础。

随着年龄增长，人们会渐渐希望得到他人、集体、社会的尊重和爱护，同时，不容许他人歧视和侮辱自己，这就是自尊的表现。而自信，则是在正确认识自己的基础上，了解自己的长处和优势，相信自己的能力与才干。

自卑和自信往往同时存在于人们的心中。自卑是一种病，是成功的绊脚石，也是快乐生活的拦路虎。自信则是在赶走了自卑之后挖掘出来的一种信心。自信可以释放人的各种力量：胆量、勇气、坦诚、开朗、乐观、豁达、谦虚、热情。自信的人热爱生活、无所畏惧，他们敢于接受自己的缺点，能够客观地看待问题、接受现实。他们不回避交际活动,开朗乐观,人际关系和谐而健康。

自尊人人都有,但没有以自信为基础的自尊,会使人变得偏激狂傲或神经过敏,以致对环境、对他人产生敌视心理。自信通常有两种,一种是"天生"的自信,另一种是后天努力获得的自信。前者如相貌超凡脱俗或身材极佳等等,都能带给人自信。后者如知识渊博或口才出众等,是通过艰苦努力获得的自信资本。人无法左右"天",却可以把握自己,不具备先天的自信资本,可以通过努力获取后天资本。

自尊自信不同于自高自大或自以为是。首先,真正自尊自信的人能够比较客观地估价自己。在充分肯定自己的同时,认识自己的不足,看到他人的长处,从而虚心听取他人的批评和意见。因此,他们应该既不盲从,也不固执己见,既不妄自菲薄,也不刚愎自用。其次,真正自尊自信的人知道如何尊重他人、信任他人,懂得要想获得自尊,首先要尊重他人,要想获得他人信任,首先要自己相信自己。

心理学研究表明,真正自尊自信的人往往积极、乐观、谦虚、坦诚、热情;反之,则消极、悲观、孤傲、敏感、冷漠。在人际交往和语言交际中,人人都希望能交到积极、乐观、谦虚、坦诚的朋友,与这样的朋友交际,会感受到生活原本的快乐与被尊重、被信任的快乐。如果你是自尊自信、乐观坦诚的人,你也会在交际和交往中带给他人这样的快乐。

二、语言交际与坦诚宽容

坦诚最能打动人,有时候不需要任何交际技巧,一个人的坦诚足以让他的人格和语言交际充满魅力。

坦诚首先要自我心胸坦荡,其次要信任他人,相信人与人之间的关系以相互信任为基础。在语言交际中,坦诚表现为开诚布公地表达自己的观念和意愿,不遮遮掩掩,不闪烁其词;对他人的错误不姑息迁就,对自己的过失虚心承认并检讨;实事求是,不怕因此而遭到他人的抵触、反感和误解;愿意袒露胸襟,以自己的真诚和坦荡赢得他人的理解与信任等等。

当然,坦诚不等于不顾对象、不看事实的信口开河、直来直去。有的人豁达开朗,直言快语,与他们交际,可以坦率直言;有的人敏感多疑,习惯委婉的方式,过于直率的言辞他们可能会接受不了。另外,面对不同信息,也要有所区别。有些信息可以公开,有些信息保密性强,不宜公开。

在语言交际中,交际者还应该宽容。宽容具体表现为宽厚待人,容得下别人的缺点、错误和误解。

宽容的前提是严于律己,对自己要求严格,出了问题要勇于承担责任,作自我批评,不怨天尤人。宽容的核心是宽以待人,包容他人缺点,给他人改正的机会,即使自己因此受了委屈或遭受不公正待遇,也能谅解对方。每个人都免不了有缺点,也免不了犯错误,只要不是原则问题,就不应该求全责备,也没有必要针锋相对。

当然,宽容不等于无原则地一味迁就,对于原则问题和错误,应该坚持原则,该严厉的要严厉,该斗争的要斗争。

三、语言交际与乐观豁达

有人说,在乐观中撷取一份坦然,你的面前就会盎然多彩;在悲观中摘下一片沉郁的叶子,只能瓦解你积攒的力量。

乐观的人通常都有较强的交际魅力。人们都愿意和那些健康快乐、不怕困难、性格活泼、积极上进的人交往,而不愿意和那些悲观消沉、呆滞僵化、忧虑重重的人打交道。现代社会中,每个人的工作负荷都很沉重,所以不愿意再过多承担来自别人的精神压力和负面情绪。与乐观的人交往,能缓解压力、消除紧张,能感觉轻松、享受快乐。

乐观与豁达密不可分。豁达使我们不狐疑、不固执、不攀比、不嫉妒,即使事事坎坷,也不哭天抢地、怨天尤人;乐观使我们不放弃、不消沉、不怨恨、不悲伤,即使身处逆境也能充满希望、信心十足。不豁达的人很难做到乐观,乐观的人通常都很豁达。

"天有不测风云,人有旦夕祸福。"生活中,事业遭变故、情感受挫折、人际关系难处理等问题,会不时地造访我们。面对这些变故和难题,只有乐观豁达,才能临乱不乱,遇变不惊。

在人际交往和语言交际中,人们一般都比较在乎别人怎么看自己,自己在别人心目中是什么形象。哲学家叔本华曾说,其实人生中几乎有一半的麻烦与困扰是缘于担心别人会怎么说的焦虑。既然我们无法决定或左右别人的看法,那么,这种担心和焦虑显然是徒劳的。因此,在人际交往和语言交际中,我们不必过分注意别人的评价以及自己在别人心目中的位置,这本身就是一种豁达。

自尊自信、坦诚宽容、乐观豁达都是一个人良好的心理素质的体现。这些良好的心理素质,能促进人们积极参与人际交往,避免交际中的自卑、羞怯、猜疑、嫉妒等心理障碍,从而促进语言交际的顺利进行和人际关系的和谐发展。

第四节 语言交际的心理障碍与克服方法

交际心理,对语言交际的成功与否影响很大。心理障碍比性别障碍、年龄障碍、职业障碍、文化障碍以及关系地位障碍等表现得更直接,也更普遍。掌握语言交际心理,克服语言交际中的心理障碍,对于语言交际的成功有重要意义,对于成功建立、保持和发展人际关系也有重要意义。

语言交际中的心理障碍最突出的表现为自卑、羞怯、猜疑和嫉妒四种类型。

一、自卑心理与克服方法

(一)自卑心理的表现

自卑是交际者对自身能力、品质等评价过低的自我意识,是交际者认为自己某些方面不如对方的情感体验,它是交际中常见的一种心理障碍。

自卑心理障碍的主要表现是:缺乏自信,总感到自己一切不如人,遇事怀疑自己的能力、知识和才华,对自己丧失信心,畏惧不前。

而且一旦受到其他交际者讥讽、嘲弄、轻视或侮辱,还会产生嫉妒、猜疑、暴怒等畸形心理。

有自卑心理的人,可能会以不同方式来掩饰自卑。比如,有的人表现为自我孤立、脱离群体;有的人表现为傲视一切、唯我独尊;有的人则表现为多愁善感、自惭形秽。

(二) 自卑心理的克服方法

自卑心理产生的原因不同,克服的方法也不同。

1. 生理原因造成的自卑心理。有的人有身体缺陷,包括先天性的容貌、身材、智力等残疾和后天性的伤残、口吃以及疾病后遗症等。交际者一旦通过比较,意识到这些缺陷,就可能产生自卑心理,觉得在别人面前抬不起头。对于这种情况,克服的办法是正确对待,自我补偿。

2. 社会环境造成的自卑心理。社会环境包括职业身份、社会地位、经济条件、文化水平等,它们都会成为人们产生自卑心理的因素。如出身农村的人与城里人在一起时,怕人家说自己是"乡下人";环卫工人和殡葬工人不愿意暴露自己的工作单位和工种等等。克服的办法主要是树立人格平等思想,从自我教育入手,调试心理平衡,增强职业自信心和职业荣誉感。

3. 生活经历造成的自卑心理。有的人生活受到挫折,还被周围人冷嘲热讽,因而开始对自己产生怀疑,以为自己天生不如别人,甚至还会认为自己一无是处,这样自卑心理就渐渐萌生。克服的办法是从失败中吸取教训,重整信心,脚踏实地,从头再来。

4. 性格气质造成的自卑心理。有的人性格内向,性情孤僻,感情脆弱,自命清高,在人际交往中不愿意与他人交流自己的悲欢离合,常常独自一人去承受。克服这种自卑心理,一是学会感情排遣,不把忧郁和苦恼憋在心里。二是多方面培养兴趣爱好,广交朋友。

5. 自我认知造成的自卑心理。有的人不能正确认识和评价自己,将自己放在不正确的社会比较上,因而不善于发现自己的长处。克服这种自卑心理,就要努力去发现自己的长处,相信自己的能力。比如,可以把工作、爱情、兴趣、爱好等方面的事情——不论成果大小,只要是自己认为是成功的事——一一列出,从中认识自我价值。

同时,还要善于捕捉他人对自己好的评价,特别要注意从赏识、了解、理解自己的人中去捕捉好的评价,增强自我认识过程中的自信心理。

总之,自卑心理的成因是复杂的,不同原因导致的自卑心理可以用不同方法去克服。但无论如何,树立自信是克服自卑的最有效手段。

二、羞怯心理与克服方法

(一) 羞怯心理的表现

羞怯心理是交际者在交际过程中因害羞、胆怯而表现的心理障碍。害羞是交际过程的表现,胆怯是交际准备阶段的心理状态。羞怯在一定程度上也是缺乏自信的表现。

多数人都有过羞怯的心理体验,一个人如果没有一点羞怯心理,反而被认为是不正常的。但过分的羞怯心理会约束自己的言行,遏制交际意图的充分表达,阻碍语言交际的正常进行。其实,人生来都有一种恐惧感,这种恐惧感源于人生来就有的安全需要,当一个人无法判断是否安全或认为不够安全时,就会产生一定的恐惧心理。

羞怯可分为气质性羞怯、认识性(习惯性)羞怯和挫折性羞怯。气质性羞怯的人生来性格就比较内向,属于典型的抑郁质或黏液质类型。这种人平时比较沉静,说话细声细语,见到生人就脸红,怀有一种胆怯心理。认识性羞怯的人一般是过分注重自我,患得患失心过重,他们不敢与人接触,更羞于在公开场合讲话。这种人一般多生活在比较封闭的环境里,这种环境限制人际交往的广泛性,因此在这种环境中长大的人往往不自信,他们生怕自己在公众场合的言行不当而受到别人的耻笑。挫折性羞怯的人原本性格开朗或比较开朗,社交也比较积极主动,但由于一些主客观原因,与人交往遭到一次或多次挫折,从此变得胆怯和消极。

羞怯心理有强弱不同,有时比较强烈的羞怯心理并不仅仅是某一原因导致的,而是几种因素共同作用的结果。

(二) 羞怯心理的克服方法

造成羞怯心理的因素不同,克服方法自然也不同。

1. 自卑和性格气质造成的羞怯心理。要培养大胆开朗的性格,敢于肯定自我,信心十足地迈出第一步。第一步迈出后,就会感到过去的畏惧、紧张不过如此,就会开始重新认识自我并相信自己的能力,然后迈出第二步、第三步……羞怯心理会伴随自信的增强而逐渐消失。

2. 生活习惯造成的羞怯心理。要通过增加社会交往来克服不愿交往的习惯。据介绍,日本的一些企业管理人员培训班,为了培养、锻炼学员的社交能力和克服羞怯心理,专门让学员站在闹市人多的地方,大声歌唱和朗读报纸。这种举动自然会吸引行人围观,在行人的指指点点中,学员们开始很不习惯并感到难堪。然而,几次过后,学员就渐渐习惯了。这无疑对于克服习惯性羞怯,不善与人交往是有益的。有习惯性羞怯的人还要善于向交际成功者学习,观察他们是如何得心应手地运用交际艺术进行交际的。也可以向曾经有过羞怯心理的人学习,观察他们现在是如何巧妙地运用交际手段进行交际的。迈出自己的第一步,并坚持不懈走下去,过一段时间就会克服羞怯心理带来的交际障碍。

3. 挫折造成的羞怯心理。有一位同学第一次参加演讲比赛,当他站在话筒前,看到台下有一千多听众时,顿时两颊绯红,心慌意乱,脑海里一片空白,把演讲词全忘了,只好跑下台去。这位同学因紧张、缺乏经验引起的怯场,最终导致演讲失败。其实每个人都免不了遭受失败和挫折,失败并不等于无能,不要让过去的失败成为我们现在胆小怕事的理由。要学会在失败中总结经验,去迎接下一次的成功。前面提到的那位演讲失败的同学后来总结失败教训,参加了第二次演讲比赛。这一次他迈着轻快的步子提前到达会场,并与听讲人交谈,以分散紧张情绪。当他即将走上讲台时,仍感到有点怯场,他就在心里对自己说:"有点怯场了,真不像话!"这样一来,他的心里反倒不那么紧张了。当他站在话筒前勇敢地、声音洪亮地讲出第一句话以后,便滔滔不绝地讲了起来。结果,他的演讲获得了听众经久不息的掌声,他胜利了。他第二次演讲时用自我暗示的方法来突破开头的阻力,消除羞涩和胆怯心理,这是克服因挫折而产生的羞怯心理的一种有效措施。

三、猜疑心理与克服方法

（一）猜疑心理的表现

猜疑是坦诚、豁达的大敌，是一种主观臆断的、过分敏感的、以假设为出发点来看待其他交际者言行的心理障碍。猜疑心理是语言交际的一大心理障碍，是人际关系的大忌。

猜疑心理的主要表现是：对其他交际参与者不信任、不友好、不真诚；相信自己的推理和想象，喜欢捕风捉影；总担心别人暗算自己，处处小心别人、防范别人；戒备心非常强，有时甚至口是心非。

猜疑严重妨碍人与人之间的交际，造成人际关系的恶化。过分猜疑还会导致心理变态，使人丧失理智，造成无法挽回的局面。

（二）猜疑心理的克服方法

1. 猜疑者要控制自己的情绪，遇到事情要三思而后行，冷静加以分析，不能用猜疑代替事实。

2. 猜疑者要学会信任被猜疑者，不要让自己的思想长期处于紧张戒备状态。由于猜疑者常常持有过分自信的心理，把被猜疑者一些毫不相干的言行举止，当成是反映本质的现象。猜疑者往往自认为聪明，结果是聪明反被聪明误。

3. 猜疑者要主动与被猜疑者交流。被猜疑者往往对猜疑者的猜疑浑然不知，因此，猜疑者应该以坦诚的态度，平等讨论的方式主动与被猜疑者交流自己的困惑，以弄清真相，消除误解。

四、嫉妒心理与克服方法

（一）嫉妒心理的表现

嫉妒是由不自信、不宽容、不乐观、不豁达等心理因素造成的。它是人的欲望得不到满足或在竞争中失败了而对竞争对手产生的一种由羞愧、愤怒、怨恨等组成的复杂的情感体验。嫉妒心理是现实生活中的一种极端消极和狭隘的病态心理。心理学研究认为，嫉妒心理一般源于以下几个方面：（1）条件与自己相当或不如自己的人处于优于自己的位置。(2) 被自己厌恶和鄙视的人处于优于自己的位置。(3) 同性别的人处于优于自己的位置。(4) 比自己更高明，自己又不服气的人处于优于自己的位置。嫉妒心理是对与自己有联系而又强过自己的人的一种不服、不悦、失落、仇视，甚至带有某种破坏性的危险情感。

嫉妒心理有以下几个特点：第一，针对性。嫉妒一般都有明确的指向性，它往往具有一定的区域和范围。与嫉妒者没有关系，没有利益冲突的人一般不会招致嫉妒。第二，对等性。嫉妒的对象往往是和嫉妒者的职业、层次、年龄相似而超过嫉妒者的人。第三，潜隐性。嫉妒有时可以埋藏在一个人的内心深处，而并不体现出具体的行动来。从这个意义上说，嫉妒之心，可能人皆有之，不过强弱程度不同。如果这种心理活动太强烈，冲破理智束缚，就会转化为嫉妒行为，这时，往往会对嫉妒对象采取不择手段的贬抑行为。

嫉妒心理是建立和发展人际关系的最直接、最凶狠、最顽固的大敌，是困扰人际交往的一大心理障碍。

(二) 嫉妒心理的克服方法

1. 纠正自我认识上的偏差。嫉妒者总是嫉妒强者，错误地认为强者的成功等于对自己的威胁，等于自己的失败。例如，古典名著《三国演义》记述的"三气周瑜"的故事：周瑜年轻英俊，才华横溢，深为吴侯器重。但是他最明显的弱点是嫉妒心太强。周瑜嫉妒诸葛亮的才能，千方百计想置诸葛亮于死地。不料诸葛亮神机妙算，让他屡屡失策。最终周瑜抑郁成疾，在"既生瑜，何生亮"的哀叹中英年早逝。周瑜无法容忍诸葛亮的超群才能对自己的威胁，正是这一腔嫉妒之火，毁掉了他年轻的生命。如果他能及时纠正自己这种认识上的偏差，也许结果就不这样了。

2. 善于自我转换。嫉妒者应该把对强者的不服气心理转换到发愤图强，赶超先进上来。把"我弱你也得弱"转换到"你强我将比你更强"的思想认识上来。通过努力，暂时在某些方面不能赶超强者时，可以扬长避短，以自己的优势来比照对方的劣势，以维持心理平衡，达到稳定情绪、避免冲动的目的。

3. 积极转移注意力。嫉妒多在思想闲暇之时产生。在工作、学习紧张之时,在群体生活充实之时,一般没有时间去嫉妒别人。因此,可以在闲暇时间里用充实的业余生活去转移注意力。

当然,语言交际中的心理障碍除了上述几种类型外,还会有其他一些障碍。比如,交际者到了一个陌生的环境,在公众场合面对众多陌生人讲话多少会有些紧张;交际者之间的身份地位相差悬殊,也会让地位低的交际者产生一定的紧张心理;一个年轻小伙子见到一个脏兮兮类似乞丐模样的老头向他问路,他可能在心理上就不会像回答漂亮姑娘那样热心等等。

1. 思维方式有哪些?这些思维方式与语言交际有什么关系?
2. 思维能力与语言交际能力的关系是什么?如何提高语言交际能力?
3. 良好的交际需要具备哪些良好的心理素质?
4. 语言交际的心理障碍有哪些表现形式?如何去克服这些心理障碍?
5. 你在语言交际中有心理障碍吗?你认为自己应该怎样去克服?

第六章 时空场合与语言交际

影响和制约语言交际的因素有很多。比如,从交际者自身角度看,交际者的性别年龄、文化职业、兴趣爱好、思维心理、处境心情等等,会影响语言交际;从交际者之间关系与差异角度看,交际者之间的交际关系、熟悉程度、文化差异以及由此而产生的话语风格、话语焦点的不同,也会影响语言交际。同时,由于任何语言交际都无法脱离一定时空来进行,因而,语言交际也自然摆脱不了特定时空场合的影响。语言交际的时空场合不仅可以直接影响语言交际的方方面面,还可以通过对交际者、交际关系的影响来间接影响语言交际。

语言交际的时空场合是看得见、摸得着的影响因素,是语言交际的显环境。相比较而言,交际者的文化心理、思维活动、处境心情、人际关系等作为语言交际的影响因素,则具有一定的隐蔽性,可以视为语言交际的隐环境。任何语言交际都无法摆脱显环境和隐环境一定程度上的影响和制约。

第一节 时空场合与交际者

语言交际的时空场合指语言交际的时间和空间环境。语言交际的时间环境包括语言交际的时间和时机。语言交际的空间环境包括语言交际所处的特定场所的自然环境、人文环境以及笼罩该场所的交际氛围。

语言交际的时空场合具有客观性、变化性特点。客观性是语言交际时空场合的一个突出特点,不管交际行为是否发生,时间和空间都客观存在。同时,在一定时空中的语言交际,交际话题的变化、交际者之间关系的变化、交际者思想情绪的变化等,都会导致交际氛围的变化,因此从这一角度看,交际场合还有变化性特点。

时空场合与交际者之间的关系,主要体现在时空场合与交际者心理情绪的相互作用上。一方面,语言交际的特定时空场合会在一定程度上影响交际者的心理情绪,另一方面,交际者的特定心理情绪反过来也会通过影响交际氛围,在一定程度上影响语言交际的时空场合。

交际者的心理情绪往往对语言交际动机、兴趣、状态和效果产生直接影响。而人的心理情绪是理智之外的不稳定因素,很容易因外界影响引起波动,现场的一点点变化都可能引起交际者的心理情绪的改变。时空场合对交际者心理情绪的影响,既有当时的影响,又有后续的影响。

时空场合对交际者当时心理情绪的影响十分常见。比如,在休闲时间,在风景优美的场所,人的心情通常都会不错。空间环境好,如果时间不对,心情会受影响;如果时间对,空间环境糟糕,心情也会受影响。

语言交际的时间对,交际的空间环境好,会促成交际者的良好心境,也会促进语言交际的顺利进行。比如,孙继海是大家比较熟悉的一名足球队员,当时他因为与主教练米卢有些矛盾,而被排除在国家队。两人的性格都很倔强,都不肯妥协,为此从球迷到足协都很着急。但没想到这个看似棘手的问题在国家队队员李明的婚礼上轻松地得到了解决。作为李明的教练和铁哥们,米卢和孙继海在婚礼上不可避免地相遇了。两个以前从不打照面的人,在这种喜庆的气氛中,非常自然地握手交谈了。从那以后,很多矛盾也都迎刃而解,孙继海顺利地进入了国家队。正是这一充满喜庆的交际氛围,给交际双方提供了握手言和的心境和机会。如果没有这样有利的时空场合助阵,两个人即使各让一步,彼此能够坐下来交谈,也不见得达到如此好的效果,或许三言两语后就不欢而散了。

时空场合对交际者心理情绪的后续影响主要体现为:之前在某一时空场合下发生的语言交际,其氛围及交际本身的快乐与否,化作一种情绪或记忆在交际者头脑中沉积下来,在眼前的语言交际中继续发挥作用。比如,昨天与某同学在教室发生不愉快,今天一到这个教室自然又会想起那件不愉快的事。再如,昨天晚上与老婆吵架,老婆一气之下回娘家了。自己白天在单位工作一天可能都没想这件事,但是到了晚上,回到家里,面对空荡荡、凌乱的屋子,又会回忆起昨天与老婆吵架的场景。

时空场合对交际者心理情绪的后续影响,在一定程度上使语言交际与时空场合的关系复杂化了。因为这样一来,眼前所处的时空场合背后往往还隐藏着另一个时空背景。如果其他交际参与者不了解这个背景,就不会完全理解说话者为什么会有那样的交际表现。

比如,上面谈到的男主人正在回忆和老婆昨晚吵架的情景,越想越觉得老婆不对,越想越生气。这时,孩子央求他说:"爸爸,我想吃麦当劳。"他可能随口呵斥道:"吃什么吃,看你像个麦当劳,你怎么跟你妈妈一样讨人烦。"可怜的孩子可能会困惑:爸爸怎么突然不高兴了,朝我撒气也就是了,妈妈不在家怎么拿我撒气的同时把妈妈也连带着骂了?孩子哪里会知道,现在的爸爸正处在眼前和昨天此时此地两个场景中呢,而昨天此时此地他正在和妈妈吵架。

因此,我们与其他交际参与者进行语言交际时,如果发现对方出现了不符合眼前场景的语言内容或交际态度,千万不要不加考虑就横加指责或对其产生误解,很可能在当时的场景背后对方还处于另外一个我们看不见的场景,而对方的语言内容或交际态度可能是根据那个隐藏的场景发出来的,也可能是眼前场景和背后那个场景相互交织共同作用的结果。

交际者对交际场合的影响也很常见,这种影响主要体现在对交际氛围的影响上。比如,一个快乐的交际者,能使一个原本沉闷的交际氛围变得轻松快乐;而一个情绪低落、沉默寡言的交际者,也能让一个原本和谐、欢快的交际氛围变得无生机。

第二节　时空场合与交际关系

时空场合对语言交际的影响,不仅可以通过一定程度上影响交际者的心理情绪来体现,还可以通过一定程度上影响交际者之间的交际关系来体现。人与人之间的关系大多是多维的,多层次的,但通常情况下,交际者在特定的时空场合仅凸现其中的某一种关系,其他关系则会暂时潜藏下去。

以前,有些学者认为交际环境(主要指时空场合)决定语言交际,实际上并不尽然。在很多情况下,表面看似乎是交际环境制约交际内容和交际方式,但实际上却是交际关系在起直接的决定作用。这并不是说时空场合因此对语言交际就没有制约作用,事实上,时空场合对语言交际的影响通常是通过影响交际双方的关系来表现的。例如,《林海雪原》中有这样一段描述:

"得啦!得啦!我早知道啦!"剑波双眉一皱,故意装着不耐烦的样子,"把我的耳朵都给噪痛了!快走你的吧!快走!走!"……白茹手里收拾着药包,心里却涌出无限的甜蜜。因为她特别愿听剑波对她好像不耐烦、不客气的话。在她看来,剑波越是这样,越表现了他对她无隐讳不拘束的真情。①

剑波和白茹正处于热恋中,在两个人独处的时空场合下,剑波的团长身份消失,两个人的恋人关系凸现。正是这种特定场合下两个人凸现出的这种特定交际关系,使得他们在语言交际的表达和理解上都发生了变化。"快走你的吧!快走!走!"这种故意装出来的情绪化语言,是消除双方官、兵角色的感情调色剂,表现的是剑波自己无隐讳、不拘束的真情。白茹准确地了解剑波所要表达的真挚感情,因而不但没有反感,反而感到"无限的甜蜜"。因为只有剑波这样说,白茹才切实感受到剑波和她之间的恋人关系。她从剑波情绪化的话语中,体会到的是一股暖流和一份温情。因此,在不同的时空场合、不同的交际关系中,有时语言交际所反映出来的含义,是超语言的,甚至与话语字面意义毫无瓜葛。

剑波对白茹的说话方式还反映出人与人之间的交际关系与会话

---

① 曲波:《林海雪原》,人民文学出版社 1978 年版,第 456 页。

特点：人与人之间往往是关系越亲密，说话越随便、直接；关系越一般或关系越疏远，说话越小心谨慎、客客气气。所以，交际者可以从说话随便不随便、直接不直接，判断出交际双方关系的远近。

特定时空场合决定了人与人之间的某一种人际关系成为当时的现实交际关系。如果忽视特定时空场合，就容易忽略当时的现实交际关系。在这种情况下，一旦交际者的交际内容或交际形式违背了这种现实的交际关系，就会导致交际失败。

例如，传说朱元璋做了皇帝后，他的旧友常来看他。一天，来了一个旧友，见面就说："我主万岁！当年微臣随驾扫荡庐州府，打破罐州城，汤元帅在逃，拿住豆将军，红孩子当关，多亏菜将军。"朱元璋听了很高兴，立刻封他做了御林军总管。这事被朱元璋另一个小时候的朋友听到了，他心想：同是儿时的朋友，他去了有官做，我去了当然也会有官做，所以他也来找朱元璋。但是他见到朱元璋后说："我主万岁！还记得吗？从前我们都替人家看牛。有一天，在芦花荡里，把偷来的豆子放在瓦罐里煮，还没煮熟，大家就抢着吃，把罐子都打破了，撒了一地豆子，汤都泼在泥地里。你只顾从地上满把地抓豆吃，却不小心连红草叶子也送进嘴里。叶子哽在喉咙口，苦得你哭笑不得，最后还是我出个主意，叫你把青菜叶子一口吞下去，才把红草叶子咽下去。"朱元璋听他这么一说，气得大叫："推出去斩了！"

两个旧友与朱元璋在关系方面恐怕没太大差异，即都由原来的朋友关系转变为君臣关系兼旧友关系。他们在朝廷这种特定场合，与朱元璋凸现的是君臣关系。两个旧友讲的是同一件事，却因表达方式不同，得到截然相反的两个结果。这说明，在特定场合、特定关系下，交际者的表达方式决定着实际的表达效果。交际者选择表达方式的过程是其对交际双方关系的判断、把握和适应的过程。关系判断正确，表达方式也对，交际效果才可能好；关系判断错了，表达方式不对，交际效果则多半是失败的。

在这个故事中，第一个朋友注意到他和朱元璋的关系已经由过去的朋友关系转变为眼前的君臣关系兼旧友关系，在满朝文武都在的朝廷上自然是君臣关系，因此特别讲究语言表达形式，以维护皇帝的尊严，所以他做了大官。第二个朋友可能没有注意到他与朱元璋的关系已经发生了重大变化;也可能意识到了这种变化,却没能正确把握当时应该遵从哪种关系来交际;还可能是意识到了关系的变化,也正确地判断了当时应该遵从的关系,只是不会那么体面地表达。当然,不管问题出在哪里,只要触怒龙颜,后果都是悲惨的。

有的时空场合对交际双方关系的影响很明显,限定交际双方必须要遵从某一特定关系。比如,父亲当教授,儿子当父亲的学生,他们之间是父子、师生两重关系。如果在课堂上,就限定他们之间为师生关系;如果在家里,他们之间就应该为父子关系。师生关系决定了儿子在课堂上用"姓+教授"来称呼父亲是理所应当的;如果儿子在家里还称自己的父亲为"姓+教授",人们从心理上则感觉两人好像脱离了父子关系,或者是他们的父子关系出了问题。

有的时空场合对交际双方关系的影响比较微弱,还可能出现交际关系的两难选择。比如,在校园里,儿子在去教室的路上,看见自己的父亲与其他几位教授正在散步。此时,这对具有双重关系的父子,更应该遵从哪种交际关系呢?用"爸爸"来称呼,听起来好像有点不分场合;用"姓+教授"来称呼,又有点像父子关系不好。看来儿子只能选择不与父亲打招呼了,至少是先与别的教授打招呼。

在交际双方关系恒定的情况下,时空场合的影响有时明显,有时微弱。比如,妻子对丈夫的某些行为特别不理解,非常想质问他为什么要那样做。但如果在公众场合,周围有很多人,做妻子的通常会克制自己的情绪,或者不问,或者换成一种探寻的口吻去问;如果还是在这个公众场合,但周围没有其他人,这时时空场合对妻子的影响就不太明显了,她很可能会非常直接地去质问丈夫。

第三节　时空场合对语言交际的影响

语言交际的时空场合在一定程度上影响交际者的心理情绪,在一定程度上决定交际者之间的交际关系,还在一定程度上直接制约语言交际的内容、形式、含义、进程等。

（一）对交际内容的制约

时空场合对语言交际内容的限制,存在程度上的差异,有的限制非常强,有的限制则显得弱一些。比如,给人祝寿的场合严禁谈"死"、"伤"或与"死"、"伤"有关的不吉利的话题,否则就被认为是别有用心或故意挑衅,这体现了特定时空场合对语言交际内容的强烈制约。

有的时空场合对语言交际内容只是一定程度上的制约,即谈论某些内容只会让人感觉与时空场合不协调,但不会造成太大的冲突。比如,在吃饭场合电视或广播播放关于排泄、肛肠疾病或癌症之类的广告,大家觉得很别扭。如果吃饭的某个人谈到此类话题,大家都会立即要他别说。如果这些话题选择在其他时空场合说,比如,几个朋友闲暇时就某些疾病闲聊,则不会有人认为有什么不妥。再如,午饭时间,同事碰面时不免要问一问是否用过餐了,但是,如果两人在卫生间相遇,通常就不会问这样的问题。

（二）对交际形式的制约

时空场合对交际形式的制约主要反映在以下几个方面。

1. 对交际音量的制约。如果在嘈杂的公交车上进行语言交际,交际者就要放大音量,以便让对方听得到,这也是语言交际合作原则的体现。如果在安静的阅览室里,就应该尽量压低声音,以避免对其他人造成干扰。

2. 对交际情态的制约。不同时空场合对交际者的语调、感情色彩和动作表情都有不同程度的限制。比如,在朋友团聚场合,大家都比较放松,轻松随意的说话方式、轻佻活泼的动作,会给大家带来更多的快乐;如果此时一个人正襟危坐,说话一板一眼,大家就会觉得非常别扭。但如果在郑重、严肃的谈判场合,一个人行为轻佻随意、说话随随便便,就会让人无法接受。

3. 对交际词语的制约。不同时空场合对交际者选择交际词语也有限制。比如,某法院审理一起案件,被告对作案时间交代不清楚,为了核实,审判长决定传被告之妻到庭作证。由于一时着急,他脱口而出:"把他老婆带上来!"结果法庭上一片哗然,严肃的气氛瞬时间被冲得一干二净。在这样的时空场合,审判长应该使用法律语言:"传证人某某到庭。"

4. 对交际句式的制约。一般来说,语言表达要尽量句式完整,但在特殊的时空场合还要注意根据实际情况作最恰当的选择。比如,作为路标,"陡坡,慢!"就是一个非常适合行车场合向司机传递信息的方式。其结构简略、视觉醒目、语气急促,对疾驶中的司机而言,这是最好的句式表达。

(三) 对话语量的制约

时空场合对话语量的制约是指在特定时空场合,应该说适量的话。一般而言,在对方繁忙或相对嘈杂的场所,交际者要尽量减少话语量。比如,在公交车上,几乎所有乘客都尽量用最少的话语量来传达最核心的信息。如果要表达"买一张到王府井的票",他会直接减缩成"王府井一张"。如果问"买一张到王府井的票要多少钱",他会直接减缩成"王府井多少钱?"此时没有人会误解成别的意思。

另外,在公众场合进行演讲,讲什么、怎么讲、讲多少,也都要根据具体时空场合作具体处理和安排。我国著名新闻记者、出版家、社会活动家邹韬奋于1936年10月在上海各界公祭鲁迅先生的大会上曾发表过著名的一句话演讲:

> 今天天色不早,我愿用一句话来纪念先生:许多人是不战而屈,鲁迅先生是战而不屈。

当时邹韬奋的这个一句话演讲,被人们誉为是最有特色的演讲。人们可以透过这一句话演讲,体会出丰富的内涵——既有对当时政治战线、思想战线、文化战线上"不战而屈"的投降派的谴责,又有对鲁迅先生"横眉冷对千夫指"、毫不屈服的可贵品格的赞颂。"不战而屈"和"战而不屈",同样四个字的不同组合,成为衡量一个人有没有硬骨头的试金石。通过这一句话演讲,还可得知当时的时空场合是"天色不早"、"鲁迅先生的公祭大会"。正是根据这一时空特点,邹韬奋才用极为精练的一句话来完成演讲,真是恰到好处。

(四) 对话语含义的制约

交际者可以借助特定的时空场合来补偿话语本身的意义,使话语含义具体化。比如,"走吧"离开交际的具体时空场合,表达的只是抽象、概括的意义，而当它在被赋予特定的时空因素时，就能生发出具体的语义内容，成功地完成交际使命。假如还有十分钟上课，这时，甲同学对乙同学说"走吧"，意思是说"一起去上课"；假如是午饭时间，这时说"走吧"，意思则是"一起去食堂吃饭"。

交际者还可以借助特定的时空场合来延伸话语含义，使话语含无限之义于言外。比如，到中午12点了，老师还在讲课，这时前排的学生小声对老师说："老师，12点了！"在这种时空场合下，"12点"绝不是一个单纯的时间概念，学生的真正意思是提醒老师"该下课了"。此时的"老师，12点了"等于"老师，该下课了"，但前后两个表达在语气和效果上完全不同。前者代表一种提醒，至于是否下课，老师说了算；后者则有建议的意思。相对而言，前者的表达更体现出对老师的尊重。

此外，时空场合还可以影响语言交际的进程以及交际话语的感情色彩。前者如，晚饭后到朋友家聊天，时钟敲了十下，客人立即知道应该告辞了。后者如，唱卡拉OK时一个同伴特别活跃，情绪激动而高涨，别人可以开玩笑地说他"疯子，真能疯！"这里的"疯子"一词实际上已经失去贬义色彩，甚至有一种欣赏、喜欢的意味在里面；如果这个人在家里大声唱歌，隔壁邻居朝他大喊"疯子，真能疯！"任何人都不会认为他是在表达欣赏的意思。

前面介绍了时空场合对语言交际一定程度上的影响，既然是"一定程度上"，就说明这种影响不是绝对的，不是必然的，也不是对每个人都起作用的。比如，本书第一章曾谈到这样一个例子："有一天，我在洗衣店里正等着老板找钱，这时进来一位穿迷你裙的非常性感的小姐。我尽量视而不见，老板却双目凝视。这位小姐轻盈地走了过来，对老板说：'老板，还是管您自己的事儿吧！'老板却有些为难地说：'说老实话，小姐，我是关心本店的名誉，您的裙子不是我们店洗缩水的吧？'"可见，即使是同一时空场合，对不同人的影响和制约程度是不一样的。该例中，"我"是旁观者，穿迷你裙的小姐来到这一场合之中。"我"和小姐对老板"双目凝视"的理解与老板的本意大相径庭。"我"和她以为老板有些色迷迷，而老板的本意却是关心该店的声誉。在这里，洗衣店这一特定场合对"我"与那位小姐的影响是微弱的,而对洗衣店老板的影响却是显著的。

第四节 语言交际时空场合的利用

如果交际者不注意语言交际的时空场合,就很容易把事情弄糟。比如,某公司经理发现他的职员犯了过失,懂得语言交际的经理可能会把这位职员叫到办公室谈话。假如是不懂语言交际的经理,则可能会当众批评该职员,让他在众人面前丢面子、伤自尊。前一种做法通常被认为是得体的,一般会收到比较好的语言交际效果。后一种做法则可能产生很大的副作用。因为经理的当众批评,很可能会导致如下结果:(1)该职员觉得当着这些人的面自己下不了台而索性破罐破摔,与经理顶撞起来,结果经理自己也下不了台,同样丢面子。(2)该职员当面虽不顶撞,却因此事对经理怀恨在心,以图报复。(3)在场的众人会因经理的当众批评产生若干想法,可能认为经理没有工作经验,缺乏工作方法,从此开始轻视经理;还可能同情被批评者(同情弱者是一般人的惯常心理),认为经理不讲情面。再试想,如果这位经理对自己所批评对象的问题根本没弄清楚,或者干脆弄错了,那么这种批评方式就更危险了,他可能因此而一败涂地。这是在不恰当交际时机、不恰当交际场合,进行了不恰当交际的恶果。因此,交际者应该特别注意对语言交际时空场合的选择和利用。

一、主动选择有利场合

语言交际的时空场合按不同标准可以分成不同类别。比如,以该场合"公开"程度来划分,可以分为公开场合和私下场合;以该场合"氛围"类型来划分,可以分为严肃场合和轻松场合;以该场合"与交际者关系"来划分,可以分为居家场合和赴他场合;等等。

不同场合有不同特点和优势,交际者应该对它们有基本了解。公开场合的特点是听众多、交际面广、人员集中。处于这种场合下的语言交际者,应该仪表端庄、举止大方,尽量让绝大多数人都能参与自己的话题。像教师上课、演讲者演讲、大会上发言和亲人朋友之间的大型聚会等等，都属于在公开场合下进行的语言交际活动。私下场合的特点是听众少、交际面窄。这种场合中的语言交际者衣着、打扮可以随意一些，说话的方式、态度也可以轻松随便一些。处于这种场合的语言交际双方，与处于公开场合的语言交际双方相比，彼此间的心理距离要近得多。因此，一些比较私密或不宜在公开场合表达的内容，可以在这种场合与对方分享。

交际者了解不同场合的不同特点后，要根据自己交际话题的特点和性质，选择相应的交际场合。比如，认为自己的交际话题有一定的私密性或只有极小范围的针对性，就应该找一个私下场合；如果觉得自己的交际话题适合推广或有广泛的针对意义，就可以选择或创造一个公开场合，以扩大影响。

交际者还要注意，私下场合与公开场合是相对的，私下场合里有公开场合，公开场合里也有私下场合。比如，几个好朋友一起到某家聚会，这种聚会相对于外人而言可以算作私人聚会，这种场合也可以视为私人场合，但相对于参与聚会的这几个人而言，这种场合则是一个公开场合。因此，在这种情况下，如果其中某人对全场人说话，那么他的说话场合就是私下场合里的公开场合；如果其中某个人和另一个人到某个角落窃窃私语，那么他们的说话场合就是公开场合里的私下场合。

在商务会谈、外交会晤等一类的人际交往中，时间和空间通常是交谈双方事先约定的，选定的场合应有相应的环境布置，以营造与会谈内容、性质等相协调的氛围。至于男女之间的约会，有的选择花前月下，有的选择歌厅、餐馆或咖啡厅。总之，不管是一群人还是两个人，不管是公事还是私事，他们共同需要的都是与其交际内容、交际性质相协调的交际场所和氛围。

语言交际的空间场合是影响语言交际效果的重要因素。很多时候，特定的话语、特定的表达方式只有在特定的场合下，才能达到最佳效果。在这里，特定场合的特定氛围为话语表达的最终效果增添了光彩。比如，在一位大家都尊敬的师长的追悼会上，某人声泪俱下地朗诵一段字字含情的悼词，会起到强烈的感染作用。因为此时的场合、氛围已经与这个人的悼词极好地融合在一起,共同在其他人的心中发生作用。看过电视剧《三国演义》的观众都会认为,诸葛亮哭悼周瑜一场是非常感人的。诸葛亮的悼词不仅感染了东吴大臣,也感染了电视机前的很多观众,因为那篇悼词与当时的时间、空间、人物、氛围达到了完美的统一。相反,如果某一话题或说话方式与当时的场合、氛围处于一种逆向流动时,交际效果就会一落千丈,让人反感,如在殡葬场所悬挂"经济搞上去,人口降下来"之类的条幅。

因此,人们往往会为了一定交际目的、交际话题选择相应的交际场合。比如,谈恋爱的人会选择优雅闲适一点的场合,因为在这样的场合里双方的心情会比较轻松、平和;有的情侣会选择有些浪漫情调的咖啡厅,因为这种场合有利于双方的情感交流;还有情侣选择电影院,当然,在影片选择上他们会更倾向于爱情片,战争类、有血腥屠杀场景的影片此时就不太适合了。

对于语言交际场合,一方面有顺应的问题,另一方面还有交际者主动选择和利用的问题。有时,选择或创造有利的时空场合进行交际显得更加重要。

有利的语言交际场合是那些能使自己的力量施加影响的场合。像国际足球赛,双方都希望选择在自己的国家进行,因为那里有天时、地利、人和之便。对于语言交际来说,如果可能的话,交际者应该在发生交际之前周密考虑哪种交际场合对自己的交际目的和展开交际话题更有利。一般来说,在家接待他人常常自我感觉轻松、自在;到别人家走访,往往会感到些许的拘谨和约束。因此有人建议,如果与别人商量某件事,不妨将他们请到自己家中,这叫做"家居优势"。领导发现问题后则一般把下属叫到自己的办公室去谈,也是由于这一场合有利于下属产生上下级关系的直接体验,从而形成一种服从的心理反应。这样,本来是对等关系的双方,因为地点选择有利于其中某一方,则使双方变成主动与被动的关系了。

赴他场合在多数情况下容易给自己一种紧张、不自然的感觉,因此,人们常常有意避开这种场合。但在特殊情况下,比如,自己有充分准备,又有必要到对方领地扩大影响或施加某种压力时,赴他场合就成为一种可行的选择了。

二、善于把握交际时机

不管一个语言交际者的交际内容如何精彩,如果交际时机把握不好,也很难达到良好的语言交际效果,所以,在语言交际中,交际者把握好语言交际时机非常重要。

把握语言交际时机,首先要注意避开语言交际的不当时机。当人们被自认为重要的问题困扰时,常常会迫不及待地想找对方交谈,以便快速解决问题。但事实证明,这样的行为方式往往不利于问题的解决。如果交际者能沉得住气,周密思考后再专门找时间和对方郑重其事地谈,那么就可以避开交际的不当时机,更利于问题的最终解决。比如,你的一名员工姗姗来迟,以前你一直想和他讨论关于他迟到的问题,于是你紧抓这个机会对他说:"又迟到了?"然而,在这种时候说这件事通常不会引起对方对该问题的高度重视。因此,如果你希望对方能重视这个问题,以便将来不再发生,最好是找个时间与他严肃地谈,不要让他感觉你仅是随便一说。所以,当你要说的时候,不是想说就说,最好先计划好适当的时间,因为,你不可能在三十秒内就谈好一件重要的事,更不可能谈出什么理想的结果来。

其次,要注意顺应生物钟规律,尽量不在一天中的"body time(体内时间)"向他人传递不愉快的信息。现代生理学、心理学研究实验证明,每天下午 4—6 点是所谓的"body time"。这时人在心理和体能上的疲劳都达到顶峰,开始出现倦怠、焦躁、情绪低落、思考力减弱等症状。因此这个时间尽量不要向对方提要求、诉辛苦或谈论非常重要的事情,而应该多说一些快乐的消息或关切的话语。

最后,交际者要注意根据对方心境选择相应话题。人的心境都会有好有坏,心境好的时候,常常"无往而不乐",心境差的时候往往"无往而不愁"。因此,与他人交际,必须要把对方当时的心境作为一个重要因素来考虑。比如,当某人说他刚刚从医院回来,不久将动手术时,就不要说:"我真的为你难过。噢!顺便说一下,你还欠我五百块钱呢。"如果对方正处于愤怒、焦虑或狂热的状态,交际者应该先让他平静下来,然后再谈重要的事情。

总之,在语言交际中,交际者首先要认识到时空场合对交际者、交际关系以及语言交际各方面一定程度上的影响和制约。只有这样,才有可能根据具体的时空场合更好地选择与之相适应的语言内容和交际方式,或根据自己的交际内容和交际目的更好地选择、利用和创造与之相适应的时空场合。

1. 语言交际的时空场合与交际者有什么样的关系?
2. 语言交际的时空场合是怎样影响交际关系的?
3. 时空场合对语言交际的直接影响主要表现在哪些方面?
4. 举例说明怎样才能更好地把握和利用语言交际的时空场合?

第七章 语言交际的基本原则

人们之间彼此交际,要遵守交际原则。其中,得体原则、合作原则、礼貌原则和尊重、坦诚原则是语言交际的几个基本原则。

第一节 得体原则

得体原则是语言交际的最高原则,也是语言交际的总原则。合作原则、礼貌原则及尊重、坦诚原则都是得体原则的下位原则。

语言交际是否得体,主要指在语言交际中交际者的话语内容是否得当,表现方式(包括语言的和非语言的方式)是否得体。得体的语言交际来源于语言交际者丰富的阅历与由此磨炼出来的智慧。

一、得体的表现

语言交际的得体原则主要表现在内容得体和方式得体两大方面。

(一)内容得体

内容得体包括以下十条准则:

(1) 说与交际目的相一致的话。
(2) 不说与交际目的不相一致的话。
(3) 说与交际关系相一致的话。
(4) 不说与交际关系不相一致的话。
(5) 对特定的人说该说的话。

(6) 对特定的人不说不该说的话。
(7) 在特定时间说该说的话。
(8) 在特定时间不说不该说的话。
(9) 在特定地点说该说的话。
(10) 在特定地点不说不该说的话。

交际目的总体来说分为"求和"与"求成"两种。求和目的注重人际关系的友好,希望缩小人际距离,所以语言交际时,交际者常常围绕"求和",选择该说的话,避开不该说的话。求成目的则是交际者对某一交际结果的不断追求,语言交际中,交际者为达到特定交际目的,会有意识地选择合适的话语内容,避开不合适的话语内容。

鲁迅曾在杂文《立论》中描述这样一个故事:

一家人家生了个男孩,合家高兴透顶了。满月的时候,抱出来给客人看,——大概自然是想得一点好兆头。

一个说:"这孩子将来要发财的。"他于是得到一番感谢。

一个说:"这孩子将来要做官的。"他于是收回几句恭维。

一个说:"这孩子将来是要死的。"他于是得到一顿大家合力的痛打。

作者的原意是想通过这样的故事来讽刺说谎(说发财、做官的都是在说谎)的得好报,说必然(将来要死是必然的)的反倒遭打的世道。但是换一个角度看,尽管说要死是必然,遭打也在情理之中。如果从交际目的来分析,很显然,说话者不是怀着"求和"目的来的。如果他怀着"求成"目的,交际的另一方完全可以理解为他是在故意挑衅,那么"大家合力的痛打"也应该是自然的结果。如果他根本就没什么交际目的,而遭到了一顿痛打,那只能怪他自己对特定的人,在特定的时间、特定的地点说了不该说的话。

(二) 方式得体

方式得体包括以下十条准则:
(1) 选择与交际目的相一致的交际方式。
(2) 避开与交际目的不相一致的交际方式。

（3）选择与交际关系相一致的交际方式。
（4）避开与交际关系不相一致的交际方式。
（5）选择与交际对象相适应的交际方式。
（6）避开与交际对象不相适应的交际方式。
（7）选择与特定时间相适应的交际方式。
（8）避开与特定时间不相适应的交际方式。
（9）选择与特定地点相适应的交际方式。
（10）避开与特定地点不相适应的交际方式。

选择与交际目的相一致的交际方式，比如，交际者的交际目的是求和，那么他要通过语言或非语言的方式表现出这种倾向。像见面主动与对方打招呼，面带微笑与对方交流，在交际过程中以适当的礼貌方式表达尊重和友好等等，都与求和目的相一致。避开与交际目的不相一致的交际方式，比如，交际者的交际目的是求和，那么他要避免可能传达不友好信息的语言或非语言方式。像见面时对方打招呼，他却默不作声或扭过头去不加理睬，对方向他微笑时，他毫无反应或一脸严肃，与对方交谈时他话语生硬、举止傲慢等等，都与求和目的相背离。

选择与交际关系相一致的交际方式，比如，对长辈、上司，主动让座，用"您"称呼，更多采用尊敬礼貌体系或等级礼貌体系、独立话语策略等；对晚辈或下属，和蔼、亲切，主动消除交际双方心理势位差，多采用一致性礼貌体系、关联话语策略等。避开与交际关系不相一致的交际方式，比如，面对长辈、上司，要避免乱开玩笑；面对晚辈、下属，要避免举止轻佻。

选择与交际对象相适应的交际方式，比如，面对儿童，交际者要尽量用"儿童语言"与之交谈；面对不同性别的人，交际者要根据他（她）们各自不同的话语诠释框架，选用不同的话语交际模式。避开与交际对象不相适应的交际方式，则表现为不用成人语言和孩子说话，不用男人的诠释框架和女人对话等。

选择与特定时间相适应的交际方式，比如，时间很短，就要压缩交际内容；时间很充裕，就可以将内容表述得详细一点。避开与特定时间不相适应的交际方式，比如，不要在时间紧急时滔滔不绝，也不要在时间充裕时话语匆匆。

选择与特定地点相适应的交际方式,比如,在正式会议上言谈举止郑重严谨、彬彬有礼;在聚会场合轻松随意、幽默风趣。避开与特定地点不相适应的交际方式,比如,在正式会议上不要嬉皮笑脸、目光游移,在聚会场合不要行为拘谨、语言刻板。

二、得体的层次

人们通常以非常得体、比较得体和不得体来评价一个人的交际内容和交际方式,这实际上涉及了得体的层次。

在内容得体准则中,(2)不说与交际目的不相一致的话,(4)不说与交际关系不相一致的话,(6)对特定的人不说不该说的话,(8)在特定时间不说不该说的话,(10)在特定地点不说不该说的话,是得体的底限,违反了上述准则就会导致内容不得体。而(1)说与交际目的相一致的话,(3)说与交际关系相一致的话,(5)对特定的人说该说的话,(7)在特定时间说该说的话,(9)在特定地点说该说的话,都属于得体的范畴。但很难界定得体的上限,也很难给出一个固定的、单一的指标来衡量得体的不同层次,只有将交际目的、交际关系、交际对象、交际时间、交际地点等因素综合考察,才能判断出哪些交际内容比较得体,哪些交际内容非常得体。

此外,在(1)和(2)、(3)和(4)、(5)和(6)、(7)和(8)、(9)和(10)之间还存在一定的过渡地带,处于这个地带的话算不上得体,也不能算不得体。比如,在(1)和(2)之间还存在对交际目的没什么影响的话语,这些话语与交际目的不冲突,但对实现交际目的也没什么帮助。

在方式得体准则中,(2)避开与交际目的不相一致的交际方式,(4)避开与交际关系不相一致的交际方式,(6)避开与交际对象不相适应的交际方式,(8)避开与特定时间不相适应的交际方式,(10)避开与特定地点不相适应的交际方式,是得体的底限,违反了上述准则就会导致方式不得体。而(1)选择与交际目的相一致的交际方式,(3)选择与交际关系相一致的交际方式,(5)选择与交际对象相适应的交际方式,(7)选择与特定时间相适应的交际方式,(9)选择与特定地点相适应的交际方式,都属于得体的范畴。方式得体与内容得体一样,也很难界定得体的上限,也很难给出一个固定的、单一的指标来衡量得体的不同层次,也只有将交际目的、交际关系、交际对象、交际时间、交际地点等因素综合考察,才能判断出哪种交际方式比较得体,哪种交际方式非常得体。

在方式得体准则中,(1)和(2)、(3)和(4)、(5)和(6)、(7)和(8)、(9)和(10)之间也存在过渡地带,处于这个地带的交际方式算不上得体,也不能说不得体。比如,在(1)和(2)之间也存在一些不违背交际目的,但对交际目的的实现没有积极作用的交际方式。

在语言交际中,只要违反了内容得体和方式得体中(2)(4)(6)(8)(10)的任何一个准则,都会造成语言交际的不得体。"不得体"有内容不得体、方式不得体以及内容、方式都不得体三种情况。

例如,对一个患绝症的人说"某某人一辈子做坏事,最后得了绝症",这就是交际内容的不得体,违反了"对特定的人不说不该说的话"这条准则。

又如,从前有一个官员深入百姓,调查民情。他问一个没有读过书的老百姓:"今年黎庶如何?"结果这个人挠挠脑袋说:"梨树——,梨树还好,就是春天生了一些虫子。"这里,官员的问话方式是不得体的,违反了"避开与交际对象不相适应的交际方式"的准则。

再如,东北某农村,妻子看到丈夫每天咳嗽,身体越来越差,就想劝他戒烟。她说:"抽,就知道抽,早晚抽死拉倒,你死了我怎么办?"丈夫气红了脸,狠狠地说:"我死了,你改嫁!"妻子本来是想劝丈夫戒烟,结果丈夫赌气反倒吸得更厉害了,原因是妻子在交际内容和交际方式上都不得体。在这个对话里,妻子将劝说变成了谴责("抽,就知道抽")和诅咒("早晚抽死拉倒"),而且"你死了我怎么办?"给丈夫的感觉是妻子最终关心的只是她自己。实际上妻子并无此意,她牵挂丈夫的身体,真心关爱丈夫的健康。

三、得体原则——语言交际的重要原则

得体原则是语言交际的重要原则。有时候不合作是得体的,不

礼貌是得体的,不尊重、不坦诚也是得体的,交际者可以为了得体原则而牺牲其他原则。当然,为了更好地交际,为了促进语言交际的成功,交际者还要尽量遵守合作、礼貌、尊重和坦诚等交际原则。

得体讲求的是根据交际目的、交际关系、交际对象以及交际的时空场合等因素以适当的方式说出恰当的话。得体追求的是恰到好处,强调的是"度",不能"过",也不能"不及"。比如,在表示礼貌时,什么程度的礼貌最得体,需要符合交际双方的关系,并不是越礼貌越得体。例如:

① 给我捎一份今天的晚报!
② 给我捎一份今天的晚报吧!
③ 请给我捎一份今天的晚报吧!
④ 请给我捎一份今天的晚报,好吗?
⑤ 劳驾您给我捎一份今天的晚报,好吗?
⑥ 如果方便的话,我想劳驾您给我捎一份今天的晚报,好吗?

很明显,从①到⑥,越来越客气,越来越礼貌。或者说,①最不礼貌,⑥最礼貌。但这并不意味着选用①就是不得体的,选用⑥就是得体的,关键要看交际双方关系的密切程度。对关系很好的亲朋好友用⑥,显得过于生疏,对方会感到很尴尬,甚至会因此努力回想自己什么地方惹说话人生气了,因为这样的问话接近于断交的表示。上面的例子,我们还可以用更礼貌的方式表达:

我知道您是一个热心肠的好人,在您方便的情况下,我想劳驾您给我捎一份今天的晚报!如蒙厚爱,我将感激不尽!如有不便,就当我没说,千万别往心里去,打扰了,打扰了!……

有人认为,这哪里是"礼貌"?简直是精神失常(除非是有意讽刺或挖苦),因为谁也不会因为捎一份报纸之类的区区小事而行此"大礼"。① 所以说,交际得体讲究的是"度",是交际内容、交际方式与其他要素的最佳契合。

第二节　合作原则

语言交际的合作原则最早是格赖斯(H. P. Grice)提出的。1967年格赖斯在哈佛大学做了三次讲座,其中第二讲《逻辑与会话》于1975年发表。在这一讲中,格赖斯提出了"合作原则"。

一、格赖斯的合作原则及会话含义

格赖斯认为,在所有的语言交际中,为了达到特定目标,说话人和听话人之间存在一种默契,一种双方都应该遵守的原则,这种原则就是会话的合作原则。该原则具体有如下四个准则:

1. 量的准则:所说的话应该包含当前交谈目的所需要的信息;所说的话不应该包含超出需要的信息。即给适量的信息。

2. 质的准则:不要说自己知道是虚假的话;不要说缺乏足够证据的话。即尽量说真话。

3. 关联准则:说与谈话目的有关的话;前后话语要有关联。即扣住主题来说话。

4. 方式准则:避免晦涩与歧义;简练、井井有条。即表达精确。

在实际会话中,人们常有违背合作原则的情况发生。格赖斯概括了四种情况:

1. 说话人悄悄地、不让听话人发觉地违背合作原则,从而将听话人引入歧途,令其上当受骗。比如,有意说谎,违背质的准则。就动机而言,有的是好的,如医生有意对患有绝症的病人隐瞒病情;有的是不好的,如商品经营中推销伪劣商品时的不实之词。

2. 说话人公开宣布不合作,不遵守某一准则。比如,对提问采

---

① 参见冯学锋:《言语策略》,社会科学文献出版社1996年版,第25页。

取缄默,不提供适量的信息,这可能出于不能提供和不愿提供两种情况。

3. 说话人可能面临两难境地,处于顾此失彼的局面。比如,如果遵守质的准则,就会违背量的准则。例如:

明天北京有雨吗?

有——,不,不,我不知道,明天很多地方有雨,但预报员说到北京时我正好出去了。

4. 说话人有意不遵守某一准则,但他相信听话人能觉察到这一点,并认为说话人仍然是合作的。例如:

A:小王,我买了两张《英雄》电影票,我们一起去看吧。
B:好啊,谢谢。
(C出现——)
C:小李,听说你买了两张《英雄》电影票?
A:没有啊,我没买着,不信你问问小王。

B知道A违背质的准则,对C说了假话,这时,B通常不会当场揭穿,而是进行会话含义的推导——A所以这样说,也许是因为:
(1) A只想和自己一起去看电影,不希望其他人(包括C)知道。
(2) A和C关系一般或不太好,不希望让C知道。
(3) A认为只有两张票,不可能三个人一起去,不如瞒着C好。
············

二、语言交际合作原则的判定

语言交际双方是否遵守合作原则,不能仅以上下句或词语的字面意义来判断,还需要从整个交际以及前后内容的内部关联等方面来考察。如于根元在论文《问答链》中举的余华《星星》里的一个与孩子问答的例子:

你爸爸妈妈不喜欢你?

——喜欢的。
那为什么给你穿这样的破汗衫?
——我有西装呢!

  根据格赖斯的会话原则来判断,孩子的第一句回答是符合合作原则的,符合质的准则、量的准则、方式准则和关系准则。但是孩子的第二句回答,似乎是不符合合作原则的。单纯从第二个问题来看,孩子应该回答"为什么给自己穿破汗衫",但他并没有直接回答,而是回答了似乎与该问题没有关系的"我有西装呢"。这个回答表面上违反了所谓的关联准则、量的准则等。但其实如果从整体内容上来判断,第二句问话是第一句问话的依据和对第一句回答的质疑。第二句回答则是否定第二句问话以及第一句问话,从而证实第一句回答。一般来说,第二问"为什么",孩子通常会直接回答,但"我有西装呢"这一答没有解释"为什么",似乎显得突兀,好像是所答非所问。可是有了第一句问话和第一句回答,情况就不同了,孩子知道对方问"为什么"是对他的回答"喜欢的"表示怀疑,对方仍然觉得"你爸爸妈妈不喜欢你"。孩子现在跳过字面上的纠缠,直接拿出证据回答了第二问的言外之意(第一问),是很机灵的。因此,从整个会话过程以及内在联系来看,孩子的语言交际是符合合作原则的。
  对于合作原则中的质的准则、量的准则、关系准则、方式准则等等,有时即使表面上不遵循,不一定是不合作;相反,有时即使表面上遵循了,也不见得就是合作的。是否真正合作,还应该多角度、全方位来判断。如下面这对夫妻在商店的对话:

  妻子:你看,我穿那件衣服,粉红色的那件,怎么样?
  丈夫:哪件?
  妻子:那边,从左边数,第五件。
  丈夫:挺好。
  妻子:好像颜色太刺眼了。哦,那件怎么样,天蓝色的?
  丈夫:不错。
  妻子:要不,那件那件,半边红半边黑,挺新颖,好吗?
  丈夫:可以。

这位丈夫对妻子的问话一律给予了肯定的回答,不仅符合合作原则中的质、量、关系、方式四项准则,还符合语言交际礼貌原则中的赞同准则。赞同准则指尽量缩小与他人的不同意见,尽量夸大与他人的相同意见。但在这种场合,妻子需要合作,需要听听丈夫的真实意见,而丈夫简单的肯定回答对妻子来说显然是不够的。此时妻子向丈夫询问的目的是想得到丈夫明确的意见,而不是应和或赞美。在这种情况下,丈夫应真实诚恳地表达自己的意见,如"我觉得那种款式不太适合你"、"你穿红色的更好"等等,这样有建设性的意见和建议,才更符合当时语言交际的合作原则。

　　语言交际合作原则中有一个下位原则,即俯就准则。俯就准则是指,如果交际双方中的某一方在语言运用上明显高于另一方,那么他就要采用另一方完全能理解的交际方式与对方交际,以确保双方交际的顺利进行。比如,一个上幼儿园的小朋友见妈妈挽留客人吃饭,便拖着客人的衣角不让走。客人问小朋友:"你有什么招待阿姨的啊?"小朋友瞪着眼睛,听不懂什么叫"招待"。于是客人忙改口说:"那你有什么好吃的给阿姨吃吗?"小朋友这回明白了,兴高采烈地回答:"有好多啊,巧克力、旺旺雪饼、冰淇淋。"这里,客人与小朋友交流时所采用的方式就是合作原则中俯就准则的体现。

三、语言交际中的不合作

　　语言交际中常常存在某一交际者不合作的情况,如下面的对话:

　　　　顾客:这肉多少钱一斤?
　　　　售货员:你眼睛呢?

　　售货员的回答不存在语言交际内容上的内在关联,也没有遵循质、量等准则。而且,售货员也并非真正关心顾客的眼睛究竟在哪里,这种跳跃式回答仅仅是不愿合作的情绪表现。其会话含义是:"自己看,别问我,我懒得告诉你。"如果顾客要发泄该答引起的不快,可能说:"你吃饿药啦?"这些不愿意合作的态度在现实的语言交际中十分常见。

在日常语言交际中,是否合作以及是否愿意合作,不仅表现在语言上,也常常反映在体态上。

一般来说,是否合作反映在说话人和听话人在会话中的及时应接上,既不早也不迟。在只有两个人的会话中,听话一方应该积极应接;在多人参与的会话中,说话人选择的听话方应该积极应接,无选择时,各方应该积极配合应接。说话人说完话后,听话人无反应(不合作)或始终仅仅以体态来应付(低层次合作,表现的是不愿意合作的态度),会导致语言交际中断。例如:

A:你去吗?
B:(无反应或摇头)
A:你有事?
B:(无反应或点头)
A:原来你没空?
B:(无反应或点头)
A:…………

至此,对于B的不愿意合作的表现,A再说下去就实在是没趣,甚至有些无聊了。

是否合作还可以体现在语气、语调等方面。例如:

A:我这样是为你!
B:谢谢!

如果不是真诚地致谢,而是漠然地甚至是恶狠狠地说出,就可能有"我并不感谢"的言外之意。但是能够说出"谢谢"二字还是表现出B在一定程度上的合作态度——至少对对方的话语有个回应。但是已经表现出了不想继续合作的意向,因此接下来的会话可能会中断或越来越不和谐。

只要双方发生了语言交际,就已经体现出一定程度上的合作,或者说有了合作的基础和意向。从这个角度说,语言交际中的合作也是分不同层次的,只表现为对对方语言的一种回应(总比毫无回应要好),即使是对抗性的,也是一种合作,只不过是较低层次的。

第三节 礼貌原则

礼貌原则是语言交际的重要原则。中国的文化背景决定了中国人的语言交际不仅有比较严格的礼貌体系,还有相当复杂的礼貌准则。

一、语言交际的礼貌体系

谈到礼貌,人们首先想到的是"请坐、请上坐","敬茶、敬香茶","来有迎声,问有答声,去有送声"等等,这些都是日常交际中最基本的礼貌用语。

怎样才算礼貌,怎样才算不礼貌,要视具体情况而定,如交际双方的关系、交际内容以及交际的时空场合等等。一个特定的语言交际方式相对于一种交际关系来说是礼貌的,相对于另一种交际关系来说可能就是不礼貌的;在一种交际内容下是礼貌的,在其他交际内容下可能就是不礼貌的;在某些时空场合是礼貌的,换了其他时空场合可能就是不礼貌的。如我们在第三章举过的例子:

> A:您好,您近两天方便吗?我需要开展下一步工作,所以先想向您汇报一下我的工作计划。我星期二11点以后和星期三3点以后有空。
> B:星期二12点行吗?
> A:没问题。星期二12点见。

这是一个下属(A)和上司(B)的电话对话。下属归纳性地引入话题,提出希望与上司见面,并留出上司可能没时间或者没有兴趣赴约的可能性。在见面时间上,他还给上司留出了很大的选择范围,以便上司不会过度受限于会面时间。而上司,作为回应,表示愿意与对方见面，但在时间上缩小了对方可选择的范围。这里，下属的交际方式是礼貌的，上司的交际方式也是得体的。如果 A 和 B 处于相反的地位，他们的对话通常会是：

  A：我想和你谈谈我的计划。你星期二 12 点有空吗？如果没空，告诉我其他可能的时间。
  B：星期二 12 点可以，十分期待聆听您的计划，我准时到。

  上司在定约会时更直接，限制性和语气也更强，但不会有人认为他不礼貌。但是如果是下属说出这样的话，上司则会非常不高兴，绝大多数人也会认为下属是极不礼貌的。因此，礼貌与否的判断不能仅看语言交际方式本身，还要结合与交际相关的其他因素来判定。
  从交际双方关系角度来看，不同交际关系有不同的礼貌体系与之相适应（关于这一点，我们已经在第三章交代过）。交际双方享有平等的社会地位，处于对称性关系，相互之间存在一定的距离时，双方的社会性交际（以社会角色为核心的交际）应该遵从尊敬礼貌体系。如果其中一人没有遵从这样的礼貌体系，就会被认为是不礼貌的。交际双方享有平等的社会地位，处于对称性关系，彼此之间关系比较亲密时，双方的社会性交际应该遵从一致性礼貌体系。交际双方社会地位不平等，处于非对称性关系，不管彼此之间关系亲密与否，双方的社会性交际都应该遵从等级礼貌体系。
  在语言交际中，不礼貌的行为通常发生在尊敬礼貌体系和等级礼貌体系中。假使两个人的交际关系决定他们应该遵从尊敬礼貌体系，而其中一人没有遵从这样的礼貌体系，那么另一方就会认为他是不礼貌的。如果，两个人的交际关系决定他们应该遵从等级礼貌体系，而地位低者没有遵从这一礼貌体系，另一方也会认为他是不礼貌的。

二、中国文化中的礼貌准则

  中国素有"礼仪之邦"的美称，自古以来一直很讲究"礼"。顾曰国将中国的礼貌行为归纳为如下五个准则①。

（一）"自卑而尊人"与"贬己尊人"准则

《礼记·曲礼上》说："夫礼者，自卑而尊人。虽负贩者，必有尊也，而况富贵乎？""自卑而尊人"是对任何人而言的，对富贵的人应该如此，对小商小贩也应该如此。

中国式礼貌的最大特点是"夫礼者，自卑而尊人"。"自卑"就是"自贬"和"自谦"，在语言交际中集中表现在自称和他称上。贬己尊人准则，即指说到自己或与自己相关的事物时要"贬"，要"谦"；指说到听者或与听者有关联的事物时要"举"，要"尊"。比如，自称姓是"敝姓、贱姓"，他称是"尊姓、贵姓"；子女自称是"小儿、小女"，他称是"令郎、令爱"；兄弟姐妹自称是"舍弟、舍妹"，他称是"令弟、令妹"；意见自称是"拙见、愚见"，他称是"高见、尊意"；作品自称是"拙著、拙作"，他称是"大作、佳作、杰作"；探望自称是"拜访、拜见、拜会"，他称是"赏光、赏脸、光临"；单位自称是"敝校、敝厂"，他称是"贵校、贵厂"。如果说话者把他称词语用于自称，听起来就显得傲慢、自大；如果把自称词语用于他称，听起来就显得不懂礼貌、瞧不起人。

新中国成立以来，新的观念和价值观冲击并取代了一些传统的观念与价值观。一系列中性称谓词相继出现，并在人们的交际中得到广泛运用。在人们的语言交际中"贬己"的成分逐渐减少，但"尊人"的习惯仍然保留着。比如，自称为"我姓"，子女称为"我儿子、我女儿"，称对方多数还是用"贵姓"，称对方儿女为"你家公子"、"你家千金"等，仍然尽量表现出"举"和"尊"。

目前，在东南亚中国文化圈里，如香港、新加坡、马来西亚等地，贬己尊人准则仍然有很大的约束力。有些中性称谓如"同志"、"爱人"甚至会引起误解。中国内地改革开放以来，敬辞如先生、女士、小姐、师傅等已经逐渐取代中性词"同志"。

（二）"上下有义，贵贱有分，长幼有等"与称呼准则

现代的礼貌行为在某种程度上仍然保留着"上下有义，贵贱有分，长幼有等"的特点。表面上看，这些是早就过时的礼制，但是这些

---

① 参见顾曰国：《礼貌·语用与文化》，《外语教学与研究》1992年第4期。

礼制却在现代的礼貌中留下了深刻的印记。比如,前文中谈到的等级礼貌体系就是"上下有义"的反映。

日常语言交际中打招呼是礼貌的一种常见表现形式。打招呼中的称呼语实际上也记录了"上下有义,贵贱有分,长幼有等"的特点。在工作场合,如果员工张三称呼王主任为"老王",就违背了"上下有义"准则。学生称呼老师,通常是"姓＋老师",不能说成"老/小＋姓";对长者称"老先生",对小孩则称"小朋友";称大使的妻子为"尊夫人",不说"你老婆";等等。这些都是"上下有义,贵贱有分,长幼有等"礼貌准则的体现。

称呼准则要求交际者用适切的称呼语和对方打招呼。适切与否,需要考虑交际对象、双方关系、交际背景等因素,具体包括:

1. 非亲属、亲属。

(1) 非亲属：职务高低(高、低),职业地位(有地位、无地位),熟悉程度(熟悉、陌生),同事共志(同事、非同事)。

(2) 亲属：家庭成员(父母、兄妹),亲属(近亲、远亲)。

2. 性别(男、女)。

3. 年龄(长、幼)。

4. 气氛(正式、非正式)。

5. 场合(公众、家庭)。

上述要素所占比重并不是同等的,不同的语言行为和不同的语言环境往往使有些要素成为主要考虑因素,另外一些要素则很少考虑或不予考虑。比如,父亲当教授,儿子当父亲的学生。这时交际参与者同时进入"亲属"和"非亲属"两个选择。儿子在课堂上或课后如何称呼父亲,就应该主要考虑场合因素。

(三)"彬彬有礼"与文雅准则

一个人如果举止粗俗,满嘴污言秽语,他就要被社会指责为"不懂礼貌"、"没有教养"。反之,一个人如果文质彬彬,出言高雅,他就是一位"彬彬有礼"、"有教养"的人。

"教养"与"文雅"是礼貌的另一要素。荀况说:"礼者,养也。"(《荀子·礼论》)他认为五谷可以养口,芳香可以养鼻,礼可以养欲。当然,荀况所说的"养",意思是物质和精神欲望的满足。到了现代,礼貌语言显示说话人有教养。有教养即精神境界达到了较高的层次。

文雅准则就是选用雅言,禁用秽语;多用委婉,少用直言。用委婉语是为了避免直接提及使人不愉快或难堪的事物。需要用委婉语的领域包括死亡、性事、排泄、绝症、体形、外表、犯法行为等,如果直言这些事则粗俗无礼。委婉语的选用跟称呼语一样,也要考虑到种种语用因素。

(四)"脸"、"面子"与求同准则

人们常说露脸、赏脸、丢脸、没脸、脸皮厚、要脸、不要脸等。关于面子的有要面子、给面子、面子上过得/不去、面子大/小、没面子等。这些说法反映的"脸",主要指人与人的社会身份地位相匹配的一种社会正价值。当个人所作所为符合并加强了这种正价值,他就"有了脸"或"真露脸";当个人所作所为与这种正价值相悖,他就"丢了脸"、"不要脸"或"没脸"。

"面子"与"脸"有一定的区别。说某人做了某事"真丢脸"或"不要脸",这件事几乎成了丑闻。说某人因要面子逞能,结果把事情弄糟了而下不了台,这并不能算一件丑闻。在日常语言交际中,面子与脸的这种区分并不十分严格。人们有时把脸与面子放在一起说,如"给人家留个脸面"。

从语言交际来看,脸与面子通常和训斥、批评、指责、邀请、请求、给予等联系在一起。当交际者考虑到自己或别人的脸或面子时,礼貌就成了很有用的语用手段,人们遵循的往往是求同准则。

所谓求同准则就是说话人和听话人力求和谐一致,尽量满足对方的欲望。当不得不批评他人时,人们实施求同准则的策略往往是先褒后贬、先礼后兵,即先把对方赞扬一番,也就是指出双方共同点,给对方一个脸面,然后再说出不同点、该批评的地方。这样,即便批评作为语言交际行为是不礼貌的,但却能以礼貌的方式来表达。

与批评不同,给予、邀请、请求对于说话人而言,不是不礼貌的行为,但却把自己的"脸"暴露给对方了,对方不满足说话人的要求就是驳面子、不赏脸。这时,求同准则要求对方尽量"恭敬不如从命",以取得和谐一致的效果。

(五)"有德者必有言"与德、言、行准则

在儒家学说里,言与德是紧密相连的。孔子认为:"有德者必有言。"(《论语·宪问》)。《礼记·表记》更尖锐、明确地说:"君子耻有其辞而无其德,耻有其德而无其行。""有其辞而无其德",意思是只挂在嘴上却没有那样的品德。"有其德而无其行",意思是有那样的品德却没有相应的行为。只有说到做到,才称得上君子。

德、言、行礼貌准则,指在行为动机上,尽量减少他人付出的代价,尽量增大对他人的益处(可谓大德);在言辞上,尽量夸大别人给自己的好处,尽量缩小自己付出的代价(可谓君子)。例如:

① 甲:鸡蛋我帮你买。
② 乙:行吗?太麻烦你了。你不是要到邮局去吗?
③ 甲:顺便。放在车筐里,又不费事。
④ 乙:那太谢谢你啦。

① 甲要帮乙买鸡蛋(在行为动机上尽量增大对他人的益处),甲的语言交际是礼貌的。② 乙觉得太麻烦甲了,不想直截了当地让甲买鸡蛋,乙的语言交际在尽量减少他人付出的代价。③ 甲在言辞上尽量减少自己付出的代价。④ 乙接受了甲的帮助。——乙的接受行为似乎违背了德、言、行准则。实际并非如此,乙自此欠了人情,会待机偿还。"礼尚往来,往而不来,非礼也;来而不往,亦非礼也。"(《礼记·曲礼上》)

在具体的语言交际中,语言交际礼貌原则中的五个准则是相互渗透,相互制约的。

三、不同文化背景下的礼貌差异

英国著名语言学家利奇(Leech)根据英国文化的特点列举了六条礼貌准则,分别是:

1. 策略准则:尽量减少他人付出的代价,尽量增大对他人的益处。
2. 慷慨准则:尽量减少对自己的益处,尽量增大自己付出的代

价。

3. 赞扬准则：尽量缩小对他人的批评，尽量增强对他人的赞扬。

4. 谦虚准则：尽量缩小对自己的标榜，尽量夸大对自己的批评。

5. 赞同准则：尽量缩小与他人的不同意见，尽量夸大与他人的相同意见。

6. 同情准则：尽量缩小对他人的厌恶，尽量夸大对他人的同情。

1990年，顾曰国指出利奇的策略准则和慷慨准则的不当之处，修订为：

策略准则（对使役言语行为而言）：

1. 行为动机层：尽量减少他人付出的代价。
2. 会话表达层：尽量夸大得到的益处。

慷慨准则（对承诺言语行为而言）：

1. 行为动机层：尽量增大对他人的益处。
2. 会话表达层：尽量缩小自己的代价。

修订后的这两个准则相当于上面谈到的德、言、行准则。

利奇的赞扬准则和赞同准则与求同准则有相似之处。利奇的谦虚准则相当于"贬己尊人"准则的一部分。同情准则的前一部分——尽量缩小对他人的厌恶——在中国文化里也涉及礼貌现象。比如，如果服务员对某顾客厌恶并表现在脸上，人们就会认为她不讲礼貌。相反，如果服务员对某顾客厌恶却不表现在脸上，而是耐心服务，人们就认为她讲礼貌。

"贬己尊人"准则可以说是最富有中国文化特色的礼貌准则，英国文化里没有"贬己尊人"的礼貌习惯。过去中国人听到赞美时，往往是否定对方的赞美之词，贬低自己一番，以示自谦。欧洲人在这种情况下往往因自己的赞美之词被直接否定而感到中国人不懂礼貌。

汉语里表示礼貌的称呼语在英国文化里也可能是不礼貌的。如"小+姓"在汉语里是亲切的称呼语，但如果这样称呼一位英国人，却是不礼貌的。反过来，英国人喜欢用名字称呼对方，以示亲切，但这样称呼中国人,如称呼王小飞女士为"小飞"或者"飞",王女士会感到非常别扭。

所以,在异文化的背景下交往,应尽可能多地了解对方的文化背景,力求把对方的言谈举止置于他文化的背景下来理解。

第四节　尊重原则与真诚原则

一、尊重原则

语言交际中,尊重是非常重要的,尊重应该是礼仪之本,也是待人接物之道的根基所在。不管是坐、请坐、请上坐,还是茶、敬茶、敬香茶,关键是要通过这种形式,向对方传递出尊重的信息。

在语言交际中,应该是自尊为本,语言交际者首先要懂得自尊自爱。一个人不自尊,就不可能得到别人的尊重。语言交际者要尊重自己,就要站有站相,坐有坐相,举止大方。同时要懂得尊重其他交际参与者。有人说:"我不喜欢他(她),他(她)和我打招呼我不理他(她)。"这种做法其实是不懂得尊重他人,更重要的是也必然会失去他人的尊重,即失去自尊。

人际交往只谈尊重是不够的,还要表达出来。语言交际中强调"来有迎声,问有答声,去有送声"就是表达尊重的方式。比如,见了来访者,保安首先应该说"先生,你好",然后再问有什么事,不要见面就问"找谁"。打电话也是如此。接听电话,拿起话筒首先要问好,并言明自己身份或单位,如"你好,这里是中国传媒大学",或直接说"你好,中国传媒大学";拨打电话的人也要先回应对方的问候并通报自己的姓名、身份或单位,如"你好,我是×单位的×××",然后再说其他事情。这是基本礼貌,体现的是个人教养。

合作、礼貌、尊重和真诚是语言交际中应该积极倡导与努力追求的美德和修养。中国是礼仪之邦,古代讲求"仁义礼智信",现在提倡"明礼诚信"。"礼"是什么?"礼"应该以尊重为支撑,礼的背后应该是真诚、善意、宽容和理解。礼是"诚于中而行于外",真正的礼貌语言应该是从内心表示尊重的、有适当形式的语言。因此,有礼之人,不会让人感到可畏、可恶,而是让人觉得可亲、可爱,值得信赖。礼貌的真正内涵和本质体现应该是敬人和自尊。比如,顾客走进商店:

  导购:先生,您想看点什么?
  顾客:哦,随便看看。
  导购:好,您请。

导购小姐的用语不是"买点什么"、"要点什么",而是"看点什么",让人自由了许多。这是礼貌,更是尊重。顾客看着货架上的光盘,从上面看到下面,然后蹲下来看。这时导购小姐也十分自然地蹲下来,随时准备回答顾客的咨询。顾客还是没有买什么,回头抱歉地笑一笑:

  顾客:真是不好意思。
  导购:您太客气了,欢迎您下次再来。

导购小姐的问话(您想看点什么)和动作(也十分自然地蹲下来,随时准备回答顾客的咨询)让人觉得可亲、可敬。这种尊重使交流变得简单而容易,也让人感到愉悦和温暖。导购小姐有礼貌的服务态度和店里的备货情况,很可能成为顾客购物的选择条件。

二、真诚原则

语言交际强调方法。方法和技巧很重要,但不能太夸大方法和技巧的作用。方法有用,但作用有限,要想交际得好,要想达到长久的友好与合作,缺少不了尊重、礼貌和真诚。"中国移动通信"曾经有一句广告语——沟通从心开始,表现了对沟通本质的思考。始于心,达于心,心与心的沟通,是交际的出发点,也是交际的目的地;是交际的原生态,也是交际的最高境界。因此在追求艺术,强调技巧的同时,不能忘了真诚的重要。真正的合作需要真诚,心与心的交流需要真诚。

1858年,林肯在一次总统竞选辩论中说:"你能在所有的时候欺骗一些人,也能在一些时候欺骗所有的人,但是不能在所有的时候欺骗所有的人。"事实上,只有真诚,才能真正激荡人的心灵,才能使人的信任和威望得以在他人面前长久存在。

一位大学教师在谈到他的一次经历和体会时说:有一次,我去某市政府参加座谈会,因为堵车,迟到了十五分钟,以至于在市政府门口不知何去何从。这时,一位年近半百的大姐迎上前来:

请问,您是××老师吗?

是的。

我是市政府接待室的。请跟我来,会议室在这边儿。(她很自然地伸出右手,手心向上,手指向会议室的方向。)路上车子挤吧?辛苦了。

噢,不好意思,我迟到了。

请不必介意。您那么忙,能来参加座谈会,我们已经是很感激的了。

到了会议室门口,她关切地问:

里面冷气很猛,您要不要休息一下,收收汗再进去呢?

…………

他说,直到今天回味起这位大姐的话语,仍有甘甜、亲切的感觉。她彬彬有礼、幽雅体贴的语言,就像一扇明亮的窗子,透过它可以见到一颗诚挚美好的心灵!

这位教师所赞扬的那位市政府负责接待的大姐,词语平常,句子简短,礼貌体贴,辅之以大方的体态,一切似乎都那么恰到好处、自自然然。而最让人感到无比温馨和惬意的,还是在这些得体的言谈举止背后所蕴涵的尊重、真诚以及发自内心的关怀与爱护!

1. 语言交际中的得体包括哪些方面？
2. 举例说明如何判断交际的得体性？
3. 如何判断交际双方是否遵守合作原则？
4. 什么是礼貌？举例说明中国的礼貌原则有哪些下位准则？
5. 你认为怎样才能在语言交际中体现尊重原则？

第八章 语言交际能力及其培养

一个人的语言交际能力表现为他的表达能力、倾听能力,以及与其他语言交际者的互动与磨合能力。培养交际者的语言交际能力,就要从这些方面入手。

第一节 语言交际能力的基础

语言交际能力不仅是一个人语言运用能力的体现,还是一个人思想、学识、思维、心理等各方面能力与素质的综合展示。交际者要想有较强的语言交际能力,必须以相应的素质、能力、修养为基础。

一、文化素质与心理素质

文化素质是交际者语言交际能力的重要基础。文化素质取决于一个人文化知识储备量的大小。交际者的知识储备越多,他的文化素质就越高,他的语言交际话题、语言交际内容就越丰富,他对话题的理解、分析和阐述也就越全面、越深刻。在语言交际中,我们常常可以看到有些人因为文化知识的欠缺而插不上话或显得沉默寡言的情况。复旦大学教授俞吾金曾说:我觉得一个人具有口才,从外在形式上看有一口流利而又符合逻辑且生动形象的话,但从深层次看应该具有广博的知识和驾驭这些知识的能力。口才好比一片汪洋,表达是浪花,内涵是海水。所以,一个人语言交际能力应该以全面、完整的知识作为底蕴和源泉。

冯学锋在《言语策略》一书中曾经谈到这样一件事:经人介绍,

一位小姐结识了一位男友。几次接触后,她深深地被这位男士的学识所打动:他十分健谈,而且见多识广,天文地理、花鸟鱼虫、西方哲学、东方禅道……似乎无所不知,无所不晓。一天,这位小姐因要参加哲学考试特请他的"白马王子"来给她"开小灶"。不料,这位男士那天显得异常矜持,而且笨嘴笨舌。最让人疑惑的是,当小姐问他怎样解释"形而上学"时,他尴尬了半天说不出话来,最后居然憋出一句:"就、就是跟上形势学。"这位男士后来不得不向小姐"交代":每次为了跟她谈话,自己都要提前两天去阅览室看两天的报纸杂志,晚上回家就默记这些内容。每次约会,自己都害怕她提问,总是抢先找话题,不让她有过多的插话机会……听了他的话,小姐又好气又好笑。①

这件事说明了语言交际能力不是"包装"出来的,"包装"可以让自己光鲜一时,但终究"纸里包不住火"。古今中外凡是有杰出语言交际能力的人,没有一个不是有着丰富的人生阅历或博览群书的。

良好的心理素质也是语言交际能力的重要基础,尤其在突发的语言交际事件面前,更能体现出良好的心理素质对语言交际者的重要性。良好的心理素质能使语言交际者在紧急情况下沉着冷静、积极应对,从而圆满地完成语言交际。

二、观察能力与思维能力

人们可以通过语言交际来考察交际者对客观事物、社会现象等的观察、理解、思考和感受能力。交际者的观察能力和思维能力是其语言交际能力的重要基础。交际者的观察能力越强,越能抓住事物、现象的细节,越容易看到事物、现象的本质,也就越能提高语言交际的质量。

思维能力包括形象思维能力、抽象思维能力和灵感思维能力。从表达角度来看,形象思维能力越强,越能增强语言表达的形象性和生动性;抽象思维能力越强,越能增强语言表达的概括性和条理性;

---

① 冯学锋:《言语策略》,社会科学文献出版社1996年版,第5—6页。

灵感思维能力越强,越能增强语言表达的灵性,给他人带来意外的惊喜。从倾听与互动角度来看,观察能力、思维能力越强,越能迅速捕捉对方的语言和非语言符号,越能全面、准确解读对方的话语含义,越能迅速组织自己的所思、所感,生成适合对方特点的语言内容和语言形式。

例如,曾经有一位自命不凡的外交官看到林肯自己动手擦靴子,便带着嘲笑的口吻说:"总统先生,你经常给自己擦鞋吗?"林肯笑答道:"是啊,不知道你经常给谁擦鞋呢?"

再如,加里宁是俄国布尔什维克党的一位杰出的宣传鼓动家。一次他向某州农民代表讲解工农联盟的重要性。尽管他作了详尽和严谨的准备,听众仍不明白讲话的中心。于是有人递上一张纸条:"对苏维埃政权来说什么更珍贵?是工人还是农民?"加里宁一看,这的确是一个棘手的问题,稍不注意,就会犯很大的错误。于是,他机智地反问道:"那么,对一个人来说,什么更珍贵,是右腿还是左腿?"全场静默片刻,突然爆发出雷鸣般的掌声,农民代表们都满意地笑了。

林肯和加里宁都没有按常规模式回答对方的问题,而是运用类比推理,机智、巧妙地以问代答,收到非常好的交际效果,足见灵活、敏捷的思维对提高语言交际能力、增强语言交际效果的积极作用。

三、思想修养与表达修养

思想修养对一个语言交际者来说非常重要。思想始终是话语的灵魂,说话者的思想水平、理论水平始终制约着说话者对话题的理解、分析、判断和处理。一个人的思想修养越深厚,越能站得高、看得远,说起话来也越能透彻深刻、切中要害。

表达修养是交际者较强的语言交际能力最终得以展现的条件。不管是文化素质还是心理素质,也不管是观察能力还是思维能力,抑或是思想修养,都是一个交际者潜在的较强的语言交际能力的基础,要想使这种潜在的较强的语言交际能力转变为现实的较强的语言交际能力最终有赖于表达修养。

表达修养是语言交际者运用语言准确、全面地表达思想、抒发情感,并根据其他交际者的特点,以最适切的内容和方式与之互动的能力。好的表达修养,不仅能准确、全面地传达自己的心声,灵活、艺术地展开互动,达到预期的交际目的,还能让其他交际者感到愉快,彼此间留下美好的印象。

比如,雅克·玛丽曾回忆自己第一次给马蒂斯当绘画模特的情景:我眼睛瞟了一下画布,不禁大吃一惊,看见画布上的画根本不是我。我问马蒂斯:"您为什么不画那种与我的照片非常相像的肖像呢?"马蒂斯回答说:"因为画那种画没什么价值。我的画里只用三件东西:模特儿、我自己和模特儿使我产生的激情。"正是玛丽的良好表达修养(委婉、友好的问话),使得她与马蒂斯的对话愉快而圆满。否则,可能完全是另一种结果。比如,19世纪美国油画家、版画家惠司勒未成名前以替人画肖像为生。一次,他替人画完一幅肖像画后,那人把自己的像看了好久,然后问惠司勒:"你说你能把这幅画称为艺术吗?"惠司勒冷笑一声说:"你说你能把自己称为一个人吗?"

第二节 语言交际能力的表现

语言交际能力通常表现为会听、会说和互动能力强。会听通常体现为耳到、眼到、脑到、心到;会说一般表现为说得准确、说得全面、说得艺术;互动能力强,则往往反映在互动中磨合能力和应变能力上。

一、会 听

在语言交际中,同样是听,有的人会听,有的人不会听。会听既表现为有鉴别、有选择地听,又表现为不单纯是耳朵听,还要用眼睛看,用脑子分析,将心比心地去感受和体会。会听的交际者能在纷繁的信息中迅速捕捉到关键信息,能看出对方的话语是否出自真心,体会对方话语背后所暗示的关系,感受对方话语背后所负载的情感等等。

　　会听的交际者知道如何去有鉴别、有选择地倾听,因此,他们能够以简驭繁,迅速把握说话者的话语要点及背后动机。

　　中央电视台《焦点访谈》的主持人水均益采访美国总统克林顿就是一个典型的例子。采访名人通常要碰到很多障碍,尽管水均益很早就提出采访要求,美方也一直表示考虑此事,但久久没有明确表态。一天,美国使馆的一位新闻官员保罗打来电话,他刚一开口就声明:"我没有任何消息给你,也没有得到白宫的答复,不过我要问你一些技术性的问题。"然后,他问了节目播出的具体时间、节目长度、收视率等许多问题,最后保罗说:"水先生,我个人非常希望你们能得到这次访问的机会,我祝你好运!"最后这句话完全是外交辞令,没有任何明确的信息。但水均益从保罗所问到的众多技术性问题以及他的外交辞令背后捕捉到了克林顿可能要接受采访的信号(因为如果美方无意接受采访,就没有必要了解那些技术问题),因此,水均益立即做好采访前的一切准备。果然当天晚上美方通知:克林顿总统正式接受采访。由于水均益事先作了准备,采访非常成功。

　　在语言交际过程中,有些人说话比较直接,其说话的主旨和意图比较容易领会。有些人说话含蓄,或者正话反说,或者拐弯抹角,或者言此意彼,其说话的主旨和意图不容易把握,此时,会听的交际者能做到一边听,一边观察,并站在对方的立场来思考和分析话语意义,从而作出正确的解读。某城市一个生意兴隆的房产经纪人把他的成功归结于如下因素:不只满足于听顾主所讲的表面情况,还要注意观察他们讲话时的表情,将心比心,领会顾主的真正心事。他说,有一次,当他告诉一位顾主某幢房子的售价时,那人淡然一笑,说:"对我们家来说,价钱高低无所谓。"房产经纪人注意到他说这话时流露出的不自然表情,便领会了顾主的真正心思(他分明是想买,但钱又不够)。于是便灵机一动,说:"在拿定主意前,你大概想多看几处房子吧?"最终,双方都达到了各自的目的。顾主买到了他有能力支付款项的房屋,满意而归,房产经纪人则又做成了一笔交易。

二、会　说

会说不等于能说。一个说话没有实质内容又常常喋喋不休的人很招人讨厌。会说的人不一定很能说,但只要开口说话质量都比较高。

会说的人话语可能不多,句子也可能很简短,但表义完整、明晰,他们很少传达模糊信息。有些人可能会认为这一点很容易做到,实则不然。如下面一对即将结婚的恋人之间的对话:

男:我们今晚非得参加这个聚会吗?
女:怎么了?
男:没怎么,就是没什么意思。
女:你不感兴趣?或者……
男:噢——没有,咳,就是有点老套,吃吃饭,唱唱歌,你嫂子挺有意思的。(总是自己拿着麦克风)
女:你不喜欢这样,不喜欢我嫂子?
男:不是,不是,算了,要去,咱们现在就快走吧。

这位男士又将度过一个他不感兴趣的夜晚。大家还会像以前那样乱哄哄地吃吃喝喝,女朋友的嫂子还会像原来一样总是自己拿着麦克风唱个不停。如果男士能清楚、准确地表达出自己的意思和感受,就可能说服自己的女朋友不去参加这场聚会,或者促使女朋友去改进这个聚会的方式。但实际上,这位男士没能明确地表达他的感受和需要,以致他的女朋友一直不知道是什么在困扰着他。

会说的人不仅能清楚、完整地表达自己的观点、意见或建议,还能把话说得非常"艺术"。"艺术"包括生动、巧妙、幽默等等。比如,从前有一个国王,梦见自己的牙全掉光了,于是找人圆梦。第一个圆梦者说:"这是一个坏兆头,您的家人将一个个先于您死去。"结果国王大怒,把他投进了监狱。国王又找来第二个圆梦者,这个圆梦者说:"这可是个好兆头,您将比您家里所有的人活得都长。"结果国王给了他一大笔钱。同一个意思,两个天壤之别的结果,足见会说与不会说的差异。

三、互动能力强

语言交际的过程是交际双方互动的过程,这一过程包括听和说,因此,一个语言交际者如果既会听又会说,那么,他的语言互动能力应该不会太弱。除了会听和会说,互动能力还体现在与他人交际过程中的磨合能力,以及在突发情境下应答对方话语的应急能力和应变能力。

当交际双方共同占有的交际资源较少,或交际双方的交际能力差距较大时,交际一方(或双方)积极运用双方共享的交际资源来进行交际,以确保交际顺利进行,这是交际者的语言交际磨合能力的主要体现。比如,第七章谈到一个上幼儿园的小朋友见妈妈挽留客人吃饭,便拖着客人的衣角不让走。客人问小朋友:"你有什么招待阿姨的啊?"小朋友瞪着眼睛,不明白什么叫"招待"。这时客人忙改口说:"那你有什么好吃的给阿姨吃吗?"小朋友这回明白了,兴高采烈地回答说:"有好多啊,巧克力,旺旺雪饼、冰淇淋。"客人与小朋友的对话过程就是一个语言交际磨合的过程。最初,客人用自己常用的词语——招待,但是发现小朋友并不理解,于是她迅速转换表达方式,运用双方共享的语言资源——有什么好吃的给阿姨吃,这次孩子听懂了,并且兴高采烈地回答了这个问题。最终她们的互动是很成功的。

互动能力还体现在突发情境下,语言交际者答复对方话语的应变和应急能力。比如,有一次,周恩来总理接受一位美国记者的采访。那位记者见周总理桌上放着一支美国的派克钢笔,便有些不敬地说:"请问,总理阁下,你们堂堂中国人,为什么还要使用我们美国生产的钢笔呢?"周总理听后笑了笑,朗声答道:"提起这支笔啊,这是一位朝鲜战友在抗美战争中的战利品,作为礼物送给我的,朋友一再坚持要我留下来作个纪念,我也觉得有意义,就收下了这支贵国生产的钢笔。"这位记者听后,窘得面红耳赤,一句话也说不出来。

第三节　培养倾听能力

培养语言交际能力,首先要培养交际者的倾听能力。有资料表明:在日常语言活动中,听占45%,说占30%,读占16%,写占9%,足见听在语言交际中的重要地位。

一、倾听的好处

(一) 倾听是获取知识的主要途径

学生在学校学习各科知识,除了阅读以外,主要是通过听讲和听记来获得。日本的语文教育界把学生的倾听能力称为"基础学力"。教学调查表明:凡是成绩优异的学生,大都有很强的听记能力,他们能在听课时准确而快速地捕捉知识要点,他们通常是边听、边思考、边摘记要点,从老师讲授的众多材料中进行比较、选择,并重新组合为系统的知识。而那些成绩比较差的学生,大都是听的时候注意力不集中,抓不住重点,理解迟钝,没有边听、边记要点的习惯。所以,训练听话能力是培养一个人学习能力的重要手段。

(二) 倾听是搞好语言交际的重要手段

在语言交际中,大多数人都认为成功的社交主要取决于交际者的口才,其实并非完全如此。有位外交官的妻子谈起她的一段经历时说:丈夫刚刚开始外交官生涯时,我这个来自布拉斯加州一座小城的女孩,面对满屋口才奇佳、曾经在世界各地住过的人,感到格外局促不安,发觉自己的处境非常尴尬——拼命想找什么来说,而不是只听别人侃侃而谈。后来,在一天晚上,她向一位平常不大讲话但深受欢迎的老外交家吐露了自己的苦恼。老外交家告诉她说:"很久以前,我就发现每个说话的人都需要听者,请相信我的话,在社交聚会上,一个忠实的听者是深受欢迎而且难能可贵的——就像撒哈拉沙漠中的甘泉一般。"由此可见,倾听在语言交际中起着非常重要的作用。

在语言交际中,倾听能帮助理解。交际者通过倾听可以准确地领会对方的说话意图,抓住对方的说话要点,提高语言交际质量。交际者如果不会倾听或者不去倾听,就容易产生交际误解。比如,曾经有一位青年女教师在非正式场合向领导说自己教学任务重,没有时间进修业务。这位领导心不在焉地听着,误以为她是在诉苦,于是说了一大通吃苦耐劳、无私奉献的官场套话,结果气得这位青年教师愤然离去。其实这位女教师的真正意图是希望领导多给自己一点时间,以便学习进修。如果那位领导能认真倾听,领会她的真正用意,语言交际就不会以失败告终。在这个层面上说,听好,是说好的前提,只有听得好,才能说得好。

在语言交际中,倾听是尊重对方的表现。有一次,一个叫拉拉的小朋友到叔叔家玩。叔叔打电话时,他拉着叔叔的裤脚说:"叔叔,我想到外面去玩。"叔叔说:"现在不可以,我还在打电话。"拉拉坚持说:"可是,叔叔,我想出去玩。"叔叔回答说:"现在不可以。"拉拉又说:"但我想出去玩。"这样来来回回好几遍,后来叔叔用另一种口吻说:"拉拉,你真的想出去,是不是?"拉拉回答说:"是啊!"之后就再没说什么,跑到一边自己去玩了。此时叔叔才发现,其实拉拉只是希望自己能认真听听他的请求。事实上,不仅是孩子,每个人都希望对方能认真倾听自己的心声,希望对方能真正尊重自己。

语言交际中的说与听对立统一。说、听结合,不仅可以满足双方的交际需要,还能满足双方的心理需要。任何人都希望获得尊重,都渴望有人听自己说话。一位在挽救家庭关系方面成效卓著的调解人说:"事实上,为了使一些家庭破镜重圆,我并没有做太多的事情。我只不过给每一方都提供了一个说话的机会——此时另一方只能洗耳恭听,不得随意插话或打断。时常有这种情况:这是许多年来两个人彼此第一次耐心倾听对方说话。"

倾听是语言交际得以良好进行的重要条件,从更高层次上说,倾听是关心他人的一种表现,它对于个人、对于家庭、对于单位乃至对于整个社会的健康发展,都是不可缺少的。

二、倾听能力的培养

做到会听并不容易,交际者应该积极培养自己的倾听能力。

(一) 学会有效倾听

主动型倾听、坦荡型倾听和警觉型倾听是有效倾听的三种方式。

1. 主动型倾听。倾听是一个积极主动的过程,为了充分理解对方的意思,倾听者通常需要提问。在提问或其他形式的反馈过程中,倾听者才能更充分地理解对方话语。

反馈有两条重要原则,即及时和诚实。及时是指反馈要在倾听者理解了谈话内容之后尽快作出,延缓作出反馈,反馈的价值会大大降低。诚实是指听话人要作出真实的反馈,而不是出自某种虚伪作出说话人所希望的反馈。但是需要注意的是,听话人不要为了作出反馈而打断说话人的话语。

2. 坦荡型倾听。在大多时候,如果听话人不同意说话人的意见,他很难会认真倾听。此时,听话人会倾向于找说话人的毛病,对那些看似有道理的东西一概充耳不闻,却对那些看似有错或愚蠢的东西抓住不放。

几乎每个人在坦荡型倾听方面都有问题。他们不想听到有损自己形象的内容,不愿面对自己的某些事实,更不愿相信一个他们讨厌的人会说出什么有价值的话,因此他们会本能地争辩。很多人都害怕自己被证明是错误的,因为他们的观点和自尊密切相关,如果证明自己错了,就等于说自己愚蠢、不好或毫无价值。

做不到坦荡型倾听是非常有害的。第一,如果自己的看法是错的,那么他自己将是最后一个知道的人。第二,只听取那些与自己相同的观点,他不会有太多的收获。第三,他会与原本值得学习的人失之交臂。第四,他会让人讨厌,因为他只会争辩不会倾听。第五,他会错过非常重要的信息。

坦荡型倾听最重要的原则是,在下结论之前要听完对方全部的陈述,因为在掌握全部信息之前,任何评价和争论都毫无意义。

3. 警觉型倾听。做到警觉型倾听,首先要判断所闻与所见的一致性。比如,说话人的声调、语气、面部表情和体态姿势等,是否与他的话语内容相符。如果一个人跟我们说他父亲刚刚去世,但他微笑着、身子悠闲地向后靠着,两手交叉托着后脑勺,那么我们就要注意了,因为看到的和听到的互相矛盾。其次要用心分析说话人要传达的意思,采用换位思考的方法去揣摩和领会交际者话语背后的主旨或动机。

(二) 做到倾听时勿持成见

要做到会听,交际者还应该避免在听的时候持有成见。交际者一旦对说话人持有成见,他一般就不会认真地去听;交际者一旦对所谈之事持有成见,他一般也不会冷静地去听。成见会影响倾听的效果,最终影响交际者的正确判断。

不持成见地去听,既能表现出交际者在语言交际中的理性,又能反映出交际者在人际关系上的成熟和良好的自我修养。一般来说,人们总是习惯订立是非标准,作出结论。但是,用结论来代替倾听,势必会割断交流的线索,妨碍进一步的沟通。加利福尼亚大学的精神病专家巴巴拉·雪帕莉博士说:最为重要的是,应向您所关心的人表明,尽管您对其行为存有看法,但您对他们本身怀有好感。听,正好可以起到这样的作用。比如,当一个孩子半夜三更才回家,让忧心如焚的父母记住听的重要性,实在很不容易。父母十之八九会火冒三丈地吼道:"我不想听发生了什么事!"这样的吼叫不仅破坏了交流气氛,更为严重的是挫伤了孩子的自尊心。不管父母当时怎样生气,他们都应该首先让孩子知道:他的做法让父母如坐针毡,担忧不已。然后父母应当允许孩子讲清事情的原委。雪帕莉博士警告说,那些在父母从不听子女申述情由的家庭里长大的青少年,要重新建立起自尊感,常常得花很多年时间。

第四节 培养表达与互动能力

培养语言交际能力,除了要培养语言交际中的倾听能力外,还要培养交际者在语言交际中的表达与互动能力。

一、表达与互动

人与人在互动过程中常常因为不完整表达和混杂表达造成交际误解,而这些不完整表达和混杂表达又往往是因为人们对表达知识缺乏了解造成的。

(一) 不完整表达

交际者要想在交际中避免不完整表达,首先需要了解怎样表达才是完整表达。一般来说,完整表达包括四种类型:表达观察(所见)、表达推理(所思)、表达感受(所感)、表达需要(所需)。

1. 表达观察。表达观察是指表达者说出自己感观到的东西,其中没有思索、推论或推断。一切都是纯粹的事实。例如:

① 我读了《人际关系与交际》这本书,作者是曾仕强、刘君政。
② 我所在的学校是中国传媒大学,坐落于北京市定福庄东街。

以上陈述都紧紧围绕表达者所听、所见或者个人经历展开。本章第二节的例子(一对即将结婚的恋人之间的对话)中,如果男朋友说出他对家庭聚会的观察,他就可能会指出聚会很乱,嫂子总是自己拿着话筒唱个没完。

2. 表达推理。表达推理是指表达者说出自己从所见、所闻中得出的推论、结论。推理是表达者对观察结果的总结,也包括他判定事物好坏、是非等的价值判断。信念、见解和看法都是推论的变体。例如:

① 他肯定怕老婆,他在他老婆身边总是很紧张。(看法)
② 你不该在她生病的时候还指责她。(判断)

本章第二节的例子中,如果男朋友能够表达出他对家庭聚会的想法,他可能会说:总是简单地吃吃饭、唱唱歌,没多少意思,嫂子的

"麦霸"行为也不太好。

3. 表达感受。表达感受是指表达者说出自己的情感体验。几种表达中,人们表达最少的恐怕就是感受。然而,在很大程度上,表达者成为独一无二、与众不同的个体,恰恰是因为他们都有自己不同的感受。与其他交际者分享自己的情感体验是建立亲密关系的基础。当表达者让别人了解什么会令自己生气、害怕和高兴时,会出现两个结果:(1)对方会更加同情、理解自己;(2)对方能更好地调整行为来满足自己的需要。下面是两个表达情感的例子:

① 这件事让我很苦恼。
② 我独自坐在屋里,感到浑身战栗,忧伤不已。

表达感受的陈述不是表达观察、价值判断或看法。比如,"有时候,我认为你很严格",就和感受无关,这句话只是在表达一种比较委婉的判断。

本章第二节的例子中,如果男朋友能表达出他的感受,他可能会说:他对这样的聚会感到厌烦和乏味,对嫂子的行为也感到不满。

4. 表达需要。表达需要是指表达者如实地说出自己的需求。除了表达者自己,没有人会更清楚他想要什么,然而对于表达自我需求,表达者却可能怀有强烈的抗拒心理。他们往往希望朋友和家人非常敏感,富有洞察力,知道他们需要什么。他们通常假定"如果你爱我,就应该知道我需要什么",因为他们觉得主动要求是不好的,所以在表达需求时,他们总是先感到不满或失落,然后才说出自己的想法和需求。

如果双方都能清楚而积极地表达自己的需求,关系就会改观、融洽和亲密。下面是两则典型的表达需求的陈述:

① 你能在七点以前回家吗?我想去看电影。
② 我太累了,你洗餐具好吗?

需求无所谓好坏、对错,也不涉及褒贬,表达需求不过是一个简单的陈述,表明什么对表达者自己有帮助或使他快乐而已。

本章第二节的例子中,男士应该告诉他的女朋友,他真正的需要是休息,或者想与她单独在一起。

完整表达使亲密关系的发展成为可能。交际者不与他人分享自己的所有体验,他的密友、同事和家人就不会了解真实的他到底是什么样的人。

不完整表达与完整表达相对。一般来说,如果表达者在表达中遗漏某些重要信息,他表达的就是不完整信息,也称不完整表达。当然不是所有的情况都需要完整表达。比如,跟一个修理工的交际就无需探讨自己的感情需求。即使是与亲密的人,大多数情况下的交际也只是就某方面进行交谈。但是表达者一定要提醒自己,不能忽略了重要信息,因为遗漏或忽略了某些重要信息的不完整表达,可能会造成交际的混乱或误解,从而破坏双方的良好关系。

通过询问下列问题,表达者可以测定自己传递的是完整信息还是不完整信息:

(1)我表达出了所知道的真实情况吗?它是建立在我所见、所闻的基础上吗?

(2)我表达并清楚地指明了我的推论和结论了吗?

(3)我不加判断并清晰地表达了我的感受了吗?

(4)我不加判断并清晰地说出了我的需求了吗?

(二) 混杂表达

当表达者表达的信息是混杂的或容易混淆的,就可能导致交际误解。比如,如果一个母亲对女儿说"你又穿那件旧衣服了",她可能就会混淆她的感受、想法和观察。母亲的这句话真正想要表达的可能是截然不同的三件事:

(1)那件衣服有些磨损了,而且有洗不掉的墨点。(观察)

(2)我认为星期天穿着它去奶奶家不大合适。(推理)

(3)如果让你穿成那样,我担心你奶奶会认为我是一个不称职的母亲。(感受)

混杂的信息轻则令人糊涂,重则在双方关系上会起疏离作用。如"我看到你太太给了你两杯橘子汁作为午餐"这句话就很模糊,因为这个观察中夹杂着某种需求。需求只暗示了一下,听的人必须判断他所听到的是否真的是一种隐蔽的诉求。再如,"在你喂狗的期间,我的饭菜都凉了",这句话就容易对双方关系起疏离作用,因为表面看上去这是一种简单的观察,其实却暗含着表达者的恼怒和评价:我在你心里还不如一条狗呢!

混杂信息不同于不完整信息,因为它不是一个遗漏的问题。混杂表达其实没有遗漏任何愤怒、结论或需求,但它们却是以伪装或隐蔽的形式表现出来的。例如:

① 父母用尖酸的口气说:"你每年探亲都带一个不同的男人回来。我不明白你怎么能像走马灯似的换男朋友。"

这是混杂着价值判断(推理)的观察。完整的表达可能是:你每年回家带的人都不一样(观察)。这样长期下去不太好(推理)。我刚开始喜欢上你的男朋友,就再也见不到他了,这让我既担心又失望(感受)。我希望你能认认真真找一个终身伴侣(需求)。

② 聚会上,有人气呼呼地说:"我要回家去……头疼病又犯了。"

这是一个感受与需求相混杂的句子。其实,这个人真正想说的可能是:我一直孤零零地站在这里(观察)。看来你根本不关心,或者不想让我参与谈话(推理)。我觉得委屈和生气(感受),希望你别把我撂在一边,我不想尴尬地站在这里(需求)。

③ 你一声不吭地吃早饭,然后戴上帽子出门。回家后,你冲饮料、看报纸,你在饭桌上谈论高尔夫球,谈论女秘书的大腿,最后你在电视机前呼呼大睡。这就是你一天的生活。

这段话里观察与感受混杂在一起。表面上是对事件的平铺直叙,实际上,说话人想表达的是:我感到寂寞和生气,请关心关心我!

最容易造成混杂表达的是:内容平铺直叙,却用一种泄露感情的语气来表达。例如:

> 我不想再面试任何人,我们已经招够了。

这句话可以用一种就事论事的语气来说,也可以用很厌烦的语气来说。前一种语气是对需求的清晰陈述,后一种语气里,需要则与无名的烦躁、恼怒混杂在一起。交际者避免传递混杂信息的秘诀在于,分开表达想传递的每一部分内容。

在语言交际中,交际者最容易把感受以批评的方式表达出来。比如,小丽形容她的朋友小红:

> 小红不够朋友,她离婚时我给她意见上的支持,她寂寞时,我给她情感上的安慰,可是她连一句谢谢都没说过。

小丽表示,她已经向小红表达过自己的想法,可是小红没有任何改进。小丽是怎么向小红表达的呢?小丽说:

> 我很诚实地告诉小红我的感受。我告诉小红,有时候她就是太在意自己,不体贴别人。结果小红反而批评我,说我太敏感。这就是跟小红这种人谈自己感受的结果,真是太不值得了。

应该说,小丽确实在尝试表达,可是小丽说小红太在意自己,不体贴别人。这两点都是对小红的批评,都不是小丽内心感受的真实陈述。实际上小丽的真正感受是:自己受到了伤害,自己这么努力地在经营友谊,但对于小红来说,这似乎并不怎么重要。

批评他人与陈述自己的感受有时是很难分辨的。当表达者说出批评时,他觉得那就是他的感受。批评是由愤怒、挫折及伤害激发出来的,接受这些批评的人会很清楚地感受到表达者心里有一些不满。但不幸的是,被批评的人不一定确切知道表达者的真实感受。更糟糕的是,人类的天性会促使被批评的人只关注这些批评与归咎,并以反抗的方式来自我防卫,而不去理会表达者的真正感受是什么。

一般情况下,当表达者说出自己的感受时,对方不但不会与之争辩,不会有自我防卫的反应,而且通常还会与表达者分享自己的感受,从而达到和谐的交际效果。

想要成功地表达感受,必须谨慎小心地将批评、归咎和责怪收藏起来,仅仅说出感受的部分。如"你真不值得信赖",这样的陈述是对他人的评价和批评,并不是表达者的感受。相反,"你没把信寄出去,我很沮丧",这样的陈述是说出感受而不是责备。再如,"你说你8点打电话来,却没打来,害我白白等了半个小时,我感觉受到了伤害,你怎么能这么不讲信用?"这样的表达说出了感受"我感觉受到了伤害",也包含了原因的归咎,即谁该受责。多数情况下,对方只会注意到谁该受责这个信息,因此,最好的办法是表达者先说出感受"浪费了我的时间,我感觉受到了伤害",然后提出要求"希望以后不要这样了"。如果一定要归咎对方,表达者也应在稍后的时间里再去说。但实际上,这样的归咎除了让对方不舒服之外,没有什么意义,因为表达者的感受已经让对方体会到自己的过错,此时再责怪对方,反倒让他减少了对表达者的愧疚之意,也显得表达者不够有气度。

二、表达与互动能力的培养

表达与互动能力的培养需要从多方面入手,这里主要从表达前的准备、有效表达的准则以及运用相关技巧提高互动能力等几个方面来讨论。

(一) 表达前的准备

1. 知己。表达者要确定自己所表达的是完整信息,而不是不完整的或混杂的信息,唯一途径就是审视自己的内心世界。自己所察、所思、所感和所需到底是什么?这次交际的目的是什么?说出来的目的是自己的真实目的吗?自己害怕说什么?自己需要传递的是什么?

表达者也可以事先排练一下。比如,在脑子里复述一遍自己要说的内容,确定每一部分信息都清清楚楚。表达者一定要把自己观察和了解到的东西与自己推测和料想的东西区分开来,正视自己的感觉,然后想办法把它表达出来,渐渐地,表达者就会从容不迫地表达自己的需求了。

2. 知彼。表达者在表达任何重要的信息之前都应该对听众作一定的分析。比如,如果一个人刚刚失业,他就可能不愿意听别人抱怨工资低。对方的状态如何?他正忙着、痛苦着、在生气,还是在认真地准备倾听?这些情况表达者应该事先了解清楚。知彼还意味着表达者在说话的时候,要时刻注意对方的反应,如对方的面部表情和肢体语言,对方是在问问题、作出反应,还是呆呆地在椅子上坐着等等。

3. 留意场合。通常,只有当两人独处,不受干扰时才能传递重要信息。在可能被人听到的环境下,人们是不可能传递重要信息或完整信息的。下面是几条寻找合适谈话环境的通则:

(1) 找一个比较隐蔽的地方。

(2) 找一个交际不会被打断的地方。

(3) 找一个心旷神怡的地方。

(4) 找一个安静、没有干扰的地方。

(二) 有效表达的准则

做好了表达前的准备还不够,要想让自己的表达全面、准确、有效,还要注意掌握有效表达的相关准则。

1. 表达应当直接。有效表达的首要条件,是知道什么时候该直接说什么。这意味着表达者不能想当然地认为其他人了解他的所思或所求。

"不直截了当"常常会导致交际效果与交际预期的巨大差距。比如,一个十五岁的孩子在得知离异的母亲与另一个男子恋爱以后,母亲的男朋友一到,她就推托自己头疼,躲进自己房间。这位母亲还以为她女儿只是因为不好意思,过了不多久就会习惯的。其实,这对母女特别需要直接沟通,但她们都不清楚这一点,她们都想当然地以为对方会了解自己的心思。直接表达要求交际者抛弃任何想当然,应该假定对方在猜测心思方面并不在行,假定对方对自己的内心活动一点也不了解。

有的人知道什么时候需要交际,但害怕自己去亲自实践。因此,他们试图去暗示,或告诉第三方,希望最终能传到对方那里。但实际上,这种拐弯抹角的做法是很有风险的。首先,暗示常常会被误解或忽视。比如,有一名妇女总是在电视播广告时把声音调低,她希望丈夫能接受这个暗示,趁着这个空当儿跟她说一会儿话,但丈夫却开始看报纸,最后她终于大发雷霆。其次,通过第三方传话很容易被歪曲。即使能被准确无误地传递,也没有人愿意间接聆听表达者的愤怒、失望,哪怕是他的爱意。

2. 表达应当及时。如果表达者痛苦、生气或需要改变什么,那么,延误交际会恶化他的感受。他的愤怒可能会郁积在心里,需求受挫可能会变成他心里长久的隐痛。他没有及时表达的情怀,一定会在日后以微妙的或暗中较劲儿的方式表达出来。

有时候,没能表达出来的感情像一个胀满气体的气球,稍稍一刺就会爆炸,继而倾泻出长期积累的愤怒和不快。但这样大发脾气会严重影响人际关系,使表达者与其他交际者变得紧张或疏远。

迅速、及时地表达主要有两个优点:(1)增加对方对表达者需求的了解,并相应调整其行为。(2)增强与对方的亲密感,因为彼此在交际中做到了开诚布公、以诚相待。

3. 表达应当清楚。有效表达还要求表达者清楚表达自己的思想、情感、需要和观察,不遗漏信息,也不要让自己的话模棱两可或含糊不清。

下面是清楚表达的一些技巧:

(1)需要陈述时不要提问。如丈夫问妻子:

你为什么非得回学校去呢?家里一大堆事等着你做呢。

实际上丈夫想表达的是:我怕你回到学校,我看见你的时间就少了,我会感到寂寞的。再如,父亲问儿子:

那个油漆活儿花了多少钱?

其实,他真正想说的是:你总是入不敷出,然后就向母亲借钱,却一点儿也没有还的意思。你不能总这么花钱了。

不管是丈夫还是父亲,不表达清楚,妻子和儿子怎么会一定能理解他们话语背后的真意呢。

(2)保持信息的一致性。这要求表达者说话的内容、语气和肢体语言要相互契合。比如,一个人向张三获得奖学金一事表示祝贺,如果这个人的声音和面部表情都表现出高兴,那么他的信息就是一致的;如果这个人皱着眉头对张三说,其中的不一致就很明显了,这意味着此人其实不想向张三道贺。

信息不一致会造成交际混乱,信息一致则能提升交际的清晰度和理解力。比如,一个女模特关切地让她的室友谈谈她男朋友遭遇的不幸。可是室友还没说几句,女模特的眼睛就开始瞄镜子,身体也移到了椅子边上。她嘴上说"我很关心",可她的眉眼举止却在表示"没劲儿,快点讲完吧"。在信息不一致的情况下,一个人的面部表情和行为举止往往更真实地反映他的内心活动。

(3)避免双重信息。当表达者同时表达了两个互相矛盾的意思时,就会产生双重信息。如丈夫对妻子说:

> 我想带你去,确实想。没有你我会孤独。但我想这次会议没有多大意思。事实上你可能闷得要死。

这是一个具有双重信息的表达。因为从表面看,丈夫希望有妻子做伴,但字里行间的意思,显然是要打消妻子去的念头。

(4)清楚表达需求和感受。很多人认为,暗示自己的感受和需求可能比清楚地表达出来更安全。但在现实的语言交际中,通过暗示的方式来表达,效果往往很不好。如母亲对女儿说:

> 我希望你这个星期能去看看祖母。

女儿以为母亲只是随意一说,其实母亲的话语背后潜藏着她对孤独的祖母的深深内疚和惦念,但她不清楚地表达出这种感受,女儿怎能知道呢?再如,妻子对丈夫说:

> 你打电话的时候,我一直等着,现在饭都凉了。

实际的潜台词可能是:你在我们吃晚饭时去接电话,嘻嘻哈哈说个没完,完全不在乎我在等你。我很想知道你到底有多关心我。我觉得自己受到了伤害,我很委屈,很生气。

（5）区分所见和所思。表达者必须学会把自己的所见、所闻同自己的判断和看法区别开来。如"我又看到你和乔去钓鱼了"，这句话可能是一种直接的观察，但如果放在你与乔长时间不和的语境下来看，就不再是简单的表达观察（所见），而是蕴含着表达者的讽刺（判断、看法）了。

（6）一次只关注一个问题。一次只关注一个问题，对清楚表达非常重要，否则就会造成信息的混乱。比如，当表达者指责女儿不该这么早就交男朋友时，不能中途又去抱怨女儿的英语成绩不好。否则女儿将不知道母亲究竟想说什么。表达者要盯住眼前的话题，直到对方获得清楚、完整的信息，再去提另一个问题。这不仅使表达清楚明白，对问题的有效解决也有帮助。

（7）信息应当真实。要做到真实，表达者应说出事情的真相，说清楚自己的真实需求和感受。比如，如果你真的很生气，并想得到更多的关注，就不要说自己累了，想回家；当配偶说你这段时间总爱发火，就不要说自己近期得了抑郁症；当你在课堂上抓耳挠腮，回答不出问题时，就不要说自己寻亲访友，无暇复习功课。说谎不但不利于实际问题的解决，还会切断交际双方良好的交际关系。

（三）运用相关技巧提高互动能力

一个人的互动能力体现在他的倾听能力和表达能力上，也体现在他对突发语言状况的应变与处理上。作好表达前的准备，了解有效表达的准则，能提高一个人的表达能力，能促进一个人的互动能力，与此同时，掌握相关技巧也能提高一个人的互动能力。语言交际中常会遇到一些难以回答的提问、出乎意料的情境变化、咄咄逼人的责难等，如果此时没有较强的应变能力，就可能无言以对，尴尬万分；反之，则能左右逢源，应对自如，表现出较强的互动能力。像2000年记者节"点击中国记者"活动中，东方时空节目主持人白岩松的答记者问，就展示了他的口才魅力和应变能力。在这次活动中，一位女记者向他提出了两个比较难答的问题：

> 如果把节目（指白岩松新主持的节目《子夜》）的完美比作地平线的话，您认为距离这地平线有多远？另外，您的新节目起点

有多高?

白岩松几乎不假思索就回答了她:

> 距离完美的地平线就一天的路程——明天,就在明天。至于我的新节目的起点嘛,是一米七九——也就是我的身高。

两句巧妙的回答赢得了包括那位女记者在内的全场观众的热烈掌声。

要想使自己的语言交际灵活、艺术,需要掌握一定的交际技巧,提高应变能力。比如,因势利导,打破难堪;别出心裁,巧释别解;将计就计,顺水推舟;言此意彼,刚柔相济;以谬制谬,游刃有余;等等。这些都是比较实用的技巧。下面是一个"以谬制谬"的精彩案例:

1935年,在巴黎大学的博士论文答辩会上,法国主考人向年轻的陆侃如提出一个奇怪的问题:"《孔雀东南飞》里,为什么不说孔雀西北飞?"在一个非常严肃的论文答辩会上提出这样一个问题,的确令人不好回答。如果正面回答,由于摸不清发问人的底细,恐怕会上圈套。陆先生灵机一动,应声答道:"西北有高楼。"问题问得怪,陆佩如答得也怪,但有根有据:"西北有高楼,上与浮云齐。"(《古诗十九首》)既然西北方向有高耸入云的高楼,孔雀飞不过,只好东南飞了。

陆先生信手拈来,以怪答对怪问,这种应变和表达艺术令主考人赞叹不已。

1. 交际者的语言交际能力通常以什么为基础?
2. 交际者的语言交际能力通常体现在哪几个方面?
3. 什么是完整表达?完整表达包括哪些内容?
4. 什么是混杂表达?举例说明。

5. 如何培养倾听能力？
6. 培养表达与互动能力通常需要从哪些方面入手？

第九章　日常交际礼仪

交际礼仪不仅能促进语言交际走向成功,还能反映出交际者的教养和修养。因此,交际者学习语言交际,应当对相关的交际礼仪有所了解。

第一节　介绍礼、握手礼与递换名片

介绍、握手和递换名片是人际交往中初次见面的三部曲。得体地完成这三部曲,会为愉快的语言交际奠定良好的基础。

一、介 绍 礼

(一) 自我介绍

自我介绍既是一种社交礼节,也是一种社交能力,交际者应该很好地把握。

在自我介绍方面,中国与西方国家存在一定差异。西方人第一次见面,习惯于主动作自我介绍,而不问对方的姓名。中国人一般是在已知对方是谁,只需介绍自己时才主动进行自我介绍,这种情况主要发生在下级面见上级时,或者某人到另一单位办事的时候。通常情况下,与他人第一次见面,中国人习惯于主动询问对方姓名(尤其是长辈对晚辈、上级对下级、年长者对年少者),如果对方不问自己,自己则很少主动介绍。

需要作自我介绍时,交际者要注意介绍的时机和方式。比如,在社交聚会上,主人不可能把每个人的情况都介绍得很详细,这时交际者可以抓住时机,多作几句自我介绍。一般来说,时机有两种:(1)主人介绍的话音刚落时,可以接着他的话再补充几句;(2)如果有人表示想进一步了解自己的意向时,自我介绍可以详细一点。

作自我介绍时应该注意以下几点:

1. 口齿清晰,镇定大方,充满自信。

2. 真诚自然,面带微笑,表现出对对方的友好与乐于合作的姿态。

3. 繁简适度。大多情况下应该简单明了,讲清姓名、身份、特征等即可,但也要视具体情况而定。比如,第一次参加某方面的研讨会,你站起来说:"我叫××,这个问题我的观点是……"此时在场的人可能就会猜想:"这是什么人?怎么从来没见过?他代表哪个方面?他的意见值得听吗?"所以,此时只介绍"我叫什么"是不够的。应该这样自我介绍:"我叫××,是××大学的教师,我是第一次参加这样的研讨会,请大家多多指教。现在我就这个问题谈谈自己的看法……"这样的介绍才不会让其他交际者心生疑团,他们才能更好地倾听你的发言。

4. 把握分寸。因为自我介绍还包含自我评价,所以,这部分内容应该把握分寸、恰到好处,做到自信、自识、自谦和得体。自信是对自己的能力、特长敢于肯定。通过自我介绍给人一种信任感,使对方产生接近你的欲望。自识是有自知之明,实事求是,让对方产生信任感。自谦是对自我评价留有余地,一般不适合用"最"、"极"等极端的词汇。得体则既包括语言方面,也包括非语言方面,讲求的是适度、恰当和自然。

自我介绍时,除了遵循以上原则外,还要注意介绍的场合和目的。根据场合决定是作详细介绍还是简单介绍,根据目的决定哪些情况作重点介绍,哪些情况可以不介绍。此外,交际者还应该尽量让自己的介绍富有特色,具体的方式和技巧很多。比如,可以巧解姓名,以名言志;可以借貌自嘲,似贬实褒;可以借座右铭抒情励志等等。

(二)介绍他人

一般来说,介绍他人时应该先向双方打个招呼,比如,"请允许我来介绍一下",这样,可以让被介绍的双方有思想准备,不至于感到突然。

介绍他人的礼节首先涉及到介绍的顺序。中国和以英语为主的西方国家在介绍他人的顺序上存在一定差异。西方国家介绍的顺序一般是:将男子介绍给女子;将同性别中年轻者介绍给年长者;将未婚女子介绍给已婚女子;将同性别中地位低者介绍给地位高者;将儿童介绍给成年人。中国内地现在介绍的顺序则基本相反,不分男女,通常按下列顺序介绍:将年长者介绍给年轻者;将长辈介绍给晚辈;将职位高者介绍给职位低者。两个群体相互介绍,一般只介绍带队的、职务高的,随员只笼统介绍。如果将一对夫妇介绍给他人,西方国家习惯于先介绍丈夫,后介绍妻子;在中国内地则先介绍与在场人有关的一方,然后再介绍其配偶。

其次涉及介绍的方式。介绍他人时应该以尊重的口吻恰当地称呼他人。在社交场合中常见的称呼有先生、小姐、夫人、女士。如果某人有官衔或职称(如局长、教授等),则称呼其官衔、职称更显尊敬,但不能既称先生又加头衔(如某某教授先生、局长先生)。对家庭成员的介绍应该直截了当。在中国内地一般称配偶为"爱人",但向西方人介绍配偶时应尽量避免使用"爱人"。介绍家庭的其他亲属时,应该说清楚与自己的关系。

在以英语为主的西方国家,介绍时,男子除了年纪过大者以外,被介绍者一般都必须起立,女主人也必须起立。其他女士则只有被介绍给男主人或介绍给比自己年长许多的老人时才起立,对其他人则不起立。在中国内地,介绍人和被介绍双方一般都起立,女子也不例外,坐着不动通常被认为是失礼的行为。因病或年龄过大而无法起立的人,要说明原因并表示歉意。在宴会桌、会谈桌上也可以不起立,但双方要点头示意。

双方被介绍后一般要起身握手,并互致问候,在郑重场合或双方特别客气时,还常常在问候时微微欠身鞠躬以示敬意。

介绍人在准备介绍时,如果不知道其中一方的名字,最好先找第三者打听一下,不要莽撞地问对方:"你叫什么名字?"如果无法打听,可以委婉地说:"对不起,不知该怎么称呼您。"

在介绍他人时还要注意：

1. 体态语得当。比如，可以礼貌地以手示意，介绍时不能用手指指人。
2. 热情诚恳，面带微笑，切忌语言不冷不热、用词不当或闪烁其词。
3. 口齿清楚，以免被介绍的双方听不清或听错对方的姓名。
4. 方式灵活，随机应变，让自己的介绍既符合情境又富有个性。
5. 不要过分颂扬一个人，以免被介绍人尴尬或给人造成"吹牛"、"拍马"的不良印象。

二、握 手 礼

据考证，研究人员认为握手是石器时代穴居人留下来的一种遗俗。当时为了狩猎和战争，人们经常拿着棍棒和石块等武器以防不测。陌生者相遇，如果大家彼此并无恶意，就会将手中的石块或木棒放下，把手臂举到空中，敞开手掌或让对方摸摸手心，以表示自己手中没有携带或隐藏任何武器。几个世纪以后，在人类进化过程中，敞开手掌伸向空中的手势逐渐得到发展，最后成为一种两手相握的姿势。古代人将握手视为一种见面时相互致意的礼节，以伸出不拿武器的手来表示愿意接受对方的友谊，也以此保证不对对方使用武力。发展到现在，握手礼已经成为人们在社会交往中普遍使用的一种礼节。

握手既然是一种礼节，就有相应的规范，具体地说，握手时交际者应该注意以下几点：

1. 在握手次序上，上级与下级之间，一般上级伸手后，下级才能伸手相握。长辈与晚辈之间，一般长辈先伸手，然后，晚辈才能伸手相握。不同性别之间，一般女性伸手后，男性才可以伸手相握。
2. 在出手选择上，要伸右手，不可伸左手。
3. 在握手力度上，不可太用力，也不能有气无力，给人冷漠敷衍的印象。男性握女性手时，不能时间太久，也不能用力太大。有些人不太愿意与他人握手，这时就不要强人所难，可用点头示意来代替。

握手时不同的手掌势,代表着不同的姿态。具体地说,分为支配式握手、谦恭式握手和平等式握手。

掌心向下的手掌势给人一种命令、强制的感觉。同他人握手,掌心向下伸给对方,意味着自己处于支配地位,这种握手姿势是支配式握手。如果在朋友或同事等关系较为平等的人之间使用这样的手掌势,可能会招致对方反感。同大众打交道的人,如推销员、饭店宾馆服务人员、广告公关人员等,如果选择这种握手姿势,更容易引起对方的反感和厌恶。下级对上级、晚辈对长辈,更不应该选择这样的手掌姿势。

一个人掌心向上与他人相握,往往向他人传递一种顺从、谦恭的态度,让他人感觉对方容易支配,这种握手姿势是谦恭式握手。在某些场合,谦恭式握手是需要的,如即将毕业的大学生在求职时,使用这种手掌势会增加对方的优越感,令其感觉该学生在工作中比较容易支配。因此,这种握手方式对求职者来说是比较有利的。

关系较近的朋友或社会地位相似的人之间握手时,常常采用互不支配也不谦恭的握手方式,即都用立起的手掌相握,这是平等式的握手姿势。当然,也存在另一种情况,即握手的双方都想使对方处于被支配的地位,都采取支配式的握手姿势。此时,握手就演变成一种暗中的较量。结果双方的手掌都处于垂直状态,看上去好像双方在平等式握手。研究表明,同事、朋友、社会地位相同的人或互相竞争的两者之间,都可能是平等式的握手方式。

三、递换名片

名片通常可以分为三类:(1) 社交名片,即名片上只印姓名、地址、邮编、电话号码;(2) 职业名片,即名片上除了上述内容外,还印有所在单位、职务或职称、社会兼职等;(3) 商务名片,即名片正面内容与职业名片大体相同,背面则印上经营范围、项目等等。

名片一般在三种情况下使用:(1) 带有业务联系的横向交际;(2) 社交场合的礼节性拜访;(3) 某些表达感情或表示祝贺的场合。

平时应该将名片放在容易取出的地方,不能摸来摸去,找遍所有口袋也找不到,这样会让人觉得你是一个没有条理的人,也不要将名片放在裤子后兜里,若是让人看见会觉得你不尊重他。在别人作完介绍或自我介绍结束之后,如果认为有必要,可以取出自己的名片送给对方,这时要注意递接名片的礼节。

在名片递接过程中因文化不同,方式上会有一些差异。西方人通常用一只手接递,有时还问候一句或者说一句表示高兴相见的话。中国人如果表示礼貌和尊重,则用双手递给对方名片,有时还欠身说"请多指教",对方也欠身用双手接名片,同时说"不敢当"或"随时领教"等客套话。接过对方名片后,应该马上将自己的名片递过去。如果自己没有名片,或名片用光了,或名片恰好没带在身边,都要及时向对方说明,并表示歉意。

接过名片后最好浏览一遍,这一方面能表示对对方的尊重,另一方面还可以更确切地了解对方的身份。看过名片后要小心放好,可放在名片夹里或口袋里,不要在手里摆弄或随手往桌上一放。

第二节 招呼礼、约请礼与拜访礼

一、招呼礼

打招呼意味着"我看到你了"、"我没有不理你",这是各种文化间共有的一种礼貌形式。打招呼的方式有三种:语言方式、非语言方式、语言和非语言相结合的方式。

不同文化背景下人与人之间打招呼的方式存在一定差异。中国人除了说"你好"、"你早"外,比较熟悉的人之间还常说"你去哪儿?""回来了?""上班去?""下班了?""吃了吗?"等等。如果遇上说英语的欧美人,也用同样的方式打招呼,就可能导致交际误解。比如,说"Where are you going?"和"Have you eaten?"就很容易引起对方误解。在欧美人看来,"去什么地方"、"吃饭没有"纯粹是个人的私事,别人问这些是不礼貌的。事实上,中国人这样问并不是想了解什么,只是一种打招呼和问候的习惯,因此并不在乎对方怎么回答。但翻译成英语,问候变成了询问,就容易引起对方反感。说英语的熟人见面,最常用的打招呼方式是:"Good morning!""How are you?""Hi!""Hello!""How are you doing?"有时也谈谈天气,但大多没什么实际意义,随便附和一下就很得体。

非语言打招呼的方式也因文化不同存在一定差异。

1. 手势。中国人常常是举起右臂,手掌向着对方摆动几下或举一下即可,这一动作的含义有时很难与告别区分。英语国家的人表示"你好"或"再见"的手势,是手掌向外举起向下招动。他们的动作在中国人看来似乎有点像开玩笑的滑稽动作,而中国人表示"你好"的手势又常被英语国家的人误认为"再见"。

2. 头部动作。中国人常用的方式是向对方微笑、点头或点头同时扬扬手。英语国家的人也有这种动作,男子有时还抬抬眉,同时扬一下头,澳大利亚人则是挤一下眼睛。在中国人看来,他们似乎是在滑稽地做鬼脸。

3. 英语国家的男子在路上与熟人相见或向女子表示敬意时,常常要脱帽,现在已经简化成举一下帽子或用手触一下帽子。如果要与对方握手,则仍以脱帽为礼貌。这是中世纪剑客遗留下的礼节。中国人则没有这一礼节动作。

4. 英语国家的异性朋友或女性朋友久别重逢时会拥抱或亲吻面颊。在中国,同性好友久别重逢时会热烈握手、拥抱,在异性之间最多的还是握手,相互拥抱的情况在增多,但不管同性还是异性亲吻的较少。

5. 谁先打招呼。有些中国教师常常会抱怨英语国家的留学生,尤其是英国留学生,因为他们在室外见到老师常常不打招呼。听到这些抱怨,有些英国留学生却说:"没什么事,却非要打招呼,不是神经病吗?"当然,这些学生的看法并不一定具有广泛的代表性。澳大利亚人则认为见面打招呼是礼貌的表现。但是谁先打招呼,却与中国的情况不同。在中国,少与长、下级与上级、学生与老师之间,应该由前者主动打招呼,以示尊敬。澳大利亚人则相反,即下级、晚辈、学生不能主动打招呼,否则,则容易失礼,因为上级、长辈、老师可能正在思考问题,不喜欢他人打扰。

二、约请礼

约请又称作邀请或邀约。在人际交往中,有时因为各种各样的需要,如举办宴会、酒会、舞会、婚礼等活动,要邀请各界宾客、朋友来参加,以表示敬意或隆重。

(一)约请时间

以英语为主的西方国家预约和发出邀请的时间通常比较早,请人吃饭至少要提前一周通知对方。而在中国发出邀请往往比较晚,英语国家的人常常会因无法改变既定活动而谢绝,他们有时也会因此产生邀请人对他们不尊重的想法。中国人讲求灵活、变通,因此日程安排没那么严格。

一般而言,越是正式的约请提前的时间越应该长一些,当然并不是越长越好。总的原则是:方便他人提前作出安排,既不会因为提前的时间太长而遗忘,也不会因为时间太仓促而给他人留下没有诚意的印象。总体来说,社交中的正式约请以提前一周至两周为宜。

(二)约请方式

约请方式主要有四种:电话、信函、当面口头邀请和当面呈交邀请函,其中以当面呈交邀请函的方式最为正式。但无论哪种方式的邀请,都要讲求技巧,得体自然。

(三)约请主体与对象

在约请主体与对象方面,中、西方存在差异。因公务关系宴请,中国人一般只宴请与自己交往的个人,而不考虑其配偶。中国人参加社交活动也常常是一人前往,不带配偶。亲朋好友之间有时则不仅宴请夫妇双方,还包括未成年的孩子。英语国家的人认为,只邀请已婚夫妇的一方或夫妇中只有一人来参加社交活动,是既不礼貌又不合情理的。邀请他人到家中做客,中国人往往以主人中与客人有关系的一方的名义发出邀请。英语国家的人则以主人夫妇双方的名义,甚至以女主人的名义发出邀请。如果丈夫邀请客人时妻子不在场,丈夫也要说明是他和妻子共同发出的邀请,事后,出于礼貌,妻子还应该直接表态。

(四) 应答方式

出于传统的礼貌习惯,中国人在接受对方邀请赴宴或参加晚会时,往往不是爽快地答应下来,而是倾向于半推半就地应承,这种态度在一定程度上会让说英语的西方人困惑不解。比如,一位赴美访问学者在接到美籍导师的家宴邀请时,在电话里不停地说"Thank you",还加上一句"All right, I'll try to come",这使得导师非常着急,不知他究竟来还是不来,最后不得不干脆问他"Yes or no"。

一般而言,因某种原因需要拒绝对方的约请时,态度要大方和蔼,并以诚恳、婉转的方式表达,要让对方知道自己是不得已而拒约,并不是本身不想去。如果临时碰到紧急事情需要取消约请,一定要想办法通知对方,诚恳地说明缘由并表示歉意。如果实在来不及通知对方,事后一定要及时向对方说明原因,表示歉意,最好能当面解释。为了挽回自己失约造成的失礼,在向对方致歉的同时,还可以与对方商量是否另约一次来加以弥补。

三、拜访礼

无论是公务交往还是私人交往,拜访都是人们习以为常的一种交际方式。在拜访中,宾、主双方都应该依照相应的礼仪规范来行事。

(一) 预先有约

拜访他人,一般应该提前预约,以便对方安排自己的日程并作相应准备。尤其是对待一般关系的交往对象,不要不约而至扰乱他人既定计划。从某种意义上说,拜访前有约在先,既体现出个人修养,又体现出对主人的尊重。预先有约既包括时间、地点和人数的约定,又包括准时赴约。万一有特殊原因,需要推迟或取消拜会,应当尽早以合适的方式通知对方,不能让对方空等。也不要太早到达,以免对方措手不及,造成尴尬。

(二) 登门有礼

登门有礼要求登门时首先要先行通报。到了主人办公室或私人住所，不可不打任何招呼就直接进去。其次要施礼问候。如果与主人第一次见面，应该先作简单的自我介绍，向对方主动问好。如果遇见主人的同事或亲属在场，应当主动向他们打招呼、问好，不要旁若无人，不理不睬。一般来说，前往拜访者的办公室拜访，不必携带礼品。但如果到亲朋好友的私人居所做客，则可以考虑给对方携带一些小礼物。进门后立即向主人呈上自己的礼物，不要等到告辞时再拿出来。进入室内，不要见到座位就立即坐下，一般应就座于主人为来宾指定的位置，就座时最好与其他人，尤其是主人一起落座。

（三）为客有方

在拜访期间要注意围绕主题、限定范围和适时告辞。登门拜访一般都有明确的目的，拜访者应抓住主题，不要跑题，自觉围绕主题在限定的范围内进行交谈，不可询问主人的个人隐私，也不要未经允许在室内到处走动、乱翻主人的物品。还要注意会见时间，适时告辞。尤其是初次拜会，更不宜时间过长，最长不要超过一小时。告辞要选在自己讲话告一段落之后，不要在其他人进来时马上告辞。告别时要主动与主人握手，并对其招待表示感谢。

第三节　待客礼、馈赠礼与受礼

在拜访和接待拜访过程中，涉及到待客、馈赠与受礼等相关礼仪，交际者有必要对这些有所了解。

一、待 客 礼

待客的核心在于主随客便，待客以礼。要做到待客以礼，就要做好待客的几个环节。

（一）事先准备

作为主人，在与来访者约定时间后，应立即着手待客的准备工作，以免客人到来后手忙脚乱。一般来说，主人要从以下几个方面作些准备：(1) 布置环境。如果是较为正式的拜会，主人应事先进行清洁卫生工作,表现出对客人的尊重。(2)备好待客用品,比如,准备一些饮料、点心或水果,也可准备香烟或报纸、杂志。如果客人带孩子来还可以准备一些玩具。(3)必要的时候还可以准备好膳食和客人来去的交通工具。

(二)待客热情

客人来访,主人要热情招待,让对方有宾至如归之感,认为主人是真心诚意地欢迎自己。这首先要求主人不能在此时忙自己的私事;其次主人应该兴致盎然,不可使主、宾之间的交谈出现冷场,也不能表现出对客人的谈话毫无兴致。

如果是主人宴请客人,那么为表现其热情,主人常常要在宴席上说一些招待语和劝食语。在进餐过程中也有一些待客礼俗与习惯动作,这些方面因中、西方文化背景不同,存在一定差异。比如,宴会开始时,中国主人一般总要客气地表示:"今天请大家来吃顿便饭,没什么好菜,请各位一定要吃饱。"西方客人如果听了这话,往往会觉得不可思议,既然没什么好菜,那请我们来干什么?进餐时,他们会更加奇怪,这么多好菜、好酒、好烟,还是便饭,正式的宴请又该是什么规格?宴席上,中国人最喜欢劝食,这对中国人来说是一种热情的表现;西方人对此往往很反感,对他们而言,说一两声"Help yourself"就可以了。敬茶、敬酒时,汉民族的表达方式也与西方人不同。汉民族被敬者往往会客套一下,说"不用了,不用了",或"不用,不用,不必客气",但并不见得是真的不想吃不想喝。而主人为了表示自己的诚心诚意,不管你是真不吃还是假不吃,反正都要请你吃,不能拒绝。这种礼俗正好与西方相反,如果西方客人想吃,他会说"Yes, please",不想吃则会说"No, thanks",这并不是客套。

英语国家的人要求正式就餐前两只手不能放在桌子上,胳膊肘也不可架在桌子上,只能自然垂在身体两侧或放在膝盖上。中国人也以这种姿势为礼貌。但是,进餐时,英语国家的人则以肘部放在桌子上为礼貌,中国人则没有这样讲究。

在英语国家,主人敬菜时,客人道声谢谢就可以了。如果主人递过盘子,只需用一只手接过,自己取些菜后可以传给邻座的人或放回原处。在中国,客人一般要站起来,或做一个站立的姿势。主人给客人夹菜时,客人用双手拿着盘子接。中国人认为单手接递东西不太礼貌,英语国家的人却认为用双手既没有必要也不一定礼貌。

西方人吃饭时一般都要用餐巾,餐巾通常铺在大腿上,以免弄脏衣服,还可以用来擦嘴,擦手。中国人在家用餐没有用餐巾的习惯,因此在宴请西方客人时,以准备餐巾纸为宜。

西方人就餐(包括中餐)的顺序是先喝汤后吃饭。大多数中国人则习惯于先喝酒吃饭,后喝汤。西方人吃大块肉菜和水果时习惯于先用刀切成小块,然后再用叉子送入嘴里,认为咬着吃不得体。中国人习惯于咬着吃。西方人用餐时以食就口,既不拿起盘碟,也不低下头就着盘碟吃,而是用叉、勺等工具将食品送进嘴里。喝汤也不以嘴就碗。汤菜太热不用嘴吹。中国人则相反,拿起饭碗放到嘴边吃,拿起汤碗或凑近汤碗用勺喝汤,汤菜太热时还用嘴吹一吹。西方人往往认为中国人的这种吃相失礼;中国人见西方人不拿起饭碗,只用筷子一点点地把饭送进嘴里,则常常会以为他们不爱吃。

西方人在宴席上没有一边喝酒一边吸烟的习惯,认为在餐桌上吸烟失礼,如果餐桌上有女士则更不礼貌。中国人在一般的宴席上边喝酒边吸烟是比较常见的现象。

西方人饭后没有剔牙的习惯,因此餐桌上看不到牙签。中国人则喜欢用牙签剔牙,饭馆和宴席上也备有牙签。剔牙时最好以餐巾或手挡住嘴,否则既显失礼,又不雅观。

客人来访时,西方主人一般询问客人是否想喝点什么,客人也如实地回答是否想喝以及想喝什么。客人如果谢绝,主人便不再勉强。中国人则视这种行为是"问客杀鸡"。因此,中国主人常常是主动献茶(或其他冷饮),不仅如此,主人见客人杯空还要不断添加,直到客人杯子不空为止。西方人对于中国人这种待茶方式很不习惯,他们以喝完为礼貌,面对主人不断添加,往往不知所措。据说,某所大学有一个留学生到中国教师家做客,就因一连喝了十大杯茶而十分狼狈。

了解不同文化的不同习俗,才能根据不同文化背景,既热情又恰到好处地待客,否则,可能会事与愿违或费力不讨好。

（三）迎送以礼

主人对来访的客人应该以礼迎送，既要热情欢迎，也要热情相送，以此表现出自己的好客之意。对常来往的熟客，主人可以在门口迎接，必要时也可以相迎于室外。对于重要的宾客和初次来访的人，主人可以亲自前往或派人前去迎候。客人来访，主人在握手、问候、表示欢迎之后尽快请客人落座，不可把客人拦在门口说个没完。当主人面对众多客人时，既要注意待客有序，又要注意一视同仁。待客有序一般指与客人握手、问候以及让座、献茶要按照惯例依次而行，一般是长者优先，位高者优先。一视同仁则是对来访宾客在态度与行为上要平等对待。一般来说，告别要由客人提出，送行时可以送至门口，也可以送到所乘车辆之处，这也因文化传统不同而有所差异，主人要根据具体情况而定。如果在机场、港口或车站为客人送行，应当在对方所乘的交通工具消失于自己的视线之后，主人方可离开，这是礼貌的表现。主人最好不要在对方的交通工具尚未开动之前就抢先离去。

二、馈赠礼

馈赠是人际交往中一种表达友情、敬重或感激的方式。馈赠的目的在于沟通感情和保持联系。馈赠要注意礼品的选择、馈赠的时间和方式等事宜。

（一）礼品选择

馈赠之前馈赠的一方要考虑受礼一方的性别、婚否、教养和嗜好。一般来说，礼品可分为两种，一种是可以长期保存的礼品，如工艺品、书画、照片、相册等；另一种是保存时间较短的礼品，如挂历、电影票和一次性消费品等等。前者礼重意深，后者经济实用。馈赠可根据自己的实际情况加以选择，但关键是实用、恰当。

选择礼品要了解受礼人的爱好、习惯、文化层次、修养等情况，不要不分对象仓促送礼，否则就起不到礼物应有的作用了。也可以选择有一定纪念意义的、有一定艺术性和趣味性的礼品。比如，给喜欢集邮的人送上一套珍贵的邮票，给喜欢音乐的朋友送上几张CD唱片等等,这些都是既富有情趣又值得纪念的礼品。送礼未必贵重,太贵重的礼物往往还会增加受礼人的心理负担,也有"重礼之下必有所求"之嫌。

一般来说,赠送的礼品一定要带包装,而且要尽量包装精美。不要把礼品摊放在一起,随便用一个什么东西或提包一装就送去了,这是对受礼人不尊重的表现。此外,除非有特别用意,否则礼品的价格标签应该事先除去。

(二) 馈赠时机

人们通常在下列几种情况下考虑送礼。

1. 喜庆嫁娶。乔迁新居、婚庆嫁娶、过生日、生小孩,遇到亲友家中这些喜庆的日子,一般都应考虑备礼相赠,以示庆贺。亲友去世,家境又不大富裕的,可考虑馈赠一定财物,以帮助解决困难。

2. 欢庆节日。遇到我国传统节日,如春节、端午节、中秋节、重阳节等节日,亲朋之间往来走动可送礼。法定节假日,如元旦、五一节、国庆节等,也可以送些适当的礼物表示祝贺。

3. 探视病人。到医院或别人家中去探望病中的亲友、同事、领导,可以送些鲜花、水果、食品和营养品,表示关心。

4. 酬谢他人。在生活中遇到困难或挫折时,亲朋好友伸出过援助之手,事后应该考虑送些礼物以示酬谢。

5. 亲友远行。亲朋远行,为表示自己的惜别之情,一般应该送些礼物。

6. 拜访、做客。这种时候可以备些礼物送给主人,特别是女主人和主人家的小孩。

7. 还礼。"来而不往非礼也"是中国的礼仪传统,接受别人礼物后,一般都应考虑回赠一些礼品,以示感谢。

三、受 礼

中国人受礼后一般要等客人走后才打开,西方人则习惯当着客人的面打开包装,并说上几句赞美礼品的话。一般来说,如果知道礼品贵重,还是当面拆开包装为好,原封不动地放在一边会让人觉得你对其所送礼品缺乏兴致。即使收到的礼品不合心意,出于礼貌,受礼人也应当像接受自己喜欢的礼品一样,说几句感激对方和称赞礼品的话。

接受别人的礼品,应双手捧接,并立即表示感谢。中国人一般这时要客套几句,比如,馈赠的一方要表示礼轻情意重,受礼的一方要推辞一下,但注意都不要表现得过分。

如果准备退还礼品,应在 24 小时内退还,同时要感激馈赠者,并说明为什么不能接受礼品的原因。在商业活动中,拒收礼品时,可以附加上专门的信件说明原因。对此处理要恰当,不能使用讽刺、挖苦、侮辱性的词句。

接到别人的馈赠后,要想办法回礼才合乎礼仪。但刚接受亲友送来的礼物,不宜当场就回赠,一般适宜在客人小坐一会儿后,或准备告辞时再回赠礼品。也可以在接受礼物一段时间之后登门回访,顺便带给对方一些礼物。还可以寻找机会回赠,如在对方婚丧喜庆的日子送上适宜的礼物。

第四节　致谢礼与告别礼

致谢和告别在人际交往中都是十分常见的现象,其中的相应习惯和相关礼节会因文化不同而有所差异。

一、致　谢　礼

对恭维与赞扬的反应,中国的年轻一代常常说"谢谢",但更多的人还是倾向于习惯上的"否认"或"自贬"的方式,以示谦虚。西方人往往采取迎合态度,表示感谢,或流露出愉快的神情。比如,一位赴美国访问的女学者,在宴会上,当别人称赞她衣服样式时说:"That's a lovely dress you have on."她马上以中国的表达方式回答:"No, no, it's just a very ordinary dress."这话让对方十分尴尬,因为这意味着这位中国学者在嘲笑对方不懂衣服样式的好坏,缺乏审美观和鉴赏力。在这种场合,中国学者正确得体的回答应该是:"Thank you, I am glad to hear that."更让说英语的西方人不可理解的是,中国的一些工作人员在接受道谢时常说:"That's my duty."这句话的含义是"责任在身,不得已而为之",毫无情感可言,满怀谢意的客人在这句不领情的回答面前常常感到非常难堪。

二、告别礼

在分手道别的表达上,汉语中除了"再见"、"一路顺风"之外,主人一般还要对客人说"走好"、"慢走"之类表示关心的话;客人则说"请留步"、"您请回吧"、"回去吧"等客套话。这些话如果对英美人说,他们就可能感到很奇怪:难道我不会走?为什么一定要慢慢走?走快了还不礼貌吗?客人如果开车,在中国,主人通常要嘱咐一句"路上小心点,慢点开",以表示关切,但是对英美人,用"Be careful"来叮咛开车的对方,会引起他们的反感,他们会觉得对方对其驾驶技术不信任。因此与英美人分手,只需说"Good-bye!""Bye-bye!""Bye!"就够了。也可以说些祝愿的话,如"I wish you a pleasant journey."或"Good luck!""A pleasant trip!""Best of luck!"等。

在非语言方面,每天见面的朋友或熟人道别时点一下头,招一下手,这是中英文化共同的招呼礼节。朋友较长时间分离或送别客人时握一下手,这也是中英通用的礼节。但是,中英告别礼节却存在一些差异。

1. 中国人送人远行,一般是目送远行者远去,并不断摆动一臂或双臂。英语国家的人也有这一礼节,有时还用飞吻的方式。朋友亲戚告别时,他们还常常相互拥抱或亲吻。

2. 中国人欢送客人时讲究"远送"。一般都要送至门外,对尊贵的客人和远离的亲友还会送出更远。因此,中国人的送别语中有"请留步"、"别送了"、"不远送了"、"恕不远送"等礼貌用语。英语国家的人一般只送到门口,因此,英语中没有上述类似的道别语,对中国人的上述道别语,他们也常常感到很费解。

3. 多人同时访问一个家庭,一人先行离开时,中国人除向主人辞行外,还要向在场所有人打一下招呼,甚至一一握手道别,其他人也往往起身道别或相送。英语国家的客人一般是悄悄向主人表示歉意并道别,最多向周围人做一个告别的手势或握一下手。

1. 自我介绍和介绍他人分别要注意哪些问题?
2. 中、西方在待客方面存在哪些差异?
3. 中国人一般在什么时候需要送礼?
4. 面对西方人,中国人在致谢时要注意什么?
5. 中、西方在告别礼中有哪些不同?

第十章　涉外交际礼仪

涉外交际礼仪是指在国际社会，人们在交往活动中约定而成的共同遵守的交际形式。在官方或民间交往中，对外礼仪非常重要，它在一定程度上反映了一个国家或民族的文明程度和社会风貌。

第一节　涉外交际观念

文化价值观念是指不同社会文化体系中对事物进行评价的普遍的规律性的价值观，这种文化价值观形成人们对各种事物的态度，从而支配和限制交往过程中的言行。东方文化体系和西方文化体系是世界上两大重要的文化体系，这两种文化体系在谦逊、守时、自我观念、殷勤好客、尊重老人和效率等方面的价值观上存在一定差异。正是这些差异导致不同文化背景下的人在相同的交际情境中表现出不同的行为和态度。

（一）时间观念

中国人在支配时间方面要比西方人更为随意和灵活。中国人可以很灵活地改变事情的原定时间和做事的先后顺序，而西方人在这方面则相对表现得严格和死板。因此，遵守时间是与西方人交往时必须重视的一条原则，比如，原来约定好的时间不能失约，也不要随意更改原来的约定。

西方人的时间观念有时会让东方人觉得不讲情面，不讲礼貌。比如，一位即将离开美国的中国教授，打算与美国朋友话别。他邀请这位美国朋友第二天去吃饭，没想到这位美国朋友当面拒绝说："对不起，我明天已有安排，很抱歉。"在中国人看来这是很伤面子的行为。在西方,要到别人家里,应该事先约定,如果没有约定好,主人可能不让座,有时甚至还不邀请你进房间,把你挡在门口,让你把事情尽快说完。这在中国人看来,主人有些过分了。但西方人却认为是客人太不尊重他们,因为不尊重他们所拥有的时间就是对他们的最大不尊重。

当然,上述情况是就总体而言的,现在很多中国人也都非常守时。因为,现代社会守时是工作需要,是尊重他人的表现,也是衡量一个人处事作风是否严谨,是否信守承诺的重要标准。

(二) 自我观念

在美国人的文化观念中,"自我"占有重要地位,他们强调自我独立性,强调自我尊严和自我责任心。在人际交往中,如果对美国人过分问寒问暖,他们并不认为这是好意,反而认为这是一种居于优势地位的表现。中国人碰面时常说:"去哪儿?""这件衣服真好看,在哪儿买的?多少钱?"这些问话在多数西方人看来是不可思议的,他们认为这些问话干涉个人的隐私权,认为一个人的私事是不能随便打听的。这是自我观念在语言交际中的不同表现。在西方人的办公室、家里不应该随便翻看主人的书籍、文件、报纸,不应该随便参观每个房间,这些地方都被视为个人领域。中国人一般没有这些限制和讲究,到朋友家去拜访,翻看主人的一些书籍、报纸等是比较随便的事,主人一般也不会有什么反感。

(三) 谦虚观念

东方文化中谦虚是一种美德,谦虚常被认为是对别人的尊重和彬彬有礼的体现。但西方人对东方人的谦虚常常不能理解。美国人夸奖中国大学生外语说得好,中国大学生往往会在表示感谢的同时谦虚一下:"还需要继续好好学习。"美国人一般不会理解:明明说得很好,为什么还说要好好学习呢?

在中国,大会发言人在发言的开头有时要谦虚几句:"我没什么准备,随便说几句,不对之处请大家批评指正。"或者说些"我来抛砖引玉"等客气话。西方人一般也不太理解:既然没什么准备,为什么还要耽误大家的时间呢?实际上大会发言人已经作了充分的准备,这只不过是表示一下自己的谦虚态度而已。

在中国，主人招待客人喝茶，一般要问客人"喝不喝茶？"客人一般会礼貌地说："不用麻烦了，我一会儿就走。"也许他想喝，实际上他也喝了，他之所以要那么说，完全是出于礼貌，是主观上不想给主人添麻烦而已。

在涉外交往中，面对西方人，中国人应该直率地表明自己的需求，对西方人不要过于谦虚、客气，否则他们可能会认为中国人真的不行或没有诚意。

(四) 好客观念

殷勤好客在东方文化中占有非常重要的地位，而西方文化中并非如此。当然，这并不意味着西方人不好客，而只是说明东西方在好客方面的观念和表达方式有所不同。比如，中国人与朋友去餐馆吃饭，大家通常都争着埋单。西方人邀请朋友去餐馆，如果事先没有表明请客，只是提议一起去餐馆用餐，通常是 AA 制，各人付各人的账，或者大家均摊。西方人认为这样表示对各位客人自尊心的尊重，如果执意为别人付账反而是不尊重对方。再如，中国人到亲戚朋友家做客，如果想告辞，主人会再三挽留。客人一般会说："我已经打扰你这么长时间了，实在过意不去。"在西方，客人则通常会说："感谢你让我度过了一个愉快的下午。"客人走时，中国人的习惯是，主人送出很远，告别的话一遍又一遍地说，一直目送到看不见为止，这样才表示感情深厚，依依不舍。如果在西方也这样，左邻右舍很可能会以为是有人吵架。西方人送客一般只送到大门口，客人无须说"请留步"之类的话。如果客人对车站或回去的路不熟悉，希望主人送到车站或送一段路，则要主动提出，主人通常会欣然同意。

第二节　涉外交际惯例

社会交往的有些规则约定往往需要长时间磨合，然而一旦规则形成，便有了相对稳定性。特别是一些具有共通性的规则，往往可以超越时间和空间，成为共同遵守的交际惯例。

(一) 女士优先

女士优先是国际社会公认的一条重要礼仪原则。女士优先的含义是：在一切社交场合，每一位成年男子，都有义务主动、自觉地以自己的实际行动，去尊重妇女、照顾妇女、体谅妇女、关心妇女、保护妇女，要想方设法为妇女排忧解难。如果因为男士不慎而使妇女陷于尴尬和困境，则意味着该男士的失职。人们一直认为，在社交场合女士优先体现的是男士的绅士风度，反之，该男士则会被认为没有教养。

女士优先的原则要求男士对所有妇女都要一视同仁。西方人强调女士优先的主要原因，并不是因为妇女被视为弱者，值得同情怜悯，更为重要的是，他们将妇女视为"人类的母亲"，对妇女处处给予优惠待遇就是对"人类母亲"表示感谢。因此，他们会在介绍、握手、进餐、走路、上下楼梯、开车门时表现出对女士的优惠待遇。

女士优先主要适用于社交场合，在公务场合，人们强调的是男女平等，或者是忽略性别。

(二) 以右为尊

在正式的国际交往中，如果将人们分为左右进行并排排列，需要了解尊卑高低的国际惯例。按国际惯例，最基本的规则是右高左低，即以右为上，以左为下，以右为尊，以左为卑。

1. 站立、行走与就座。按照惯例，在并排站立、行走或就座时，为了表示礼貌，主人应主动居左，而请客人居右。男士应主动居左，而请女士居右。晚辈应当主动居左，而请长辈居右。未婚者应当主动居左，而请已婚者居右。职位、身份较低者应主动居左，而请职位、身份较高者居右。

但是按照国际惯例，在接待外宾过程中，如果主人前往外宾下榻之处拜会或送行，此时，主人的身份应当是客人，而外宾在此时此地则反客为主了。如有必要为二者并排排列，应当让主人居右，而让外宾居左。其实际含义是：外宾在主人为其提供的临时居所之中，理应被视为主人，而不是客人，从这一意义上讲，还是实践"以右为尊"的原则。

2. 正式谈判。举行谈判，假定谈判双方需要分别坐在谈判桌的两侧,而谈判桌竖放于室内的话,则谈判桌两侧的位置仍有上下之分,"以右为尊"的原则依然有效。具体是:假定一个人推门而入,并面向室内,应以其右侧为上座,客方谈判人员在其右侧就座,以其左侧为下座,主方谈判人员在其左侧就座。

谈判桌横放于室内时,以面对正门的一侧为上座,以背对正门的一侧为下座。届时各方人员具体排列时的做法,与谈判桌竖放于室内时的情况相类似,即位于主谈者右侧的位置,在地位上高于位于其左侧的位置。

3. 国际会议。举行国际会议,主席台上的排列要遵循"以右为尊"的原则。在排列涉外宴会的座位、席次时,也应遵守"以右为尊"的原则。在宴会厅内摆放圆桌时,通常以面对正门的方法进行具体定位。如果只设两桌,一般须以右桌为主桌。这里所说的右桌指的是在宴会厅内面对正门时居于右侧的那一桌。如果需要设置多桌,则在宴会厅内面对正门时位于主桌右侧的桌次,应被视为高于位于主桌左侧的桌次。

在同一张宴会桌上确定席次时,一般以面对宴会厅正门的位置为主位,由主人就座。其他人的位次,一般是距离主位越近,位次越高。在与主位距离相同时,位于主位右侧的位次要高于位于主位左侧的位次。

4. 乘坐轿车。乘坐由专职司机驾驶的双排座轿车时,车上具体位次的确定也是遵守"以右为尊"的原则。具体而言,后排右座为第一顺序座,应请尊长或贵宾在此处就座。接下来的第二顺序座、第三顺序座则分别为后排左座、后排中座。至于位于轿车前排的副驾驶座,在由专职司机驾车时,一般被称作"随员座",绝大多数情况下,它是陪同、秘书、翻译或警卫人员的专座。这一位置从理论上讲安全系数最低,因此一般不应请尊长、贵宾在此就座。参加社交性质的活动时,让妇女或儿童坐在那里显然也不合适。但有一个例外,即当主人亲自开车时,客人应主动做到副驾驶位上,否则,将主人当作专职司机是不礼貌的。

值得一提的是,在确定并排排列的位次时,中国的传统做法是"以左为尊",也就是以左为上,以右为下。注意一下国内举行会议时的主席台牌位就会发现这一点。不过在国际交往中,还要注意内外有别,坚持"以右为尊"为好。

(三) 热情有度

在国际交往中不仅要热情友好,还要把握分寸,否则可能会事与愿违。在某些外国人心目中,过分热情也许意味着对其能力的贬低,因此要把握好度。这个度的把握要求在对他人表示热情的同时,以不影响他人、不妨碍他人、不给他人增添麻烦、不令他人感到不快、不干涉他人的隐私为限。具体地说,要做到以下几点。

1. 关心有度。不宜对外国人表示过于关心,不要让对方觉得我方人员碍手碍脚,管得过宽。中国人相互之间一向倡导"关心他人比关心自己为重"。可是在国外,人们大多强调的是个性独立,自强自爱,绝对自由,反对他人对自己过分关心,因此不要随意用中国人所习惯的关心、规劝来对待外国人,他们一般不会领情,反而认为我们多管闲事。

2. 批评有度。对待外国朋友的所作所为,只要不触犯我国法律,不有悖于伦理道德,没有侮辱我方的国格、人格,不危及人身安全,一般就没有必要去判断其是非对错,尤其不应当着对方的面进行批评指正,或者加以干涉。中国人之间交往,讲究以诚待人,如果亲朋好友做了你认为不对的事,及时对其不留情面地批评指正,才会被视为够朋友,是真正在关心对方。但在涉外交往中,这是行不通的。一方面,外国人反对别人多管闲事,他们认为除了法律明文禁止的事情以外,其他任何事情自己都有权利去做,别人无权干涉。另一方面,由于中外文化、习俗本身有差异,双方在日常生活中的许多方面是非曲直的标准未必相同,有时甚至大相径庭,因此以自己的见解强加于人,是不合适的。再者,在涉外交往中,讲究友谊为重。当着对方的面,甚至当众指出他人过失,不仅会让对方难堪,也会让他人感觉说话人为人尖刻,不够厚道。

3. 距离有度。这里的距离指的是空间距离。人与人之间在相互交往的过程中,总是要保持一定的空间距离。交际者正确的做法是,一方面了解不同文化对空间距离的不同理解和不同习惯,另一方面还要注意根据双方关系的不同,选择与双方关系相适应的空间距离。在国际交往中,人们对交际距离通常都很重视,如果处理不好,会让人有受侵犯或受冷遇的感觉。

4. 举止有度。举止指的是人的肢体动作。人的举止被称为形体语言,能够同样真实、准确地反映人们的心理活动,因此每个人都要有意识地对自己的举止多加注意,不要因为自己的举止过分随意而引起误会,失敬于人。

做到举止有度,一是不要随意做一些表示热情的动作。在中国,朋友相见时,彼此拍拍肩膀,长辈遇见孩子,抚摸一下对方的头或脸蛋,两名同性别的人在街上携手而行等等,都是常见的表示亲热、友好的动作,但在涉外交往中不要随意做这些动作。二是不要做不文明、不礼貌的动作。比如,伸懒腰、打哈欠、脱鞋子、抓痒痒、掏耳朵,或者与人交谈时对人指指点点、跷二郎腿乱晃乱抖等等,这些行为是不文雅或没有教养的表现。

(四) 不为先

"不为先"原则是指在涉外交往中,面对自己一时难以应付、举棋不定的情况时,最明智的做法是尽量不急于采取行动,尤其是不宜急于抢先,冒昧行事,这样就不至于弄巧成拙。"不为先"在很多时候也被称为"紧跟"原则或"模仿"原则。

由于对国外情况所知不多,加之世界各国"十里不同风,百里不同俗",不少人在参与国际交往时,往往会感到缺乏自信,不知所措,即使事先认真准备了,也不可能在国际交往中事事通晓。因此,要想临阵不慌,又得体礼貌,最好是实践"不为先"原则,不露声色地跟着别人做。

(五) 慎问隐私

所谓个人隐私是指一个人出于个人尊严或其他某些方面的考虑,不愿意公开、不希望外人了解或打听的个人秘密、私人事宜。在国际交往中,人们普遍讲究尊重他人隐私,并将尊重他人隐私与否,视为一个人在待人接物方面有没有教养,能不能尊重和体谅交往对象的重要标志之一。因此,在涉外交往中对于涉及个人隐私的问题,都应该自觉地予以回避。一般来说,在国际交往中,不宜向对方询问以下几个方面的隐私问题。

1. 经济收入。在国际社会,人们普遍认为,任何一个人的实际收入都与其个人能力和实际地位存在直接的因果关系,因此个人收入的多寡,一向被外国人看作自己的脸面,十分忌讳他人直接或间接打听。除去工薪收入之外,那些可以反映个人经济状况的问题,如纳税数额、银行存款、私宅面积、汽车型号、娱乐方式等等,因与个人收入相关,一般也不宜问及。

2. 年龄。外国人普遍将自己的实际年龄当作"核心机密",不轻易告诉他人。这主要因为外国人一般都希望自己永远年轻。以往中国人听起来很受用的"老人家"、"老先生"等尊称,外国人听起来有如诅咒谩骂一样。特别是妇女,最不希望外人了解自己的实际年龄。

3. 婚姻状况。中国人的风俗和习惯是,对于亲友、晚辈的恋爱、婚姻、家庭生活比较牵挂,通过询问以示关心,被询问者也往往对此心存感激。但大多数外国人认为面对一个交往不深的人去回答他"有没有恋人?""结婚了没有?""为什么不生孩子?"等问题,不仅不会愉快,反而会感到难堪。在一些国家,跟异性谈论此类问题,还可能被对方视为无聊之至,甚至还会因此被对方控告为"性骚扰"而吃官司。

4. 健康状况。中国人相遇时通常会问候对方:"身体好吗?"如果交往对象身体曾经一度欠安,那么为了表示关心,与其见面时,往往还会关切地问:"病好了没有?"如果彼此关系密切,则通常还会直接询问对方吃过一些什么药,怎么治疗的或向对方推荐名医、偏方等等。但在国外,人们在闲聊时一般都是"讳疾忌医",非常反感其他人对自己的健康状况关注过多。

5. 家庭住址。中国人对自家的住址和电话号码通常是不保密的,一般都会有问必答,甚至还会主动告诉他人。不仅如此,中国人还喜欢相互拜访。而外国人大都视自己的私人居所为私生活领地,非常忌讳别人无端干扰其宁静。在一般情况下,除非知己或至交,他们一般都不大可能邀请外人前往其居所做客。他们一般也都不会轻易将个人住址、住宅电话等纯属私人的资讯告诉别人,初次见面的人,非常反感对方主动问起此类问题。

6. 经历。初次会面,中国人之间往往喜欢打听对方是哪里人,哪一所学校毕业的,以前做什么等等,总是想了解一下对方的过去,以把握对方的"老底"。然而外国人大都将这些内容看作"商业秘密",反对询问交际对象的既往经历,随随便便地擅自查对方的户口。外国人还认为,要是一个人在与他人初次见面时就对他人的过去非常好奇,并不见得是坦诚相见,相反却可能是别有用心。

7. 信仰政见。在国际交往中,由于人们所处国度的社会制度、政治体系和意识形态多有不同,所以要真正实现交往的顺利、合作的成功,就必须不以社会制度画线,抛弃政见的不同,超越意识形态的差异,处处以友谊为重,以信任为重。如果动不动就对交际对象的宗教信仰、政治见解品头论足,或将自己的观点、见解强加于人,都是对交际对象不友好、不尊重的表现。

8. 所忙何事。在中国,熟人见面免不了要问一下对方"忙什么?""上哪儿去?""从哪儿来?""怎么好久没见到你?"等等。很多外国人对这些问题都很忌讳。他们认为,这些问题都是个人私事,绝对没有必要让别人知道。提这些问题的人,不是好奇心过盛,不懂得尊重别人,就是别有用心,或者天生具有窥视欲。所以当被问及这类问题时,他们往往会顾左右而言他,甚至缄口不语。

第三节　涉外活动礼仪

礼宾,是指人际交往、社会交往乃至国际交往过程中应具有的表示敬重和友好的行为规范,它是对礼貌、礼节与礼仪的抽象与概括。礼貌、礼节、礼仪等概念从属于礼宾,并具体体现礼宾的规范和要求。

在国际交往中,无论是官方的还是民间的各种外事活动统称为国际礼宾工作,它通过各种礼宾活动进行。国际礼宾工作的内容主要有:迎送、会见(拜见)、会谈、宴请、文艺晚会、电影招待会、舞会、庆祝和凭吊等。本节主要介绍迎送、会见和宴请。

(一)迎送

迎来送往是很常见的社交礼节。在国际交往中,要视身份、两国关系、访问目的等来安排迎送工作。礼宾工作的迎送分为两类:官方性的迎送和非官方性的迎送。

1. 官方性的迎送。各国的国家元首、政府首脑的正式访问，以及某一机构有特殊身份者的访问都属官方迎送。官方迎送的特点是举行隆重的仪式。隆重仪式既反映在群众场面，又反映在政府官员、新闻记者出席人数的多少上，还反映在新闻报道上。

（1）迎送规格。迎送规格，各国不尽相同，一般而言，主要陪同人员要与来宾的身份相当。如果遇到来访正职突然来不了，改由副职访问，那就要灵活改变迎送方式，以适应来宾身份。

接待来宾有升格接待和降格接待。从发展双方关系或当时的政治需要出发，打破常规接待，安排较大的迎送场面，给予较高的礼遇，叫升格接待，反之，则是降格接待。不论是升格接待还是降格接待都要注意尊重国际惯例，注意必要的平衡，避免其他国家产生不必要的误会，造成厚此薄彼的印象。升格、降格体现在接待人数、场面隆重程度、下榻宾馆级别等方面，也体现在宴会上，宴会是否隆重不在于菜谱，而在于餐具的等级。

（2）掌握抵达和离开的时间。组织者要把时间安排通知各部门，如交通、公安、宾馆等有关单位和有关合作者，遇到误点情况，要安排好后续工作。迎送者一般要提前一小时到达，在客人到达前排列好，客人走后再撤离。

（3）献花。迎宾仪式中都有献花的内容，可以献的花有兰花、玫瑰花、马蹄莲、满天星、常青绿色叶等，忌送菊花、石竹花、杜鹃花、荷花，黄色花不能送，假花不能送。花束要保持新鲜、整洁、鲜艳。送花不能由男士送，必须是 30 岁以下的女士或儿童送，女士要未婚，儿童要 7 岁左右，太大太小都不行。送花人不能有残疾，要面目清秀。送花时间大约在主要领导人握完手 15 秒后，送花人距离客人 1 米左右。

（4）介绍。介绍一般由礼宾工作人员负责，不能让翻译介绍，先把谁介绍给谁也有讲究。

（5）陪车。客人抵达后到下榻处或离去时都要陪车。当主客同乘一车时，客人坐主人右侧，警卫坐前面。引客乘车时，要从车尾引。如果在引车时引其坐错了位，就任其自然，不可更改。

2. 非官方性的迎送。迎送民间团体，不举行官方正式仪式，但需要根据客人的身份，安排对口部门、对等身份的人员前往接待。对身份高的客人，事先在机场（车站、码头）安排贵宾休息室，准备饮料，并在客人到达前尽可能将住房和乘车号码通知客人。如果事先做不到，可印好住房、乘车表，或打好卡片，在客人到达时，及时发到每人手中，或通过对方的联络秘书转达，以便客人心中有数，主动配合。

迎送一般客人，主要是做好各项安排。如果客人是熟人，则可不必介绍，上前握手，互致问候即可。如果客人是首次来，又不认识，接待人员应主动打听，主动自我介绍。如果是大批客人，可事先准备特定的标志，如小旗或牌子等，让客人从远处就能看到，以便客人主动前来接洽。

（二）会见与会谈

1. 会见。会见在国际上称为接见或拜会，指在国际交往中，主客双方的见面。凡身份高的人会见身份低的人，或主人会见客人叫接见、会见，身份低的见身份高的，或客人见主人叫拜会。拜见最高领导人，又称觐见、谒见。有的接见、会见、拜会、拜见有回访，称之为回拜。一般来说，普通人之间的见面不能叫会见。

会见分多种形式，有礼节性的、政治性的、事务性的，也有兼而有之的。礼节性的会见时间短，内容广泛；政治性的会见时间长，内容严谨，一般涉及双边关系、国际局势等重大问题；事务性的会见可长可短，涉及外交交涉、业务洽谈等。

外国领导人来中国访问，会见安排比较简单，无特殊仪式。会见地点安排在人民大会堂或中南海。会见时的座位安排一般是客人坐在主人的右边，译员、记录员坐在主人和主宾的后面，其他客人按礼宾顺序在主宾一侧就座，主方陪见人在主人一侧就座。

2. 会谈。会谈是指双方或多方就某些重大的政治、经济、文化、军事等问题以及双方共同关心的问题交换意见。从内容上看，会谈除涉及双方政治、边界等问题外，也涉及洽谈公务，或就某些具体业务进行谈判。会谈的内容较正式，政治性或专业性较强。

外国领导人来中国访问，首次会谈通常安排在人民大会堂举行，如果有第二轮会谈，有时安排在国宾下榻的国宾馆。会谈开始前，允许双方记者采访几分钟,然后退场。如果有分组会谈,则另行安排。

会谈的安排也有一定讲究,如果是双方会谈,通常用长方形、椭圆形或圆形桌子。宾主相对而坐,以正门为准,主人在背门一侧,客人面向正门,主谈人居中。中国习惯把译员安排在主谈人右侧,有的国家则让译员坐在后面,一般应尊重主人的安排。其他人则按礼宾顺序左右排列,如果会谈长桌的一端对着正门,则以入门的方向为准,右为客方,左为主方。如果是多边会谈,座位可摆成圆形、方形等。小范围的会谈,有时不用长桌,只设沙发,双方座位按会见座位安排。

(三) 涉外宴请

涉外宴请,指国际交往中出于某种需要,设宴招待客人的礼仪活动,它是最常见的交际形式之一。各国宴请都有本国和本民族的特点与习惯。国际上通行的宴请形式有宴会、招待会、茶会、工作餐等。这里只介绍宴会。

宴会是指在正餐时间举行的宴请活动,特点是必须坐下进食,由服务员依次上菜。

1. 宴会的常见形式。宴会分为国宴、正式宴会和便宴三种。按举行的时间,又有早宴、午宴和晚宴之分。一般来说,晚宴比白天的宴请更为正式。

(1) 国宴。国宴是国家元首或政府首脑为国家的庆典或外国元首、政府首脑来访而举行的正式宴会。在所有宴会中,国宴规格最高。国宴通常在特定地点举行,中国国宴一般在人民大会堂举行。宴会厅内悬挂两国国旗,安排军乐队演奏国歌及席间乐,并有致词和祝酒。时间一般在晚7时左右开始。参加国宴时必须穿着正式服装,颜色以黑色、灰色、浅蓝色系列为主。菜肴通常按礼宾规格,也有可能破例升格或降格。

(2) 正式宴会。正式宴会除不挂国旗、不奏国歌和出席规格不同外,其余安排大体与国宴相同,有时也安排奏席间乐。宾主都按身份排位就座。许多国家正式宴会十分讲究排场,在请柬上注明对客人服饰的要求。外国人对正式宴会服饰比较讲究,往往以服饰规定体现宴会的隆重程度。正式宴会对餐具、酒水、菜肴道数、陈设以及服务员的装束等要求都很严格。比如,菜肴通常包括冷盘、汤和几道热菜(中餐一般四五道,西餐两三道),最后上点心、甜食和水果。国外宴会餐前还要上开胃酒。常用的开胃酒有雪梨酒、白葡萄酒、马提尼酒、苏格兰威士忌加冰水(苏打水),也上啤酒、果汁、矿泉水等饮料。席间佐餐用酒,一般多用红、白葡萄酒,很少用烈性酒,尤其是白酒。餐后在休息室上一小杯烈性酒,通常为白兰地。

(3)便宴。便宴即非正式宴会,常见的有午宴、晚宴,有时也有早宴。这类宴会形式简便,可以不排席位,不作正式讲话。菜肴道数也可酌减。西方人的午宴有时不上汤,不上烈性酒。便宴的气氛较亲切、自然,宜用于日常交往。

另外,也有在家中设便宴招待客人的。西方人喜欢采用这种形式,以示亲切友好。家宴往往由主妇亲自下厨烹调,家人共同招待客人。

2. 宴会的桌次和座位安排。按国际惯例,桌次高低以离主桌位置远近而定,右高左低。宴会可以用圆桌,也可以用长桌或方桌。一桌以上的宴会,桌子之间的距离要适当,每个座位之间的距离要相等。

凡是正式宴会,一般都排座位,也可以只排部分客人的座位,其他人只排桌次或自由入座。无论采取哪种做法,都要在入席前通知每一位出席者,让大家心中有数,现场要有人引导。大型的宴会最好先安排座位,以免混乱。席位高低以离主人的座位远近而定。

礼宾次序是安排席位的主要依据。这方面有外国习惯,也有中国习惯。外国习惯主桌上男女交叉安排,中国习惯按个人本身职务排列,如果夫人出席,通常把女方安排在一起,即主宾坐在男主人右上方,其夫人坐在女主人右上方。两桌以上的宴会,其他各桌第一主人的位置一般与主人桌上的位置相同。

席位安排妥当后,着手写座位卡。中国举行宴会,中文写在上面,外文写在下面。字应该尽量写得大些,便于辨认。便宴、家宴可以不放座位卡,但主人对客人的座位要有大致安排。

第四节　涉外交际风俗

参与国际交往,有必要了解一下各国常见的交际风俗,做到心中有数,应对自如。

(一) 与日本人交往

日本人非常注重礼节,见面时互致问候,脱帽鞠躬。初次见面,相互鞠躬,交换名片,一般不握手。日本人的鞠躬,可分为 30 度、45 度、90 度三种,越表示尊重躬身越深。如果是老朋友或比较熟悉的人就主动握手,甚至拥抱。如遇女宾,女宾主动伸手才可握手,握手时不要用力或久握。如果需要谈话,要到休息室或房间交谈。日本人很注意讲话的礼貌,讲话时低声细语,不干扰他人,他们认为大声喧哗、吵吵闹闹是很失礼的。

日本人注意穿着打扮。在正式场合一般穿礼服,即使天气炎热,如果主人没有请客人宽衣,则不能脱衣。如果需要宽衣,要征得主人同意。

日本人认为饮酒时将酒杯放在桌上,让客人自己斟酒是失礼的,主人或侍者斟酒时,要右手执壶,左手托壶底,壶嘴不能碰杯口。客人则右手拿酒杯,左手托杯底,接受对方斟酒。在一般情况下,客人接受一杯酒为礼节,而客气的拒绝第二杯不为失礼。谢绝第二杯酒的客人,不能将酒杯倒放,要等大家喝完酒后,一起把酒杯倒放在桌上,这才是礼貌的做法。

(二) 与韩国人交往

韩国人一般以咖啡、不含酒精的饮料或大麦茶招待客人,客人不能拒绝。晚辈见长辈、下级对上级规矩比较严格,握手时,应以左手轻置于右手腕处,躬身相握,以示恭敬。与长辈同坐,要挺胸端坐。抽烟前,要征求在场的长辈同意,用餐时不可先于长者动筷。

韩国人洽谈业务,习惯于在饭店的咖啡室或附近类似的地方进行。办公室大多有一套会客用的舒适家具。在建立密切的工作关系之前,举止是否合乎礼仪至关重要。

韩国人一般不轻易流露自己的感情,在公共场所不大声说话。妇女对男子十分尊重,男女同坐时,男子位于上座,女子则下座。多人相聚时,往往根据身份高低和年龄大小依次排定座位。

应邀去韩国人家里做客,不可空手前往。按习惯要带一束鲜花或一份小礼物,并用双手奉上。进入室内时,将鞋子脱下放在门口,这是不可疏忽的礼节。

(三) 与印度人交往

到印度的庙宇或住宅做客,进门要脱鞋。主客见面时,双手合十(即合掌)致意,口中念道:"那马斯堆。"(梵文原意为"向您点头",现在表示问好或祝福。)晚辈为表示对长辈的尊敬,常在行礼时弯腰摸长辈的脚。迎接贵宾时,主人献上花环,套在客人的脖颈上。花环大小视客人身份而定。比如,献给贵宾的花环很粗大,长度过膝,献给一般客人的花环仅及胸前。

印度人在交往过程中,如果表示同意并不是点头,而是将头向左摆动,不同意时则点头。见到印度妇女一般不可主动握手。许多家庭妇女忌见陌生男子,不在大庭广众前露面,也不轻易与外人接触。

印度是多民族国家,信奉多种宗教,因此习俗各不相同。印度教徒最忌在同一盘中取食,素食者较多。印度人用右手拿食物、礼品或敬茶,不用左手,也不用双手。许多印度妇女额部眉间都有一个彩色的圆点,印度人称"贡姆贡姆",中国则称为"吉祥点"。在印度教里,吉祥点本来是表明婚嫁状况的,现在已成为广大妇女化妆和美容不可缺少的组成部分。

(四) 与泰国人交往

泰国人在待人接物时,有许多约定俗成的规矩。比如,朋友相见,双手合十,互致问候。晚辈向长辈合十行礼,双手要举到前额,长辈也要合十回礼,以表示接受对方的行礼。年纪大或地位高的人还礼时,手部不必高过前胸。行合十礼时双手举得越高,表示越尊敬对方。

如果有长辈在座,晚辈只能坐在地上或者蹲跪,以免高于长辈的头部,否则被视为对长辈的极大不敬。别人坐着时,也不能把物品越过其头顶。递东西用右手,表示尊敬,如不得已需用左手时,要说一声"请原谅用左手"。不能把东西扔给他人,这是不礼貌的行为。从坐着的人面前走过,要略微躬身,以示礼貌。

泰国人非常重视头部,认为那是智慧所在,是神圣不可侵犯的部位。如果用手触摸泰国人的头部,则被认为是极大的侮辱。如果用手打了小孩的头,他们认为这个孩子一定会生病。他们睡觉忌头向西方,因日落西方象征死亡;忌用红笔签名,因为人死后用红笔将其姓氏写在棺木上。他们认为脚是低下的,忌把脚伸到别人面前,也不能把东西踢给别人。他们就座时最忌跷腿,把鞋底对着别人,这意味着把别人踩在脚下,是一种侮辱性的动作。妇女就座时双腿要并拢,否则会被认为缺乏教养。

(五) 与新加坡人交往

新加坡人十分讲究礼貌、礼节,其风俗习惯因民族和宗教信仰的不同而不同。华人的传统习俗与中国相似,两人见面时作揖或鞠躬、握手。印度血统的人仍保持印度的礼节和习俗,妇女额上点着吉祥点,男人扎白色腰带,见面时合十致意。马来血统、巴基斯坦血统的人则按伊斯兰教的礼节行事。

新加坡人忌说"恭喜发财"之类的话,因为"发财"两字被认为含有"横财"之意,而"横财"就是不义之财,因此,祝愿对方"发财"无异于挑逗、煽动他人去损人利己,去做对社会有害的事情。

(六) 与美国人交往

美国人一般不太拘泥礼节,他们第一次同人见面,可以直呼对方的名字,不一定以握手为礼,有时只是笑一笑,说一声"Hi!"或"Hello!"这种不拘礼节的打招呼方式,与其他国家的握手方式意义相同。分手时也不一定跟别人道别或握手,而是挥挥手,或者说声"明天见"、"再见"。

当美国人被邀去朋友家做客时,必须预备小礼物送给主人。在朋友家做客,如果想使用其电话要经主人同意,离开时,应该留下打电话的费用,可以说"给孩子买糖果吃"。

美国人在收到礼物、应邀参加宴会、得到朋友帮助后,都要写信致谢。赠送亲友礼品也要附信,或者在礼品上附礼物片。这样不仅使赠送者显得有礼,而且对接受者而言,也表明是他人赠送的礼品,并非索要所得。

(七) 与欧洲人交往

欧洲人见面时,男士不能主动向女士伸手,一定要等女士主动伸手,才可去握。一旦女士伸手,男士反应要快,不能迟疑,否则也是一种失礼行为。如果戴帽子,可把帽子稍稍抬起,或者用手触碰帽檐以示礼貌。东欧人、南欧人比较热情,见面时有拥抱、拍肩膀的习惯动作。

欧洲人的称呼,一般在姓之前冠以先生、夫人、小姐,除非很亲密,否则不能随便直呼其名。与欧洲人闲谈,最好谈一些共同感兴趣的话题,比如,体育比赛、个人业余爱好、天气等等。说话声音不要很大,以免干扰他人。意见分歧时,不能一味地去说服别人,更不能喧嚷争吵。

给欧洲人打电话,如果没有急事,不要冒昧地往家里打,更不能在用餐时间打,以免干扰他人。业务上的电话最好预约,否则一开始应致歉,并加以说明,待对方不介意后,才可说下去。

同欧洲人进餐,要尽量避免餐具碰撞发出声响。欧洲人没有劝酒、劝烟的习惯,也不要向他们敬烟、劝酒,他们认为强迫别人饮酒是极为无礼的行为。

1. 东西方在好客观念和表达方式上有哪些区别?
2. 涉外交际中"慎问隐私"主要包括哪些方面?
3. 涉外宴请有哪几种形式?
4. 与欧洲人交往要注意哪些礼仪?

第十一章 日常语言交际策略

第一节 交谈策略

没有人能脱离日常交际,但每个人的日常交际质量各不相同。学习一些日常语言交际策略,有助于提高日常交际质量,促进日常交际中人际关系的和谐。

交谈是最常见的一种日常语言交际现象,与郑重场合的演讲、辩论或商贸谈判等语言交际相比,这种交际更为轻松、随意和灵活。第一,日常交谈的话题容易转换,交际者常常可以根据自己的兴趣、情绪或其他外在因素随意转换话题。第二,日常交谈在内容上可以是不连贯的,尤其在闲谈过程中,交际者可以想到哪里就说到哪里,喜欢的事就多说一些,不喜欢的事就少说一些,有时间可以把话说完,没时间可以改日再谈,不像演讲、辩论或商贸谈判等郑重场合的交际那样,要求内容完整连贯,表达逻辑严密。第三,日常交谈的地点具有随意性。演讲等郑重场合的交际活动通常要事先选择好适当地点和时间,而交谈则可以随时、随地进行,既可以在郑重的社交场合,也可以在日常生活情景中,比如,吃饭、睡觉,甚至洗澡、如厕都可以进行交谈。但是要想提高交谈质量,使交谈顺利、深入而愉快,还要掌握以下方法。

(一)提高交谈质量的方法

1. 主动提问。问题一般分为两类:一类是礼节性问题,一类是询问性问题。礼节性问题主要是了解一个人的姓名、籍贯、职业等。礼节性问题常被当作交谈的开场白,但随即让位于询问性问题。询问性问题通常更具体,主要用来引出有关对方处境、经历、思想、感情等重要事实。

一旦交际者提出一个询问性问题,他就可能获得比提问更多的信息,这些信息被称为免费信息。比如,交际一方问另一方她是否住在城里,她如果回答"是的",那发问者接收的不是免费信息。但在大多数情况下,发问者会获得诸如"我刚搬到北京东郊,因为我很喜欢那里"之类的回答。由此,发问者便获得了两条免费信息,即具体地点(北京东郊)和住在那里的原因(喜欢那里)。通过一连串的问题,发问者可能会获得更多的免费信息。

交谈的最基本惯例是打听。人们总是喜欢谈论自己,他们会因为发问者的注意和兴趣而感到满足。在一些国家,有根深蒂固的"莫管闲事"的社会习俗,对此交际者可以借助积极倾听和自我袒露的技巧,做到既尊重这些习俗,又能获得较好的交谈效果。

2. 积极倾听。好的交谈者的一个重要标志,是让对方感觉他在认真倾听,并就所听到的一切作出反应。别人说话时保持沉默,并不一定就是在认真倾听。

(1) 真倾听和假倾听。真正的倾听者往往要以下列意图之一为基础:1) 了解某人。2) 欣赏某人。3) 了解或学习某些东西。4) 给予帮助或安慰。如果交际者想了解某人,他会情不自禁地认真倾听;如果交际者喜欢或欣赏某人,他也会心甘情愿地认真倾听;如果交际者对交际内容感到愉快或者想从中学点什么,他还会自然而然地认真倾听;如果交际者想帮助或安慰某人,他仍然会耐心地认真倾听。

有许多装模作样的假倾听往往被当作真倾听。假倾听的目的不是倾听,而是为了达到其他目的。比如,让对方以为自己感兴趣,以博取对方的好感;争取时间,为自己将要发表的意见作准备;假装认真,以便对方到时候也能认真听自己讲话;为了发现或利用别人的弱点等等。

过滤(只听某一信息,对其他信息充耳不闻)、先入为主(臆断某人愚蠢,就不会对他的话给予多少关注)、心不在焉(似听非听,对方的某些话突然触发了自己一连串的个人联想)、好为人师(认为自己是解决问题的能手,随时准备提供帮助和建议,没听完三五句话就开始在腹中搜寻良策)、争辩等等,都是交际者不能很好倾听的障碍,要认真倾听就必须消除这些障碍。

（2）如何积极去倾听。要做到积极倾听至少要做到以下几点。

第一，停。停止手头上的工作，比如，停止接听电话，停止接待其他访客，停止所有干扰行为，集中注意力面对谈话对象。这既可以表示准备好倾听，又可以表示对对方的尊重。

第二，看。眼睛注视对方，注意对方所有非语言交际行为，因为一个人的大部分情绪可以从他的非语言行为表露出来。如果不注意看对方，就失去了其他的沟通渠道。

第三，听。听不只是接受声音的信息，还要注意对方的声音特质、语调、语速、音量、沉默的使用等。比如，重音不同，话语意义可能有很大不同。例如：

A：那些欠账你付清了吗？
B：是的，那些欠账我已经付清了。

代词"那些"重读，既指称前一句所提到的"那些欠账"，又向我们透露另外一层信息：虽然"那些"欠账已经付清，但还有其他一些尚未偿付。

第四，问。倾听时利用机会提出问题，除了表现交际者在用心倾听，还显示出其积极参与的热情。听的时候还可以运用应答、三言两语的评论或必要的提示来诱导说话人。尤其对那些说话能力较差的人，如果能及时加以引导，双方的交谈质量就会得到提高。

第五，谈。倾听时除了发问以外，还可以谈一谈对方的话语内容，尝试作出简单的结论，也可以谈谈自己的想法与感受。这样，一方面可以给对方回应，另一方面也可以更深入讨论谈话的主题，满足对方的交际需要。比如，你和老朋友一起吃饭，他神色忧郁地说，自己跟妻子闹了别扭，好多天一直情绪郁闷。如果你此时转移话题："你吃点什么菜？"这无疑在间接提醒他，最好把自己的烦恼埋在心底。反之，如果你就这个话题给他一些宽慰，他会好受得多，也会很感激你这位朋友。

3. 自我袒露。自我袒露是指传递自身的信息。袒露使亲近成为可能，不想袒露自我却想让对方袒露内心世界通常是不可能的。

但自我袒露并不表示必须透露自己内心深处的需要和秘密。

自我袒露有三个层次。第一层次是纯粹资料性的信息，比如，谈谈自己的工作、自己最近的科研安排、有趣的经历等。在交际者准备透露自己的情感之前，交谈的最初几分钟一般都停留在这个层次。

进一步深入接触，交际者会转向自我袒露的第二层次。这一层次包含想法、情感和需要，但只涉及过去或将来。

交际者所透露的有关自己的每一件事，都会给自己与对方的关系走向亲密提供可能。对方会因走进袒露者的个人世界而感到备受信任。他们能共同感受到这种逐渐深入的交流所带来的兴奋。当袒露者谈论自己的希望、恐惧、爱好和思想时，他变成了一个有血有肉、与众不同的个体，而不是一个概念性的人。

许多人从未跨越自我袒露的第二层次，他们所谈论的感情和事件都已经成为过去。他们通常不愿说出对现有亲朋好友的评价或感受。

自我袒露的第三个层次涉及交际者对谈话对象的感受。达到这个层次的关键是说出自己此时此刻的感受。这种袒露很冒风险，但也会因此感到无比的刺激。

交谈是融主动提问、积极倾听和自我袒露为一体的艺术。交谈的基本规则是主动提问，但交际者必须用自我袒露来缓和自己的探问，从而让对方感到在被了解的同时，也了解了他人。主动提问既满足了自己的好奇心，又获得了很多信息，还可以使交际双方不断地交谈下去。当交际者不再有兴趣提问时，这可能是他想结束谈话的信号，此时对方应当找一个合适的借口来收场。

（二）愉快交谈的方法

交谈是传递信息、沟通思想、交流情感的，也应该是开心愉快的。愉快的交谈才能让交谈者更轻松、更快乐，才能更增进交际双方的情感。但并非任何交谈都能让交际各方轻松愉快，要愉快交谈，交际者必须注意以下几个问题。

1. 适时而发。有时自己想谈的话题对方并不爱听，此时如果交际者仍然坚持要谈，对方可能表现得冷漠甚至厌烦。只有当对方爱听或情境适合时，再充分交谈，双方才会心情愉快，饶有兴致。

2. 调整话题。交谈除了传递信息,还是加强沟通、增进感情的重要途径。如果已经形成一个愉快的交谈局面,就应该珍惜和维持。如果发现话题正变得乏味,就应该立即调整,找到彼此新的兴奋点,形成新一轮的交谈高潮。只有不断激发其他交际者的交谈兴致,交谈才可能保持愉快。

3. 适情而止。人的心理状态在维持相应时间后会出现倦怠期。如果对方兴致开始消退,自己仍然喋喋不休,会破坏对方的愉快心境,也会影响其他交际者日后与你交谈的兴致。因此,当交谈已经完成它的使命后,就不应再更多占用他人时间。当然,什么时候结束交谈,不能单看时间的长短,而要根据对象、情境和内容来确定,这要求交际者自己善于把握尺度。

4. 避免争论。至今仍有些交际者不明白争论在交谈中的危害,他们会为一些小事争得面红耳赤,最后大家不欢而散。在日常交谈中,对不是原则性的问题,避免争论是交际者明智的选择。

5. 不要插嘴。在交谈中注意聆听,认真听完对方的话语是礼貌,更是教养。打断他人的谈话,是没有礼貌、没有教养的表现。需要发表个人意见或有必要进行补充、说明时,也应该等对方的陈述告一段落或得到对方首肯之后再说,尤其在尊者、长者、客人说话时,更不要随意打断或插嘴。

6. 莫道人长短。这里所说的道人长短指的是只能会伤害别人的闲谈。"当亲不言友",在一个人面前揭露另一个人的短处,别人会认为不够厚道,即使那人真的有很多缺点或不为人知的卑劣行径,背后议论也不好。日久见人心,那个人的缺点或卑劣行径迟早会被他人知道,因此你没有必要为此伤了自己的形象和人格。

另外,在交谈中也要注意:己所不欲,勿施于人;避免谈论对方生理上的缺陷、疾病等不愉快的事情;避免触动对方心灵深处的创伤(如父母离异、亲人病故等);忌用不雅的语言。还要尊重对方的习俗,这也是尊重人的表现,如果该避讳的地方没避讳,也会造成"话不投机半句多",不欢而散的交谈后果。

第二节　安慰与劝说

安慰与劝说是日常交际中常见的语言交际手段,看似简单,但是要达到预期的交际目的并不容易。不管是安慰,还是劝说,都有很多交际技巧需要掌握。

(一) 安慰

人们常常会得到别人的安慰,反过来,作为社会成员,也应该懂得别人受伤害时如何去有效地安慰别人。要让安慰达到预期的效果,交际者需要注意以下几个方面。

1. 理解与同情是安慰他人的基础。安慰的目的是为了启发他人自我解脱,人受打击时,往往会变得孤独、苦闷和消沉,想问题也常常容易钻"牛角尖",片面地扩大消极方面,难以体会到事物的积极意义。安慰者首先要真正理解和同情他人。如果自己不能理解安慰对象的苦闷及所受的打击,安慰就绝对不会有效。

2. 情感要真实,语言要真诚。著名影星索菲亚·罗兰向导演德昔加哭诉她的珠宝失窃,导演开导她说:"索菲亚,听着,我的年纪比你大得多,我懂得人生一个真理,那就是千万不要为不能为你哭泣的东西哭泣。"德昔加的话语很朴实、真诚,正是这真情实感与朴实无华的话语,让索菲亚顿时明白了人生一个重要的道理,并迅速从悲伤、懊恼中解脱出来。

3. 要给人鼓励,给人力量。安慰应该是真诚的关怀、平等的交流,应该给人以鼓励,给人以力量。巴金曾谈到他与夫人萧珊的一段往事:在四害横行时,巴金在单位被人看成"罪人"和"贱民",日子十分难过。有一段时间,巴金和萧珊每晚都要吃安眠药才能入睡,可是天刚发白就都醒了。巴金诉苦般地说:"日子难过啊!"妻子萧珊也以同样的声音回答:"日子难过啊!"但马上加一句:"要坚持下去。"或者再加一句:"坚持就是胜利。"巴金夫人的话,一句从情感上呼应丈夫,一句从理智上安慰、鼓励丈夫。正是这种相濡以沫和长期的安慰与鼓励让巴金度过了那段艰难岁月。

4. 要有针对性,解决根源问题。1962年10月的一天,郭沫若来到著名佛教圣地普陀山游览。当他信步来到普陀山"梵音洞"时,看见地上有一本日记。郭老打开扉页,见上面写着一副对联:"年年失望年年望,处处难寻处处寻。横批:春在哪里。"再往下看,下页是一首绝命诗,并写着当天的时间。郭老看后很着急,急忙叫人四处寻找,终于找到了这本日记的主人。她是一位神情痛苦、行动失常的姑娘。经过了解,知道姑娘叫李真真,因三次高考落榜,又在爱情上受挫,于是产生轻生念头。郭老耐心细致地开导和安慰她,最后又语重心长地说:"这副对联说明你有一定文化水平,不过下联和横批都太消沉了,这不好,我给你改一改,好不好?"于是郭老随口吟出新联:"年年失望年年望,事事难成事事成。横批:春在心中。"接着郭老又为姑娘念了一副对联:"有志者,事竟成,破釜沉舟,百二秦关终属楚;苦心人,天不负,卧薪尝胆,三千越甲可吞吴。"郭老说这是蒲松龄落第自勉联。李真真听了郭老的赠言,豁然开朗,表示不再轻生。

5. 要选取恰当时机。安慰人要选择好时机,时机恰当,才能收到良好的安慰效果。比如,对丧亲者的安慰,一般来说应该在听到消息后,及时出现在丧亲者面前,给予开导和安慰。如果事过境迁,不仅会失去安慰意义,还会让对方已经平复的心灵再次勾起伤心的回忆。听到消息就及时出现在需要安慰者的面前,既表明对他的关心和爱护,又能安抚他感情上的无助与伤痕。安慰除了要及时,还要注意对方的情绪。对方情绪激动或处于失控状态,任何人的安慰都难以入耳,此时安慰往往起不到效果。这就需要安慰者等一下,待对方平静下来,再去安慰。

安慰是一门艺术,交际者不能企图通过记住几条规则或读几本书就完全掌握安慰的方法和艺术。要真正掌握并灵活运用安慰艺术,还要通过人际交往、相互关心、逐步感受来最终获得。

(二) 劝说

劝说也叫说服,是人际间施加影响的一种语言交际方式。它通过运用某些论据来影响交际者的信仰、价值观、态度或行为。劝说以劝说者的信息传递为开端,以引起被劝说者相应的心理变化和行为变化为目的。要劝说成功,把握以下几个要点非常重要。

1. 劝说者的自我准备。权威性、吸引力和真挚的情感,是成功劝说的三个重要方面,因此,劝说者要在这三方面作好准备。

劝说者的声望、地位、职业、专长以及对所要劝说内容的掌握、理解程度,都会影响听众对他的信任程度。美国心理学家凯尔曼等人的实验结果证明,被劝说者一般都倾向于相信某个领域中的专家意见,这是一种权威效应。权威效应不仅体现在劝说者的职业、地位、年龄等因素上,还体现在劝说者所表现出的修养、学识、才能及对劝说内容的理解上。

劝说者要让对方信服,还取决于他所表现出的吸引力。从接受心理学分析,听众往往对他所喜爱的传播者更多注意其合理之处,也容易信服其观点。听众也倾向于信任那些真诚、坦率、态度诚恳的劝说者。

2. 对劝说对象的把握。有效的劝说必须有赖于劝说者对劝说对象心理特点的把握。劝说对象的心理特征可以从纵向和横向两个方面分析。纵向是从年龄特点来分析,横向是从性格特点来入手。

3. 劝说的技巧和方法。劝说的方法和技巧很多,可以采用直言点拨式、辩驳征服式、迂回诱导式、循序渐进式,也可以采用以退为进式等等。具体采用哪种方式,还要看劝说对象的特点与劝说的内容。

比如,二战刚结束,丘吉尔会见沙特阿拉伯国王,谈到如何处理战败国德国时,丘吉尔语重心长地讲了一个故事。他说:"你听过这个故事吗?从前,有一个牧师遇到一条小蛇,小蛇爬到他面前恳求说:'有一只狼在追我,想要吃掉我,恳请牧师能救我一命。'牧师可怜它,便把它揣入怀中。可小蛇还是觉得不安全,要求把它放在牧师口中,牧师也照办了。不一会儿,狼就走了过去。骗过狼以后,那小蛇说:'现在轮到我报答你的恩惠了,我要咬你一口,不过我给你一个选择,是咬舌头呢,还是咬上牙膛?'"丘吉尔接着说:"有的人就是这样,有的敌人也是这样,你说呢?"沙特阿拉伯国王心里顿时明白了,丘吉尔是在告诫自己不要为敌人求饶的假象所迷惑。

这里丘吉尔巧借故事,委婉地表明了自己的态度,这种迂回式的劝说就收到了很好的劝说效果。

劝说毕竟是一项很高的语言交际能力,要想让被劝说者有所改变,并非简单的三言两语就能奏效,因此,在劝说之前,交际者要对上述劝说要点有所了解。此外,劝说者还要切记:第一,劝说要有耐心,不要急于求成。第二,劝说时注意分析对方的意见,让自己的劝说更富有针对性和说服力。第三,充分尊重对方,并力求以情动人。第四,劝说不能强制,应该以事服人。

比如,美国一位校长在一次集会时,头戴方帽,身穿礼服,面容严肃地登上讲台。但他只讲了几句开场白,就从口袋里掏出笔记本写着什么,然后把本丢在地上。接着他又掏出香蕉,吃后把皮随手扔掉,然后是糖果、花生,最后竟把泡泡糖的渣也吐在台上。在学生们愤怒得看不下去时,校长说道:"各位同学,大家已经看清楚了,从现在起,让我们共同维护校园的整洁吧!报告完了。"

这位校长的做法无疑是经过深思熟虑的,他这种以事服人的劝说方式,比板起脸孔反复告诫学生要维护校园卫生更具有说服力。

第三节　赞美和道歉

(一) 学会赞美

人人都希望自己得到同事、上级、家人的认可和称赞,获得荣誉和赞赏对每个人来说都是高兴的事。在人际交往中恰当地运用赞美策略,能很快获得对方的好感。

1. 人人都需要赞美。通过心理学实验,心理学家得出一个结论:在驯兽方面,一只一有良好行为就得到奖励的动物,要比一只一有不良行为就受到严惩的动物学得快,而且更容易记住它所学的东西。这位心理学家又进一步研究证明,人类也有着同样的情形。在人际关系的处理上,用批评、指责的方式,不能让他人彻底改变,反而常常会引起他们的逆反心理。比如,一个人可以用手枪抵住他人的后腰,让他把珍贵的手表给自己;也可以用解雇相威胁,让员工拼命为他工作;还可以用打屁股的方式恐吓一个小孩为他做不该做的事。用这类强迫的方式,强迫者可能一时如愿,却潜藏着极大的危害。那么,怎样才能赢得他人真心的合作?怎样才能让他人心甘情愿地做事？人们内心深处渴求的到底又是什么呢？

精神分析学派的创始人弗洛伊德说，我们做任何事，都缘于两个动机：性的欲望和做个重要人物的渴望。美国行为主义学派的詹姆斯教授说，人性中最深切的禀赋，是被人赏识的渴望。美国著名作家、幽默大师马克·吐温说，一句赞美的话能当我十天的口粮。美国前总统林肯则说，人人都需要赞美，你我都不例外。

上述这些人都强调了人们对被认可、被欣赏的渴求。但现实生活中，人们的行为却往往相反，他们看别人的不足时常常是千里眼，一旦发现别人不顺眼或出点差错，就习惯性地批评、指责。如果别人做对了，干出了成绩，该表扬几句时，他们却成了近视眼。正如一个孩子所说，放学后打游戏机，马上会听到妈妈的指责，第二天放学后就做作业，却听不到妈妈的半句夸奖。

2. 如何发现他人的"美"。要赞美他人，首先要发现他人的"美"之所在。要善于发现他人的"美"，交际者应该做到以下几点：

（1）学会体谅。体谅能让交际者理解本来他不能理解的人和事，能让交际者怀着一颗博爱之心，更多发现人间的真、善、美，更多发现他人的优点和可爱之处。

（2）学会宽容。宽容在给人提供改正错误机会的同时，也在给人创造施展长处的空间。此时，交际者会发现一个犯错误的人原来也有如此多的优点去值得欣赏和学习。

（3）常怀欣赏之心。有什么样的心，就有什么样的眼睛，交际者常怀欣赏、友爱之心，就会更多发现他人的优点，常怀挑剔、敌意之心，就会更多注意他人的不足。

3. 如何去赞美。了解了发现他人"美"之所在的方法和赞美的重要性，还要知道如何去赞美，只有恰当地赞美，才能收到良好的赞美效果。

（1）赞美要具体。比如，你的同事剪了新发型，与其泛泛地说"你的发型不错"，就不如说"你这个新发型真好，让你年轻了十几岁"。如果再用一个问题衔接下去，效果则会更好。比如，"你是在哪家做的？"或"你怎么想到选择这种发型的？"这样的赞美方式更能显示你赞美的诚意，表明你不是在随意奉承。

（2）赞美宜深入。赞美宜深入，不宜表面化。要让自己的赞美更深入，就要平时留心观察被赞美者。一般来说，人的优点按影响可以分为三类：一是人所共知、有口皆碑的优点，二是不太显著、不太巩固的优点，三是萌芽状态的优点。对于第一类优点，交际者不妨同声赞扬，否则对方可能会以为你不同意这种公众评价，但这种赞美中最好有一些比较新鲜的意见。如果想要和对方建立起更深一层的关系，就要挖掘得更深入一些，也就是说，最好能准确细致地说出他的第二类甚至第三类优点。

（3）借他人之口来赞美。有时赞美的话由自己说出来，好像没真凭实据，反倒有恭维、奉承之嫌。所以，如果赞美别人说"你看起来还那么年轻"，就不如说成"你真年轻，难怪某某说你一直那么年轻"。这样好像证实了自己的赞美，对方就容易信以为真，不会怀疑你是在随便奉承他。人们通常认为"第三者"所说的话比较公正、实在，因此，以第三者的口吻间接赞美对方，更能博得对方的好感和信任。

最后，赞美要注意实事求是，言不由衷或张冠李戴等无事实根据的赞美是不可取的，这容易让对方怀疑你的赞美动机，结果反倒破坏了交际效果；还要注意在客观事实的基础上，把握措辞的分寸。

（二）懂得道歉

学会赞美的同时，还要懂得道歉。赞美是营造积极的语言交际局面，道歉则是消除消极的语言交际局面。道歉要注意把握以下两点。

1. 道歉的时机。一些研究焦虑情绪的心理学家表示，道歉时一定要慎重，并把握好时机。根据他们的计算结果，交际者最好在失言或做错事后的10分钟到两天内向生气的"受害人"承认错误。

一些研究道歉时间的人认为，表达歉意应该有一个最佳时机，即"受害人"解释自己为什么生气时，他们将这一时机称为道歉的成熟期。道歉太早，对方可能不会相信道歉者的话，怀疑他的诚意，或者认为道歉者在采取防御措施，以防止"受害人"生气或实施报复；但道歉太晚也不好。

研究结果表明，在道歉被接受前，交际者总共要经历七个阶段：（1）双方开始争吵。（2）双方可能要说一些威胁的话。（3）双方言辞更为激烈甚至辱骂。(4)"受害人"感觉自己受了委屈,开始解释。(5)"受害人"相信"施害方"认识到了他所造成的伤害。(6)"施害方"告诉"受害方"自己认识到了错误。(7)"施害方"开始道歉。

2. 道歉的动机和方式。为什么道歉和怎样道歉,有专家提出建议。英国德比大学临床心理学教授保罗·吉尔伯特说:"如果你道歉的目的只是平息对方的怒火,那么这种道歉对缓和双方的紧张关系没有多大帮助。这种道歉带有一种欺骗性,而不是由衷地承认自己的错误。在你真正意识到自己对他人造成了伤害后再去道歉,道歉时也不要过于低声下气,最好能做到既真诚又不卑不亢。"[①]

第四节　培养幽默感

那些有幽默感、说话风趣的人,往往在语言交际中备受欢迎。他们能在并不完美的人生中发掘出生活的乐趣,体会到人生的美好,给其他交际者带来愉快和欢笑。

(一) 幽默的魅力

幽默,《辞海》的解释是"言语或举止生动有趣而含义较深"。这个释义包括两方面内容:(1)含义深刻,不能浅显易见、直截了当。(2)有趣,不是索然无味、言尽意竭。两方面结合并融为一体,才是幽默。

幽默的语言是才华与智慧的闪光,是思想、学识、智慧和灵感在语言运用中的展现。机智、巧妙是幽默产生的基础,机巧性是幽默语言的显著特点。比如,有一次又瘦又高的萧伯纳在大街上被大腹便便的富商发现。肥胖的富商对萧伯纳说:"从你身上我看出农村正在闹饥荒。"萧伯纳回答说:"不错,从你的身上得到了证实。"萧伯纳之所以能以幽默的语言反唇相讥,正是来自于他的机智和乐观。可见,一个人的幽默感与他的个性有着密切的关系,与他的思维能力也有

---

① 见王旷:《心理学家揭示道歉秘密:什么时候道歉最管用》,《现代交际》2005年第10期,第34页。

直接关系。

幽默是一种诙谐和使人快乐的能力,它如果在一个人的身上形成稳定的态度和习惯化的行为,就构成了人的性格。一般来说,具有幽默性格的人开朗大方,悲苦时他们会显得轻松,嘲讽时会显得不失礼,孤独时也显得不绝望。与之交际,往往使人心情愉快、乐趣无穷。

美国总统里根在就任总统后第一次访问加拿大时,许多举行反美示威的人打断他的演说。这让陪同他的加拿大总理皮埃尔·特鲁多非常尴尬。里根当然不会计较此事,更不会责怪特鲁多。但他怎么表示呢?挥挥手说"别理他们"当然不行,诚心说明"我不在意"也不好。此时他充分展示了自己的幽默感,对特鲁多说:"这种事情在美国常有发生。我想这些人一定是特意从美国来到贵国的,他们想让我有一种宾至如归的感觉。"尴尬的气氛顿时一扫而光,这就是幽默的魅力。

(二) 幽默的培养

幽默与搞笑、滑稽、耍贫嘴不同,它是才学、智慧和灵感的结晶,是一种高妙的应变技巧和语言艺术。一个不学无术、孤陋寡闻、悲观厌世的人很难会有幽默感。

从本质上说,幽默气质来源于一个人乐观、开朗的胸怀。幽默是人们对不同环境的乐观态度。社会越开放,人们越富有幽默感,不仅因为幽默是一种智慧,更因为人们有这份胸襟。幽默的人要具备渊博的知识和广泛的社会经验、敏锐的洞察力、丰富的想象力,还要有高尚优雅的风度和镇定自信、轻松乐观的情绪,以及良好的文化素养和较强的语言表达能力。因此,要培养幽默感就要在这些方面下工夫,当然,这是一个长期的过程,不是短期内就能实现的。

要想在短期内增强自己的幽默感,交际者可以借鉴以下方法。

1. 储备幽默素材。储备幽默素材是将自己通过各种渠道得来的幽默素材作为原材料,然后经过加工处理,最终成为自己的幽默成品,以备在合适的交际时机和场合随时提取,派上用场。

在丰富多彩的现实生活中,其实有很多既有趣味、又彰显智慧的事件和现象可以作为幽默的素材。语言交际者要培养和增强自己的幽默感就要做一个"有心人",平时注意多积累,让自己的幽默语料库丰富起来。素材的积累和搜集可以有很多方式,比如,细心观察身边的人和事,在各种报章杂志上获取幽默信息,也可以从听到的事件和现象中选取精彩的整理出一两件。积累一定素材后,一定要用自己的观点和情感作出评判和分析,整理出对这些事件和现象的看法和感想,只有这样,它们才能真正成为自己的幽默产品。

2. 培养"趣味思维"。事先储备的幽默产品毕竟不如自己随时根据具体情况生产的幽默产品更切合当时的语境,因此,还要注意培养趣味思维,以便能随时展现自己的幽默感,增强语言交际的魅力。

趣味思维实际上是一种反常的"错位思维",它往往不按普通人的惯常思路去运作,而是"岔"到有趣的那一面去。趣味思维往往能体现出一个交际者捕捉喜剧因素的能力。比如,演说家罗伯特是个光头,有人取笑他总是出门忘了戴上帽子。他却说:"你们不知道光头的好处,我可是天下第一个知道下雨的人。"

3. 学会运用各种手法。极度的夸张、反常的妙喻、含蓄的反语以及对比、拟人、移就、对偶等修辞手法,能构成幽默;选词的俏皮,句式的奇特等语言技巧,也能构成幽默;特殊的语气、语调、语速,故意的停顿,半遮半掩或引而不发等表达艺术,也能营造出意味深长的幽默。

(三)运用幽默需注意的事项

幽默是人际交往的润滑剂,恰当地运用幽默,会使人与人之间的关系更健康、更和谐。幽默还是语言交际的调味料,恰当地运用幽默,会使人际间的交际更精彩、更有滋有味。但任何东西都有两面性,用得好,会有很多益处,用得不好,也会造成很多负面影响。因此,交际者在培养幽默、运用幽默的同时还要注意以下事项。

1. 不可滥用。再好的调味料也不可滥用,比如食盐,用得适当,可以让菜肴鲜美可口,用得太多,则让人难以下咽。再如,萧伯纳少年时就很会幽默。有一次,一位朋友在散步时对他说:你现在常常出语幽默,非常风趣可乐。但是大家常常认为,如果你不在场,他们会更快乐,因为他们都感到自己比不上你。有你在,大家都不敢开口了。你的才干确实比他们略胜一筹,但这么一来,朋友将逐渐离开你,这对你又有什么益处呢。朋友的话让萧伯纳如梦初醒,从此改掉了滥用幽默的习惯。

  2. 宁可取笑自己,不要轻易以他人做话题。现实生活中,人们有时会因为说错了话或做错了事而使自己陷入窘境。在这种情况下,适时地幽默一下,自我解嘲,对掩饰尴尬、消除影响会起到很好的作用。但是一般不要以他人做话题,不要将他人作为幽默对象,因为这样往往会有取笑他人之嫌,是很不受欢迎的。

  3. 注意格调、对象和时机。幽默能让人在笑声中消除紧张、难堪,能愉悦人的情怀,使人感悟哲理。高雅的幽默是一个人的文化层次和素质修养的展现,而粗俗的笑语只能给人以低俗油滑的感觉。幽默还要注意对象和时机,在不熟悉的人面前,在长辈、师长面前,或者在对方伤感时,都要慎用幽默。

1. 交谈要注意哪些方面?
2. 如何去安慰他人?
3. 为什么要学会赞美?如何去赞美他人?
4. 何时是道歉的最佳时机?为什么?
5. 培养幽默感要从哪些方面入手?

第十二章　郑重场合语言交际策略

郑重场合的语言交际，是指不同于日常交际的商贸谈判、大型演讲、正规辩论等语言交际形式。把握这类语言交际形式的交际策略，可以促使交际者的交际活动更顺畅、圆满和成功。

第一节　商贸谈判

随着商品经济的发展，商贸谈判日益受到人们重视。谈判过程不仅仅是交际双方运用语言进行磋商的过程，还是交际双方心理、智慧、技巧和策略的较量过程。

（一）谈判的准备与入题

1. 准备工作。兵家说："知己知彼，百战不殆。"商贸谈判也同样是这个道理，因此，谈判前的资料搜集工作非常重要。与谈判主题有关的资料搜集得越多，越能避免作出对自己不利的决定，也越能对自己的要求及向对方提出的条件充满信心。搜集资料一般来说有直接和间接两种途径。间接途径的资料来源很多，比如，可以通过图书、报刊、新闻、广播以及音像资料等媒介来获取。直接途径就是到谈判对手所在地进行现场考察，这种途径相对来说费时、费力，但获得的信息比较真实。

2. 巧妙入题。准备工作做完后就要进入谈判阶段。正式谈判之前的入题很重要。采取巧妙的入题方式，可以使谈判气氛变得轻松、活泼，营造出一个良好的"啄食"序幕。

商贸谈判是在一种特殊的气氛中进行的，商业界将此喻为"啄食气氛"。人们常常能看到在荒郊野外喜鹊成群地飞翔、觅食，它们一般很少单独出没。一旦发现食物，它们便停留在附近的枝头上，用高度警惕的神态观察周围的情况。气氛是紧张的，但紧张中充满期待。这时只要有一只喜鹊发出欢快的叫声，制造出一种安全、喜悦的气氛，整个鹊群就会在这种氛围中一拥而上，竞相啄食。如果周围有什么风吹草动，它们会立刻警觉起来，在肃然的气氛中侧头探视。此时如果确有敌情，它们便纷纷离去；如果经观察，一只喜鹊发出平安无事的信号，它们则又会在重建的欢快氛围中再次啄食。商业谈判中双方的心情，与喜鹊觅食有很多相似之处，因此制造"啄食气氛"就显得非常重要。而得体、巧妙的入题，恰恰可以在谈判之初就拉开和谐、欢快的序幕。

入题的方式很多，谈判者可以从题外话入题，谈谈天气，谈谈衣食住行，如"这里的饭菜口味，各位吃得习惯吗？"谈谈有关旅行的话题，如"各位昨天的航班正点吗？一路上辛苦了"等等。从题外话入题要注意让对方感觉亲切、自然。谈判者还可以从"自谦"入题，比如，谦虚地表示各方面照顾不周；还可以从介绍己方谈判人员入题，比如，简要介绍一下己方人员的经历、学历、年龄、职务等；还可以从介绍己方基本情况入题，比如，简略介绍己方的生产、经营、财务等基本状况，向对方提供一些必要的资料，以显示自己雄厚的实力和良好的信誉，坚定对方与己方合作的信心等等。

（二）谈判的问答技巧

1. 提问技巧。限制型提问是一种目的性很强的提问技巧，这种提问的特点是有意识、有目地地让对方在自己所限定的范围内作出回答。婉转型提问的目的是摸清对方虚实，投石问路。如"这种产品的功能还不错吧？""您认为怎么样？"等等。

提问要把握时机。谈判中适时提问是掌握进程、争取主动的一个机会。谈判者可以在对方发言完毕后提问，可以在对方发言停顿间歇时提问，也可以在自己发言前后提问。谈判中不要采取盘问的方式提问。谈判双方的地位是平等的，一方有提问的权利，另一方有拒绝回答的自由，提问与回答需要双方相互尊重与共同配合。

2. 作答艺术。谈判中回答问题，不是件容易的事，因为此时的回答不仅是回答，还将意味着承诺。一个谈判者水平的高低，很大程度上取决于他答复问题的水平。

以下是一些常见的答复技巧:第一,不要彻底回答所有问题,答话者可以将问话者的范围缩小或者对回答的前提加以修饰和说明。第二,不要确切回答对方的提问。回答问题时,要给自己留有一定余地,不要过早暴露自己的真实想法。比如,发问者直接询问产品价格,如果马上把底限告诉对方,把价钱直接说出来,那么在进一步的谈判中,自己可能就比较被动。第三,不轻易作答。谈判者回答问题应该慎重,有针对性,在了解问题的真实含义后,再作出回答。

(三) 谈判的说服策略

谈判中的说服,要坚持以下原则:第一,不要只说自己的理由,表面上要突出是为对方着想或为了实现双赢。第二,分析清楚对方的心理。第三,研究对方的需求。第四,消除对方的戒心。第五,了解对方的特点。第六,寻找双方的共同点。第七,不要一开始就批评对方。第八,态度要诚恳。第九,要注意场合。第十,激发对方的自尊心。

以下是两点基本的说服策略。首先,谈判开始时,尽量先讨论容易解决的问题,然后再讨论容易引起争议的问题。其次,要注意"冷热水效应",即一杯温水,保持温度不变,另有一杯冷水,一杯热水,如果先将手放进冷水,再放到温水中,会感到温水热,而如果先将手放进热水,再放到温水中,会感到温水凉。同一杯温水,出现了两种不同的感觉,这就是"冷热水效应"。善于运用这种冷热水效应就可赢得某种心理优势,进而赢得主动。

"冷热水效应"实质是改变人们的心理期望值。人们对对方的期望值偏低时,对方的一点点成绩或改进都会让他们满足。鲁迅曾说,如果有人提议在房子墙壁上开个窗口,势必会遭到众人反对,窗口肯定开不成。可是如果提议把房顶扒掉,众人则会相应退让,同意开个窗口。鲁迅的精辟论述,实质上就是运用"冷热水效应"促使对方同意。当提议"把房顶扒掉"时,对方心中的期望值改变了,对于"墙壁上开个窗口"这个要求,就会比较爽快地答应。"冷热水效应"又可以称为谈判中的红脸和白脸。

（四）谈判的拒绝艺术

谈判过程中，不同意对方观点或拒绝对方要求时，一般不宜直接用"不"这个有强硬色彩的词，更不要威胁、辱骂对方。谈判一方可以考虑把否定性的陈述以肯定的形式表达出来。如"我完全理解你的感受"，这句话的巧妙之处就在于委婉地表达了一个信息，即"我不赞成你的做法"。

拒绝的技巧有很多，但目的只有一个，就是既达到拒绝目的，又能让他人理解，尽可能减少对方因被拒绝而引起的不快。谈判中尽量不要用否定的字眼，即使由于对方的坚持使谈判出现僵局，需要表明自己的立场，也不要指责对方，这是谈判者的修养的表现，比如，可以说："在目前情况下，我们最多只能做到这一步了。"

（五）谈判时的针锋相对与充分说理

谈判语言具有很强的针对性，在原则问题上应该寸步不让，对协商的焦点问题应该有的放矢。需要注意的是，即使正面交锋，也不必锋芒毕露、盛气凌人，更不能大吵大闹、强词夺理。正确的做法是就有争议的问题或问题的关键环节进行充分说理，最终以理服人。

比如，日本日铁公司曾按协议给宝山钢铁厂寄来一箱资料。原来谈好要寄六份，寄来的清单上也写着六份，但宝山钢铁厂工作人员开箱一看，箱内只有五份资料。于是双方再度谈判，一场交锋在所难免。日方说："我方提供给贵方的资料，装箱时要经过几关检查，绝不会漏装，是否可能途中散失，或者开箱后丢失？"这番话语言强硬，不容争辩。我方立即针锋相对地说："很抱歉，事实上开箱时有很多人在场。开箱后立即清点，我们是经过多次核实才向贵方提出交涉的。现在有三种可能：(1) 贵方漏装；(2) 中途散失；(3) 我方开箱后丢失。如果途中散失，木箱应该受损，现在木箱完好，这一可能应该排除。如果我方丢失，那木箱上印的净重应该大于现有资料的净重，而事实是现有五份资料的净重与木箱上所印的净重正好相等，因此我方丢失的可能性也应排除。剩下只有一种可能，就是贵方漏装。"

这番话有理有据，逻辑严密，处处用事实说话，谈判结果当然是不言自明。

(六) 谈判的报价技巧

没有谈判经验的人常常不知道怎样报价才能为自己带来更多的利益。他们往往把自己所追求的目标作为谈判的要求,向对方直接提出来。这样做使他们一开始就处于十分被动的地位。在对方看来,这是你作为讨价还价的条件提出来的,而实际上你已经无路可退。谈判中的初次报价,事实上等于为自己设定了一个价格上限,按常规,就不能再抬高价格了。如果想再把价格往上报,对方在心理上很难接受。在谈判过程中,特别是在还价阶段,谈判双方经常会相持不下,甚至陷入僵局。这时卖方可以根据情况需要,作适当的让步以打破僵局,促使交易成功。所以,开始报价时应该报得高一些,以便自己在还价阶段有更大的回旋余地。当然,报高价也要有一个限度,否则对方会因价格太高断然拒绝,使谈判无法进行。另外,在双方讨价还价过程中掌握"拖"的技巧也很重要。

报价还有几个技巧:第一,报零。报一个有零头的数目,表示自己已经精打细算,很难再降价。第二,降档。人们总是以整数为档次,一万元是一档,9998元就够不上万元的档次,给人的印象是低一档,实际上才低2元。第三,附加优惠内容。在报价时讲明还有哪些优惠条件,以此来吸引对方。第四,将一大一小的东西合价说成买一赠一。第五,分解报价。就是不报总价,而报最小计量单位的单价,没经验的商家一听单价很低,认为自己得了便宜,结果却恰恰相反。

(七) 解除谈判僵局

谈判中双方对某个问题各持己见陷入僵局是常有的事。要想合作,应尽量避免谈判出现僵局。善于将"以我为准"转化为"各说各的"是避免谈判陷入僵局的有效手段。以我为准的方式,是指对方提出一个议案,自己不同意就进行直接反驳和攻击;"各说各的"是指对方提出议案,自己不同意时不去正面反驳,而是从另外角度,迫使对方退让。

在商贸谈判中,两种表达方式常常导致不同结果。以我为准的方式经常使双方在一个议题上争论不休,而且不断发出警戒讯号,破坏商贸谈判中的"啄食气氛"。各说各的方式既不丧失原则立场,又能做到灵巧、圆通,是最终达成共识、曲道通幽的好办法。

如果僵局已经出现,那么转移话题,可能也是一个较好的解决办法。比如,双方在价格问题上僵持不下时,一方可以说:"这个问题好商量,要不我们先谈谈其他问题吧?"这样既可以暂时转移矛盾,又可以兼顾谈判进程。

不论谈判结果如何,对参与谈判的人员来说,每一次谈判都是双方的一次合作过程。因此,一般情况下,在谈判结束时都要对对方给予的合作表示谢意,这是谈判者应有的礼节,也可以为今后的再次合作奠定基础。

第二节　成功演讲

演讲分为不同类型。按内容划分,大体可以分为政治演讲、学术演讲和庆贺吊唁演讲;按方式划分,可以分为即兴演讲和备稿演讲。但不管是哪类演讲,要想获得成功,都要作充分准备,掌握相关方法,并注意相关问题。

(一) 演讲准备

常言说:"凡事预则立,不预则废。"演讲也是如此。要想演讲成功,演讲前的准备是必不可少的工序。

1. 了解自己,把握听众。了解自己就是要了解自己的水平、能力,在自己能力范围内选择恰当的演讲题目。超出自己演讲能力的演讲,成功率是不会高的。

把握听众则需要作以下准备:第一,根据听众的年龄、职业、身份、文化层次等,选择恰当的演讲内容和演讲方式。第二,根据听众的目的、需求、兴趣、爱好,确定演讲重点,调整演讲策略。第三,根据听众的不满心理、矛盾心理、逆反心理或抗拒心理,寻找演讲的突破口。

2. 写好讲稿,反复推敲。演讲有的是讲别人的成稿,有的是自己撰稿。相对来说,自己撰稿更有利于演讲成功。演讲稿是为演讲而准备的文稿,因此它应该具备演讲所特有的有声性、动作性和临场性等特点。

在写作上,写演讲稿与写一般的文章有不同要求。第一,选题。演讲在选题上的原则是:对自己来说是"能讲"、"想讲"的,对听众来说是"能听"、"想听"的,同时又是"宜时"、"宜地"的。第二,材料。选材除要求切题、新颖、典型、翔实外,还应该尽量选用与听众地理上接近、心理上相容的材料,这样的材料更容易产生良好的演讲效果。第三,结构。演讲稿的每个部分要按演讲顺序编上序码,使演讲层次更清晰,更有条理,还可以适当穿插一些故事、趣闻轶事等,让听众保持听讲的趣味。第四,语言。撰写演讲稿时,务必注意使用口语,关联词语和形容词要尽量少用。演讲稿写完之后还要修改、完善。

优秀的演讲稿都是经过精心修改最终完成的。演讲稿的修改最好在试讲的基础上进行,这样更容易发现语言、结构、篇幅等是否适合演讲,是否适合听众听讲等问题。

3. 活记多练,充分试讲。有两种情况特别容易影响演讲者的临场发挥。一是对演讲怀有恐惧心理,即俗称的怯场。导致怯场的原因很多。比如,担心自己讲不好,背着沉重的思想包袱;担心忘记演讲内容,上场前还背个不停,结果越背越慌;看到前面演讲的人发挥得非常好,担心自己不如人,因此缺乏信心等等。二是不熟悉演讲内容。写好演讲稿并不等于临场演讲就有十足的把握。要想稳操胜券,熟悉演讲内容,充分进行试讲非常重要。熟能生巧,只有熟悉演讲内容,才能消除或减少演讲者的恐惧心理。只有活记多练,演讲者才能在演讲现场从容镇定、发挥自如。

4. 增强自信,激发情感。演讲不能忽视心理上的准备,自信心是演讲者的重要心理支柱。自信心可以坚定演讲者的意志,可以充分发挥演讲者的创造性,还能帮助演讲者在突遇挫折的情况下,保持头脑清醒,随机应变。

一些实用的小方法可以调节演讲者上台前的紧张情绪:第一,深呼吸。第二,语言暗示。第三,满不在乎。期望值过高,心里就发慌,反倒会不知所措。放下心理负担,效果会更好。第四,集中注意力,即通过集中于某事而分散紧张情绪。

演讲需要在多方面进行准备,不仅要作笔头准备,还要作口头准备,不仅要作心理准备,也要作情感准备。一个人如果被激发起情感,到了有话可说,非说不可的时候,尽管他平时不善言谈,这时也会慷慨激昂、滔滔不绝。

(二) 演讲方法

1. 吸引、说服听众。要想使演讲吸引听众、说服听众,演讲者要做到以下几个方面。

(1) 仪表端庄高雅。当演讲者步入会场,走上讲台时,听众首先注意的是演讲者的形象。演讲者的形象是否能吸引听众,是否能给听众良好的第一印象,会直接影响演讲的成败。况且,注意自己形象和仪表修饰,本身就是对听众的尊重。对演讲者而言,美的形象也会让自己感到自身的魅力,从而增强自信心,增添上台演讲的勇气。

仪表是一个人的身材、相貌、体态、衣装所展示出来的外貌形象。相貌对于仪表而言并不是最重要的,一个人的仪表是由他的衣着、体态、言谈、举止以及精神面貌和涵养等共同作用表现出来的。

(2) 语言声情并茂。演讲是否具有感染力,与演讲者的声音表达力有很大关系。演讲者要吸引听众,形象和声音是不可忽视的因素。当然,要打动听众的心,引起听众强烈的共鸣,关键还要靠感情的力量。所谓"感人心者莫先乎情"、"情不深则无以惊心动魄",只有情深才能产生强大的吸引力和震撼力。声音里如果没有了"情",音色再好也不会感人。

要在演讲中感动他人,演讲者先要自己感动。第一,演讲者要对演讲全身心地投入。第二,演讲者要情动于衷。如果是虚情假意或者故作呻吟,听众一眼就会看穿,不但不能被感动,而且还会非常反感。

(3) 技巧调动情绪。一般来说,一个好的演讲要有诗歌的激情、小说的描述、相声的幽默、戏剧的冲突。演讲忌平淡,也忌没有激情。

要让听众情绪高涨,让整个场面充满活力,运用技巧让听众笑起来是一种比较有效的方法。比如,可以将某些可笑的人和事件作为笑料,或者用修辞手法将某些人和事件描绘得风趣可笑,或者故意违反逻辑、违背常理,或者自我解嘲,都可以引起听众的笑声,这笑声活跃了气氛,拉近了双方的心理距离。此外,用征询的方式调动听众听讲情绪也不失为一个好的技巧。

（4）内容让人叹服。绝大多数人去听演讲，不会只是为了看看演讲者的仪表、听听他的声音。人们的目的主要还是为了了解他演讲的内容，讲得怎么样。因此，一场演讲是否真正能持久地吸引听众，最终还要取决于演讲的思想内容和演讲艺术。优秀的演讲家之所以吸引听众，令人难忘，是因为他们的演讲不但思想深刻、主题鲜明、材料丰富，还深入浅出、生动形象、逻辑严密。

在演讲内容上要吸引听众，做到情理交融、事理合一十分重要。情理交融要求演讲者必须以情为先导，以理促其升华；事理合一是寓理于事，"理"只有以事实为依托才能立起来。常言说："事实胜于雄辩。"无论道理多么美妙动听，如果没有事实作为支撑，也不可能吸引听众。

2. 演讲中的应变与控场。应变与控场是指演讲者在演讲过程中，根据现场变化对演讲内容、方法、时间等作出灵活调整，对意外情况及时作出应对和处理，对听众的情绪及注意力进行有效控制的一种能力。下面是演讲中可能出现的情况以及相应的对策。

（1）演讲稿不适用。在演讲中有时可能会出现事先准备的讲稿不适用的情况。其情形可能有以下几种：① 听众提出了一些新问题，超出了演讲者准备的演讲范围。② 准备的讲稿内容与前面演讲者有许多重复之处。③ 从前面演讲中得到新的启示，有了新的观点和感想。④ 会场情况发生了重大变化，准备的讲稿完全不适合。如果遇到上述这些情况，演讲者就应该灵活应对，适当调整自己的演讲内容。

对于超出演讲范围的新问题可以从以下三方面考虑作答。首先考虑自己能否回答。如果能回答，最好。如果缺乏准备不能回答，一定不要不理会。这时演讲者可以说："这是一个很有意思也很重要的问题，我没仔细研究过，但我很愿意会后与大家一起讨论。"其次，演讲者要考虑有没有马上回答的必要、在什么时候回答更合适、是向众人回答好，还是会后单独回答更好等问题。如果有必要马上回答，就马上回答。如果问题是自己准备要讲的，则可以说："我一会儿要谈到这个问题。"如果感觉向众人回答没有单独回答好，可以说："会后我会答复你。"最后，还要考虑听众问的问题是否与自己的讲题有关、回答这个问题会不会影响演讲主题等问题。如果回答会把问题扯远，分散演讲的主题和中心，也可以不回答，但一定要对听众说："你提的问题我会后再答复你。"这样才不会让提问者扫兴或感到被忽视。

如果发生内容重复这样的事情，演讲者可以进行如下调整：第一，对相同的看法、论述省略不说，只讲与众不同的那一点或几点。但事先要交代一下，比如说："刚才大家对某某问题已讲得很详细、很深入了，这里我只想作一点（几点）补充……"或者说："这里我只想就某个问题谈谈我的观点和感受。"第二，对相同事件略去，只作总结性的或过渡性的评议，比如，演讲者可以说："刚才不少同志都详细讲了关于×××的事迹，的确他的事迹非常感人，是值得我们学习的……"

会场情况发生重大变化准备的讲稿完全不适用，或从前面演讲者的演讲中得到新启示时，演讲者需要放弃原来讲稿，重新组织演讲内容。如果时间允许，演讲者可以考虑重新写出讲稿。如果时间仓促，演讲者则可以列出语结，想出一个大体的框架，准备作即席演讲。

（2）听众故意刁难。通常情况下，大多数听众对演讲者是尊重、友好的，即使提出一些质疑也是出于求知或善意，对此，演讲者应该持欢迎态度，并认真地给予说明和解答。当然有时也不可避免会有个别人故意提出一些怀疑或敌视性的问题，故意刁难演讲者。面对这种情况，演讲者应该尽量化解，表现出自己的风度和机智，否则一旦气氛紧张了，对于演讲者和听众都很不好。

概念转换和幽默对于刁难的化解很有作用。例如，作家谌容有一次应邀到美国一所大学演讲。她刚登上讲台，有人就向她提出了一个难堪的问题："听说您至今还不是中国共产党党员，请问您对中国共产党的私人感情如何？"谌容非常巧妙地回答说："你的情报很准确，我确实还不是中国共产党党员。但是，我的丈夫是个老共产党员，而我同他共同生活了几十年，尚无离婚的迹象，可见，我同中国共产党的感情有多深。"谌容得体的回答不仅巧妙地化解了对方的敌意，也赢得了听众的普遍称赞。

再如，以幽默著称的英国前首相丘吉尔有一次正准备作即席演讲，一位故作媚态的女士对他说："丘吉尔，你有两点我不喜欢。""哪两点？"丘吉尔问。女士说："你执行的新政策和你嘴上的胡须。"丘吉尔听后彬彬有礼地答道："哎呀，真的，夫人，请不要在意，您没有机会接触到其中的任何一点。"还有一次丘吉尔访问美国，刚做了几分钟的演讲，一位反对他的美国女议员就站起来对他说："如果我是您的妻子，我会在您的咖啡里下毒药的。"丘吉尔狡黠地笑了笑说："如果我是您的丈夫，我会喝下那杯咖啡的。"丘吉尔的幽默总会令刁难者悻悻而去。

（3）听众开小差。演讲过程中，听众开小差是常见的现象。有的看报纸，有的聊天，有的喧闹，有的打瞌睡……这种情形非常影响演讲者的演讲情绪，因此，演讲者此时必须积极想办法改变这种状态，其中最重要的是找出原因，积极调整自己的演讲内容或演讲方法。比如，主观方面可能是内容枯燥或表达不好，客观方面可能是会场环境不好，或外界干扰严重等。

对于主观方面的问题，演讲者写讲演稿时要对材料作精心的设计和选择，力求幽默风趣。如果受到外界干扰，听众不能集中精力听演讲，演讲者不妨借景发挥，将意外发生的事情与自己的演讲内容结合起来。如果是天气引起听众困倦或烦躁，演讲者则不妨让听众休息片刻，活动一下。

比如，曾经有一位演讲者在演讲时，看到很多听众都在射进来的阳光下睡着了。这时他停下演讲，对听众说："请诸位抬头看看天花板。"大家以为天花板上有什么东西，便都抬头往天花板上看。"现在再看一看左边。"大家不知道是什么原因，又去看左边。"诸位再不妨看一看右边。好了，这就是头部运动。疲倦的时候，我经常做头部运动，效果很好。如果仍然感到疲倦，我们也可以做体操动作。现在请诸位举起手来。"

一般在这种情形下，听众是比较配合的。演讲者自身的精神状态在这个时候非常重要。不管听众是否表现出困倦的状态，演讲者都要保持精神饱满。一旦自己也出现了疲惫或困倦状态，演讲就彻底失败了。

（4）演讲者自身失误。智者千虑，必有一失。演讲者在演讲中出现失误在所难免。比如，突然忘了词、说错了、漏讲了，或上台时不小心摔跤了、绊倒了东西等等。出现上述失误，演讲者千万不能惊慌失措，否则很可能一错再错，以致局面难以收拾。

如果在演讲中忘记了演讲词，千万别让自己"卡"在那里时间太长。此时演讲者要强迫自己集中思想，争取在两三秒内想起忘掉的词语。如果实在想不起来，演讲者可以根据原来的意思另换词语，或干脆省略，把下一段的内容提上来讲。如果发现自己漏讲了某一段，可以随后补上，不要声张。说错了字词，或讲错了某句话，可以及时纠正，或在第二次出现时再纠正。万一听众发现了你的错误，也不要紧张，不妨将错就错，自圆其说。

如果上台时不小心跌倒了，或发现自己身上某个部位出了问题，如拉链没拉好，扣子扣错了，笨拙的化解方法是和听众一起笑，在笑声中恢复常态。高明的化解方法是借题发挥，说几句巧妙的开场白。比如，曾有一位演讲者步入讲台时被话筒的线绊倒了。当时台下一片哄笑和倒掌声。但是这位演讲者爬起来后，不慌不忙地走到话筒前，微笑着对听众说："朋友们，我确实为大家的热情倾倒了！谢谢！"顿时，响起了热烈的掌声和喝彩声。

（三）演讲应注意的问题

演讲中容易出现下列问题，演讲者应该引起注意，并尽量予以避免。

1. 风格错位。演讲语言的特点应该是以叙述语体为基调，综合各种语言体裁而形成的具有声音感、动作感的口语化语言。演讲语言的风格应该尽量朴实。很多演讲者没有把握好演讲语言应有的风格，而是向散文语言、诗歌语言靠拢，演讲者不像在演讲，却像在朗诵散文诗，动情有余，晓理不足，这是演讲风格的错位。

2. 常有废话。常有废话通常体现在以下几方面：一是作开场白时，离题的话太多。二是演讲中不断反复。听众感到啰嗦，单位时间内信息量太少。三是口头禅过多。

3. 故弄玄虚。演讲者为了吸引听众的注意力，常常设置一些悬念，这应该说是很奏效的，但是要把握好"度"。故弄玄虚是对听众的不尊重。

4．语速、语调不当。演讲者应该根据演讲的内容、要表达的感情和现场听众的情绪,来调整自己的语速和语调。一般来说,初讲者容易犯的毛病是语速过快。

5．体态语处理不好。演讲应该有演有讲,以讲为主,以演为辅,有机统一。"演"主要包括眼神、手势、表情等等。初学演讲的人常常处理不好手势,有的把手插在衣袋里,有的双手下垂,有的一只手摆来摆去,有的自始至终不做一个手势,有的只是在结尾时振臂一呼。当然,演讲者也要避免手势过多或身体晃来晃去,否则同样影响演讲效果。

第三节 辩 论

我国古代把"辩"解释为"说"。《墨子·经说上》有:"辩,争彼也。辩胜,当也。"《经说下》中又有:"辩也者,或谓之是,或谓之非,当者胜也。"如果没有是与非,就无所谓辩论,之所以有辩论,是因为有的人认为对,有的人认为不对,辩论的结果应该是"当者(合乎事实)"取得胜利。有关辩论的知识很多,本节主要讨论辩论的方案设计。

有人认为辩论赛预先设计的痕迹太多,影响辩论的质量,不能表现辩手的真正水平。还有人主张两支参赛队应该临时抽签定辩题、定立场,这样才算是真正的比赛。有些辩论赛中,辩手确实交锋太少,辩论双方只想着让对方进圈套,避免自己掉进对方圈套,于是都只顾按事先设计的方案各说一套。辩论赛的态势瞬息万变,如果辩论者始终死抱着设计预案不变,论辩僵化,那确实没有看头。但这并不等于说辩论赛就应该是即兴比赛,如果赛前不作充分准备,不预定辩论的章法,辩手思想不统一,混战一场,同样也没有欣赏价值。辩论和打仗相通,有备则制人,无备则制于人,因此辩论前的设计和准备非常重要。

(一)审题、立论与逻辑分析

辩题及相应的立场是辩论的出发点和归宿,对辩题的理解和把握直接关系到辩论方案的质量。

赛前准备应从审题做起。首先确定辩论的立场；其次，对辩题类型进行分析，对辩题进行价值判断。无论什么性质的辩题，属性通常都不是单一的，至少都有价值判断的要求。在审题时必须作价值判断，否则辩论达不到一定的高度，缺乏号召力和感染力。同理，对任何辩题也都应作出事实判断和理论判断，立足于充分的事实和权威的理论支持的基础上，才能立于不败之地。

为了准确把握辩题内涵，辩手有必要进行立论的相关工作，有一个由他人立论转化为自己立论的过程。同时，对于对方的辩论方案，辩手也要作充分的预测，并以此来调整己方的立论，对己方的方案反复分析和优化。

逻辑分析包括两部分内容，一是因果关系的分析，二是论证推理的难点与相应对策的研究。任何一个辩题都包含因果关系，只是有的辩题在字面上没有明显的因果关系，但要完成论证推理，必须建立必要的因果联系。

凡事"预则立，不预则废"，抓住、抓准推理的逻辑难点，并在赛前安排好处理方案是辩论预先设计的重要内容。

(二) 理论知识与事实材料的准备

辩题所涉及的理论知识大致可以分为三个层次：核心理论知识、相关理论知识、外围理论知识。支持辩题的理论又可以分为利己的和利他的两类。作理论知识准备时，要区分情况，选择最有用、最有价值的理论。核心理论知识是指那些辩题直接涉及的专业知识，这些知识要到相应的学术论文和著作中查找。相关理论知识是指与辩题没有直接联系，而在辩论中可能涉及的理论知识。

理论知识的选用原则是：第一，要遵循全面、准确的原则。比如，当以某人观点为依据来作证明时，首先必须准确、全面把握此人的观点以及观点的实质。第二，要遵循利己的原则。选用理论知识当然要对己方有利，关键是必须弄清楚，选用的理论知识是否真的有利于己方。有时同一件事，正方能用，反方也能用，问题在于如何对这一事实进行诠释。第三，要遵循服从真理的原则。一般来说，辩论题的正反方都各有一定的合理性，尤其在对手引用某些理论知识时，更应该慎重,不能轻易否定。比如,在"人性本善"论辩中,当正方说"荀子错了"时,否定的已不是反方,而是否定荀子。

事实材料是客观存在,谁也不能否定的,所以事实材料的运用在辩论中占有十分重要的地位。尤其在辩护和反驳时,列举事实是最好的办法。事实材料的引用原则主要是:第一,定位得当原则。不同类型的辩题对事实材料引用的需求不一样。一般理论性的辩题只需要引用某些事实材料,而判断型的辩题通常则需要更多地引用事实材料。第二,实事求是原则。选择事实材料时必须反复核对材料的可靠性,不能道听途说或人云亦云,更不能胡编乱造。第三,时空性原则。任何事件都有发生、发展变化的具体背景,脱离背景谈材料是毫无价值的。引用材料也有在什么时候用、用在什么地方的问题。比如,适合国内使用的材料,在国外就不一定适用;有的历史材料就不能用来说明今天的问题。

(三)自由辩论方案的策划与辩手的安排、文字的准备

与陈词不同,问答和自由辩论的态势无法事先预料。辩手必须在现场随机应变。但这并不等于辩手在赛前就无所作为。赛前的分析工作可以帮助预测赛场的变化。为了控制比赛过程,争取主动,辩手应该事先设计一下场上的问答和自由辩论的方案。

设计的原则是:第一,以我为主的原则。根据己方立场和辩论方案,在扩大己方优势、抑制对方优势、回避己方劣势、突出对方劣势的基础上制订有关问答与自由辩论的方案。第二,知己知彼的原则。第三,灵活机动的原则。临场应变能力不能只靠辩手的天赋,更要立足于多算。实施灵活机动原则的基础还在于辩论预案中有应付各种变化的对策。第四,最佳方案原则。方案设计是一个反复权衡、反复修改的过程。比如,在以我为主的前提下设计的方案,可以经过以他为主的设计方案的检验,来发现自己攻防上的弱点,从而对比赛预案进行修改和调整。预案要经过反复修改,直至满意为止。

确定上场辩手,安排好每位辩手的位置并合理分工,这是关涉辩论成败的重要因素之一。

首先以"团队结构最优"的原则,确定上场队员的名单和相应的辩位。其次要明确每位辩手的职责。在确定辩手辩位时,首先应该了解每位辩手的特点。比如,一辩是整支队伍第一个发言的人,就己方对立场的认识、理解、各种关系的分析处理,向评委和观众作出说明,使其对己方观点形成第一印象。"先入为主",一辩的气质、个人形象很重要。结辩手在辩论中承担概括、总结整场比赛,系统归纳对方主要矛盾或问题,进行简练反驳,并将己方论点升华到一定高度的任务。这些任务对辩手要求比较高,因此,结辩手应该是反应快、提炼概括准确、说话有感染力的辩手,他应该是上场队员中最强的一个。处于中间辩位的选手(二辩或三辩)要承上启下,要机敏、灵活,有较强的说理能力。

辩手还要作相应的文字准备。比如,把对辩论立场的分析、辩论方案的主要线条列成提纲,整理成文字材料,辩论队员人手一册。各位辩手陈词的主要内容,由各位辩手自己撰写发言稿。发言稿经反复交流、讨论、修改后再定稿。

在制订辩论方案的前前后后,还有许多细致工作必须做好,否则不仅影响辩论方案的制订,还会影响队员的场上发挥。

第一,对辩论方案的认知矛盾。对辩论的认知矛盾有两层意思:一是指辩手对辩论立场不认同,即所谓的"违心"问题;二是指辩手在心理上拒绝辩论方案。对于第一种情况,解决办法是开阔辩手的视野和胸襟,使之真正明了辩论赛的性质和任务,站在理性的立场处理好个人的情感和好恶。对于第二种情况,正确的做法是在制订方案过程中,全体队员以平等身份充分交换意见,展开必要的讨论,取长补短,统一思想,使最终制订出的辩论方案是"集体的产品"。

第二,协调解决好人际矛盾。辩论队的人际矛盾主要表现为教练和队员的矛盾以及队员之间的矛盾。这些矛盾应该用求同存异、相互谅解的方式去解决。而对辩论立场、辩论方案的分歧引发的人际矛盾,则必须在上场之前彻底解决好。

第三,临战模拟赛。临战模拟赛是指辩论方案制订以后进行的模拟比赛。目的是暴露方案的缺点和具体实施中可能出现的问题,以便修改和优化方案。临战前的模拟赛要注意"实战性",使辩手产生"现场体验",锻炼临场心理调控能力。通过模拟比赛,不仅可以进一步暴露辩论方案的缺陷,及早修正,还可以锻炼和检验整体配合技巧,形成"辩论现场"的默契。

第四节　求职面试

当今社会,求职几乎都要经过面试。求职者作好面试前的准备,了解面试当中应该注意的语言问题,对提高面试成功率有重要作用。

(一) 面试前的准备

1. 了解当今社会的用人观和应聘单位的基本情况。受供大于求的职业市场大气候影响,招聘单位对求职者的条件要求越来越高。从各地人才招聘洽谈会和各类招聘启事中可以看出,招聘单位普遍看重求职者以下几项条件:

(1) 工作能力。几乎所有企、事业单位都希望前来应聘的求职者具有一定的社会工作实践和专业实践能力,因为他们不希望马上再为应聘上岗的人提供培训或再教育的经费,这样会加大其生产和管理成本。

(2) 学习能力。据专家统计,现代社会知识的半衰期已经缩短到五年至七年。为了适应科学技术飞速发展和不断加快的知识更新过程,终身学习成为必然趋势。因此,不少精明的企、事业单位在录用员工时,都把能力强不强、潜力大不大,作为考察应聘者的一个关键标准。

(3) 合作能力。面试的评估标准因行业、职位不同而不同,但是有些基本标准却是具有共性的,其中一条就是考察应聘者是否具备与人合作的良好品质。

(4) 敬业精神。许多单位都认为敬业精神至关重要。当今用人单位对求职者的要求越来越全面、严格,不仅要求求职者德才兼备,还希望他们能爱岗敬业,富有创意和激情。

除了了解招聘单位的总体用人原则之外,求职者还要了解应聘单位的具体情况,包括单位经营状况、所应聘职位的工作性质、工作环境、劳动报酬、晋升机会和本次负责招聘的主考人员等等。

2. 克服消极心理。面试之前克服消极心理非常重要。克服消极心理应该做到：第一，不把面试当包袱，而是将其视为展示自我、推销自我的好机会。第二，降低期望值，学会自我放松。第三，多看自己的长处和优势，强化自信心。第四，向有经验者求教。第五，事前进行面试演练。

3. 做一些具体的回答准备。尽管不同用人单位，不同主考人员会提出不同问题，但是一般来说，大致会提哪些方面的问题仍然有一定的规律可循。通常情况下，主考人员所提问题与求职者所应聘的职位要求有关，比如，求职者的受教育情况、工作背景、工作能力、社交能力、思维反应能力，以及个人优点、兴趣、特长等等。因此，求职者可以有针对性地做好这方面的问答准备。准备越充分，求职者会越有自信心，面试效果也就会越好。

4. 选择服饰和调整自我仪态。服饰和仪态能反映出一个人的文化水平和气质修养。适当的打扮、得体的装束、良好的仪态往往会给对方留下美好的印象。服饰的总体要求是：着装合体，讲究线条、款式、色彩与求职者的年龄、身份、气质、形体相协调；注重和突出服饰与所应聘职业的特点相称，给人一种鲜明的职业形象感。良好的仪态包括面带微笑，得体地称呼主考人员，问答中文明礼貌、谦逊热情，并辅之以优雅的体态语言，告辞时不管对方是否录用，都要衷心道谢，有礼貌地告别。

（二）面试时的语言要求

1. 简明扼要。面谈时间有限，要使主考人员在短时间内了解你、欣赏你，就不可漫无边际地说。简明扼要的语言表达，就是以精炼的语言传递最重要的信息，有重点地宣传、推销自己。这不仅反映求职者的语言表达能力，也体现出求职者的思维能力和对事物的认识水平。做到简明扼要应注意：（1）不要啰嗦重复。（2）紧扣提问回答。（3）回答问题开门见山。

2. 真诚朴实。如果主考人问到超越自己知识水平的问题，应聘者不要不懂装懂，否则往往会欲盖弥彰，弄巧成拙。

3. 突出个性。有特色的东西最具有吸引力。求职者的面试语言也应如此，个性鲜明的回答往往容易给人留下深刻的印象。

4. 语速恰当。语速属于谈话节奏问题,它关系到语言表达的质量与效果。说话语速太快,会让人感觉语言表达不清楚;语速太慢,又让人感觉思维不敏捷,反应不灵活。因此,求职者在面试应答时要注意把握自己的语速节奏,给人留下沉着稳健、落落大方的印象。

1. 谈判中的说服要注意哪些原则和技巧?
2. 怎样作演讲准备?
3. 演讲中听众开小差如何处理?
4. 辩论中应该怎样安排辩手?
5. 求职面试在语言上主要有哪些要求?

第十三章　非语言交际手段

人际间交际的方式多种多样,运用语言进行交际只是其中的一种。绝大多数研究交际的专家认为,在面对面的交际中,信息的社交内容只有35%左右是语言行为,65%左右都是通过非语言行为传递的。甚至还有学者认为,反映实际态度的语言只占交际行为的7%,而声调和面部表情所传递的信息却高达93%。可见,非语言交际在人际交往中是十分重要的。

第一节　非语言交际的特点与作用

体态语是非语言交际的重要组成部分,包括身体距离、身体接触、身体动作和面部表情等等。此外,非语言交际还包括时空控制和副语言的运用。副语言又包括辅助语言和类语言,前者如音质、音量、语速、语调、语空等,后者则是会话中发出的一些非语言声音,如干咳声、口哨声、哭笑声等等。

一、非语言交际的特点

首先,非语言交际和语言交际都属于交际,因此非语言交际必定具备交际本身具有的所有特点。其次,非语言交际作为和语言交际相对立的另一大交际类别,也会有不同于语言交际的一些特点。

(一) 共有特点

1. 社会性。非语言交际和语言交际一样,是一种社会现象,它在一定的社会条件下进行,带有一定的社会特点和时代烙印。

2．个体性。非语言交际和语言交际一样,是由每一个交际个体来完成的,带有不同交际个体的特点。比如,在语言交际中每一个个体的音质都是不同的,每一个个体都有自己独特的交际风格;非语言交际也是如此,同一种面部表情、同一个身体动作都会由于不同个体而体现出不同特点。

3．对象性。非语言交际和语言交际一样,必须有交际的另一方,必须是一种可以互动的行为。如果一个人工作疲劳了,伸个懒腰,这就不属于非语言交际的范畴。非语言交际必须有信息的接收方,同时还必须是信息发出者的有意识行为,不管他的身体动作、面部表情,还是对时间的控制、空间距离的把握,都应该是他有意识地以此来传递一定信息的行为,否则就不属于交际。比如,面对一个冗长乏味的会议,某个听会的人看着大会发言人并不断调整自己的坐姿,他实际上是在以这种姿势表示自己有点不耐烦了,暗示会议最好快点结束,此时这个人就是在进行非语言交际。

4．动态性。非语言交际和语言交际一样,具有动态性特点。对于一个活人,没有谁能以某一个动作或姿势定格在那里,非语言交际也是在一定时间内完成的。

5．不可回收性。非语言交际和语言交际一样,只要信息一发出就无法再收回。唯一的补救方式是以另一个或另一组非语言交际方式来修复已经发出的信号。

6．影响因素的复杂性。非语言交际要靠视觉、听觉或触觉等渠道传达和接收,因此凡是影响视觉、听觉、触觉等的因素,都必定会影响到非语言交际的效果。此外,非语言交际也与语言交际一样,受文化差异、思维心理、年龄、性别等因素的影响。比如,日本人的鞠躬、欧美人的拥抱接吻、拉美人的脱帽致意等,都表现出各自的文化特征。交际者如果不了解这些特征或不了解不同文化对同一非语言行为的不同解读,往往会造成交际冲突和交际误解。

(二) 独有特点

1．缺少严格结构。语言交际通常要遵循既定的语法规则,有比较严格的结构,如果交际者不遵循这样的结构,其他人则可能就无法解读。非语言交际则不同,它没有固定的结构,也没有既定的规则。

比如,交际者都用挥手的动作表示道别,那么同是这个挥手的动作,不同人可能在具体做法上有很大的不同。有的人挥手的幅度可能大一些,有的人挥手的幅度可能小一些;有的人手臂举得很高,有的人则稍稍抬起手臂;有的人动作很优美,有的人动作很难看。但不管怎样,都是挥手的动作,都表示道别的意义。这个动作本身并没有规定手臂要举多高,幅度要多大,交际者完全可以根据自己的习惯和感觉去做。

2. 临时意义多。语言交际使用特定的符号,尽管有很多符号具备多个义项,但这些义项通常都是明确的,在交际中通常是原有义项中的某一项。非语言交际则并非如此,非语言交际中的很多意义并不是该非语言手段本身所固有的,很多都是临时产生的,因此必须结合当时的其他因素才能正确解读。比如,用拳头打某人,有时是表示愤怒,有时是表示激动,有时是表示悲伤,有时是表示绝望,有时还可能是表示喜爱、亲昵等等。可见,这些意义并不是打人这一动作本身所固有的,都是在交际当中临时产生的。

3. 不需要刻意学习。语言交际作为人的一项交际能力,是经后天唤醒才转变为现实能力的。如果错过了唤醒语言的最佳时期,这一能力则很可能会丧失。狼孩之所以到了七八岁还不会说人类的语言,就是因为在唤醒语言的最佳阶段,没有人去唤醒他的这一能力。而有些非语言交际手段则属于人类的本能,不需要这样的唤醒过程。比如,婴儿身体不舒服了,他会很自然地以哭闹的方式向大人报信;为了表示对某人的好感,他也会很自然地向他微笑。这些非语言交际手段不需要哪个成人去教他。

二、非语言交际的作用

关于非语言交际手段的重要作用和功能意义,不同学者有不同的论述。有学者认为,非语言交际有更重要的功能意义,具体表现为:"第一,非语言因素在人际交往的语境中起着决定其含义的作用;第二,通过非语言交际手段表达的情感更为准确无误;第三,非语言交际传达的信息不会被歪曲,所以相对来说真实无欺;第四,非语言交际具有超交际功能,交际者往往依赖非语言暗示来判断交际者的意图,以达到高质量的交际目的;第五,非语言交际的暗示作用可以更有效、省时省力地传达信息;第六,非语言交际最适宜间接地传达隐含的示意,即一些只可意会难以言传的交际内容。总之,非语言交际不仅可以增强语言交际的力度,促成交际全过程的完整性,而且还能弥补语言交际的不足,达到语言交际难以取得的效果。"[1]

非语言交际通常都是与语言交际结合进行,在这一过程中非语言交际往往会起如下作用。

1.强化作用。强化作用是指人们运用非语言手段使语言的内容更加鲜明突出,这时语言手段和非语言手段表达的内容是一致的。比如,交际者一边说要两杯饮料,一边伸出两个手指来强化已经发出的信息。

2.指代作用。指代作用是指人们运用非语言手段替代语言手段所要传播的信息。比如,买票时,交际者伸出两个指头,表示买两张。另外,在有的情况下,无法用语言交流信息时,则只能用手势或其他动作。比如,交通警察指挥机动车辆,股票交易所的交易员在嘈杂的大厅里传递买卖信息和行情等,都使用非语言手段的手势或指挥棒来替代语言表达。

3.补充作用。补充作用是指非语言手段所传达出的信息与语言内容相互平行,即说话的内容和非语言行为不相同,说的是一件事,做的是另外一件事,但这两件事是相互补充的关系。比如,交际者在机场迎接客人,一边说欢迎客人来北京,一边与客人亲切握手,这握手的动作就是对所说内容的一种补充。

4.调节作用。调节作用指的是通过非语言手段传达出希望改变现有交际格局的信息。比如,两个人谈话时,一方用眼神和语调表示下面该对方说话了(语言学中称为话轮转换),来调节他们之间目前的交际格局和相互关系。

5.弱化或否定作用。这一作用是指非语言手段所传达出的信息

---

[1] 吴为章:《新编普通语言学教程》,北京广播学院出版社1999年版,第189—190页。

与语言内容相互矛盾。比如,看着别人拿出来的礼物,嘴上说"别客气,不要了",实际上却伸过手来接。接到不喜欢的礼物时,尽管嘴里说非常喜欢,脸上丝毫没有愉快的表情。上述情况非语言起的就是弱化或否定的作用。

第二节 时间控制与空间运用

研究人际交往的书,涉及交际者对时间控制和空间运用方面的内容不多,但实际上,这两方面内容在非语言交际中占有重要地位。

(一) 时间控制

在学校,老师对经常迟到的学生会比较生气,学生迟到反映出学生对该门课程不感兴趣或不尊重老师。同样,老师迟到,学生对老师也会不满,或者认为老师没做好准备工作,或者认为老师不尊重学生。

交际者通常会利用时间去营造心理上的效应,通过时间控制来传达一定的信息。比如,与一个不熟悉的人约会,如果自己是主动的,一般会提前一点来到约会地点,如果自己不太积极,就迟一点到达。对时间的控制是非语言交际的一种重要的形式。

时间控制在人际交往中与身份地位相联系,一般而言,地位越高对时间的控制能力就越强。本书在第三章谈到过这样的例子:A是B的下属,在他们的电话对话中,A归纳性地引入话题,提出希望与B见面,在见面时间上,他给B留出了很大的选择范围(星期二11点以后和星期三3点以后),以便B不会过度受限于会面时间。而B,作为回应,表示愿意与A见面,但在时间上缩小了A可选择的范围。

可见,在人际交往中,职位高、权势大的人在时间约定上更为直接,对时间的限制和操控权力也更大。

(二) 空间运用

每个人的身体都占据固定的空间,在日常交往和语言交际中,人们都在有意无意地保持着适当的空间距离。个人空间就像一个无形的"气泡"为每一位交际者"割据"了一定的"领域"。一旦这个领域被他人侵犯，交际者就会感到不舒服、不安全，甚至恼怒。

在人际交往中，交际者对空间的运用还能表明双方关系、各自地位和态度、情绪。

1. 表明关系。人们在交往中总会形成各种关系，这些关系往往反映在交际者交际过程中相互保持的空间距离上。关系亲密，距离相对就近，关系疏远，距离相对就远。这时的空间距离与心理距离具有一定的对应性。

空间关系学之父美国人类学家爱德华·霍尔博士曾经划分出四种距离或区域。他认为，各种距离都与双方的关系相称，他还把这种相称性以数字化的方式表示出来。

第一种距离是亲密距离，在 0—45 厘米之间。其近范围在 15 厘米之内，是人际交往的最小距离。此时交际者彼此间可能肌肤相触，耳鬓厮磨，相互感受到对方的体温、气味和气息。亲密距离的远范围是在 15—45 厘米之间。身体上的接触可能表现为挽臂执手或促膝谈心，体现出相互之间亲密好友的人际关系。亲密距离只用于情感上高度亲密的人之间。在社交场合，或在大庭广众之下，两个人如此贴近（尤其是异性）就不雅观，在相同性别的人之间，往往只限于贴心朋友，在异性之间，只限于夫妻和恋人之间。

第二种距离属于个人距离，在 46—122 厘米之间。个人距离的近范围是 46—76 厘米之间，正好能亲切握手，友好交谈，这是与熟人交往的空间。陌生人进入这个距离会构成侵犯。个人距离的远范围是 76—122 厘米，任何朋友和熟人都可以自由地进入这个空间。人际交往中亲密距离和个人距离通常都在非正式的社交情境中使用，在正式社交场合则使用社交距离。

第三种距离是社交距离，在 1.2—3.7 米之间。社交距离超出了亲密或熟人的人际关系，而体现出一种社交性或礼节上的较正式关系。其近范围是 1.2—2.1 米，一般在工作环境和社交聚会上，人们都保持这种距离。社交距离的远范围是 2.1—3.7 米，表现为一种更加正式的交往关系。比如，国家领导人或企业代表之间的谈判、工作招聘时的面谈、大学生的论文答辩等场合，往往中间隔张桌子，以使双方保持一定的距离，增加庄重的气氛。在社交距离范围内,没有直接的身体接触,说话时要适当提高声音,需要更充分的目光接触。如果谈话者得不到对方的目光支持,会有强烈的被忽视、被拒绝之感。

第四种距离是公众距离。这是公开演说时演说者与听众保持的距离。其近范围是 3.7—7.6 米。远范围在 7.6 米外,这是一个几乎能容纳所有人的距离,交际者完全可以对处于这一空间的其他人视而不见,不予交往。在公众距离这一空间的交往,大多是当众演讲,当演讲者想与一个特定的听众谈话时,他必须走下讲台,使两人的距离缩短至个人距离或社交距离才能实现有效交际。

人际交往时空间距离的远近是交往双方是否亲近、是否友好的重要标志,也是不同类型交际的重要标志。因此,人们在交往时,选择正确的距离是非常重要的。

2. 表明地位。社会地位不同,交往的空间位置也有差异,因此,空间位置可以表明交际者的地位和关系。

一般来说,空间的高度可以显示地位的高低,权势大的总是高高在上,并居于中央位置。过去皇帝的宝座要设立在中央,在最高处。现在体育比赛的冠军领奖台也设在中央,而且冠军台要比亚军台高,亚军台又比季军台高。

空间的前后顺序也有讲究,一般来说,地位高的居前。在古代,随皇帝出行,走在皇帝前面是要杀头的。在现代的官方活动中,也按身份与职务高低安排礼宾次序。一般来说,在第一排居中位置的人都是地位最高的或最受尊重的,然后依次向两侧排开;第二排、第三排……也是这样排列。当人们见有权力、有地位的人时,不敢贸然挨着坐,而是尽量坐到远一点儿的地方,就是出于位置与地位、身份密切相关这一原因。

3. 表明态度。态度具有对象性,是针对某一对象而产生的。态度还具有内隐性,是个体的心理活动,他人不能直接观察到,只能从其语言、表情和行为中进行间接的分析和推测。一个人的距离语言,往往反映出他对某事物的态度。远离对象,身体后倾,表明的是一种消极的、否定的态度;相反,则表明积极的、肯定的态度。

4. 表明情绪。情绪与空间位置也有很大关系。情绪高涨时,人们习惯于把自己的位置抬高,如跳跃、举手、登高振臂欢呼;情绪低落时,则把位置变低,如低头、弓腰、双肩下沉。

交际者之间的空间距离有一定的伸缩性,其伸缩性与交际者之间的文化背景、交际者的性格特点以及当时的交际情境等因素有密切关系。

交际者文化背景不同,交际距离也往往不同,这种差异是他们对"自我"的理解不同造成的。比如,北美人理解"自我"包括皮肤、衣服以及体外几十厘米的空间;而阿拉伯人的"自我"则限于心灵,他们甚至把皮肤当成身外之物。因此,交际时,阿拉伯人喜欢靠得很近,北美人喜欢离得远一些。同是欧洲人,交往时,法国人喜欢保持近距离,乃至呼吸都能喷到对方脸上,而英国人会感到很不习惯,步步退让,保持适合于自己的空间范围。

对于同一文化背景下的成员来说,由于性格不同以及具体情境不同,交际距离也会呈现出伸缩性特征。

一般来说,性格开朗、喜欢交往的人更乐于接近别人,也愿意别人贴近自己,他们需要的自我空间较小;而性格内向、孤僻自守的人一般不愿意主动接近别人,对别人靠近他十分敏感。

人们对自我空间的需要还随着情境的变化呈现出伸缩性。比如,在拥挤的公共汽车上,人们无法考虑自我空间,因而能容忍别人靠得很近。这时已没有亲密距离还是公众距离的界限,自我空间都很小,彼此间不得不通过躲避他人的视线和呼吸来表示与他人的距离。然而,在较为空旷的公共场合,人们的空间距离就会扩大。比如,在公园休息亭和较空的餐馆,他人毫无理由挨着自己坐下,就会产生怀疑或有不自然的感觉。所以,人们有时会试图通过选择适当的位置来独占一块公共领地。如在公园休息亭,如果想阻止他人和自己同坐一条长凳,那么从一开始就会坐在长凳的中间,这就会给人一种印象,似乎凳子比较短,这样就能成功地在一段时间里独占这条凳子。

另外,当交际者把他人当作物来对待时,空间距离通常也会被忽略。侵入非人的个人空间是被允许的。比如,医生和护士在与病人肌肤接触时,就把病人当作非人来看待。因此,霍尔的四种距离模型只能充当一般的指南,很多时候还是要具体情况具体分析。

领地类似于个人空间。那是交际者自己管辖的地方,是他感到安全的地方。在自己的领地中,他可以无拘无束,而不必时时担心有人侵入。他的领地可以是他的家、他的办公室、他最喜爱的桌椅,或者是海滩上他晒日光浴的地方。占领和保卫领地的本能在动物中极为普遍,人类也不例外。

总之,要追求语言交际的高质量,要达到语言交际的"文质彬彬",交际者不仅要注意言辞,还要注意交际时间的控制和空间位置的把握,选择与他人交际的最佳时间和空间。

第三节 面部表情与身体动作

面部表情和身体动作是体态语的主要内容,它们在非语言交际中起着非常重要的作用。

(一)面部表情

面部表情是非语言交际的重要手段。人的面部表情包括眼、眉、嘴和面部肌肉的变化。

1. 眼神。眼睛的表情是五官中最重要的,眼睛具有反映深层心理活动的功能。孟子认为,从一个人的眼眸中,可以推断他是否诚实,所谓"胸中正,则眸子瞭焉;胸中不正,则眸子眊焉"。(瞭:眼珠明亮。眊:眼珠混浊。)判断一个人是否心胸坦荡,最简单的方法是直视他的眼睛,做亏心事的人或做了一些见不得人的事的人,一般不敢正视对方的眼睛。

一般情况下,说者说话,听者会通过注视对方来表示尊重和认真倾听。但注视对方要避免目光与目光长时间的直接接触,否则,交际一方可能会误认为自己有什么话说得不妥,或外表有什么瑕疵。如果是刚认识的异性朋友,误会可能会更大。交际一方倾听对方谈话时,如果不看对方,可能是对对方说话内容不感兴趣,还可能是企图掩饰什么,如有些女性越喜欢对方,越不敢看对方。

交际者在小范围的交谈中,注视对方要注意部位。注视一般可分为三种：第一种叫亲密注视。这种注视是视线停留在对方的两眼与胸部之间。它通常在亲人和恋人之间使用。第二种叫社交注视。这种注视是视线停留在对方的双眼与嘴部之间。它适用于酒会、舞会、茶话会等各种友谊集会。第三种叫公事注视。这种注视是视线停留在对方前额一个假定的三角形部位。它适用于洽谈业务、贸易谈判或对外交往等正式场合。

眼神这种非语言交际方式也因文化不同而不同。比如，黑人儿童和白人儿童在听老师讲话时眼神就是不同的。黑人儿童常常眼睛望地或者看其他地方，避免直接看老师的眼睛。他们从小受到的家庭教育是：对方讲话时直视对方是不礼貌的。白人儿童从小受的教育正好相反，父母告诉他们，听人讲话一定要看着对方的眼睛，这既表示你在聚精会神地听，又表示你的诚意，而眼睛看地或看其他地方是不诚实的表现。

性别不同，眼神也有差异。研究表明，女性比男性更关注眼神上的交流，女性往往会更多地注视对方。女性之间谈话时看对方的次数比男性之间谈话时看对方的次数多，而且时间长。一种解释是女性比男性更重视人际关系，更注重相互之间的感情交流。

研究还表明，在谈话过程中，不喜欢对方，看对方的次数就会减少，因为看是一种表示喜爱的信号。当交际者希望得到对方的赞同和关注时，看对方的次数就会增加。陌生人之间通常都是目光接触后立即移开。如果与陌生人目光接触后迟迟不移开，则包含着好奇、喜爱、发生兴趣等含义。比如，如果碰到一个身着奇装异服的人，人们就会多看他几眼，这是好奇心的驱使；如果一个男孩看到一个漂亮女孩后，目光迟迟不移开，则表示他对这个女孩产生了兴趣。但是，盯住陌生人看是不礼貌的，因此，这种情况下，交际者往往要有所掩饰。

2. 微笑。微笑作为非语言交际的主要手段，对人际关系的良好发展，对人际交往的愉快和谐，有非常重要的作用。但是人们却往往忽略这一点。一位应邀参加"中英核心技能研讨会"的专家说："会议期间，几位英国专家谈笑风生，面部始终带着微笑，给我留下了很深的印象。闲聊时，其中一位英国专家跟我说：'从你们的表情中，很难判断出对我们讨论的课题是否感兴趣。'他的这句话让我猛醒。的确,包括我自己在内,我们平时太习惯于一门心思地处理工作和思考问题,却忽略了调整自己的面部表情。事实上,在整个会议期间,我们中方专家都是在积极热情地参与研讨,每个人都非常投入,缺少的只是面部表情的流露,忽略的是应有的微笑。"

其实,如果我们注意观察,就会发现,在熙来攘往的人群里面带微笑的人非常少。交际者出入重要场合,男士通常不忘换衬衣、打领带,女士不忘化妆、戴首饰,却很少有人会意识到调整一下面部表情,让微笑爬上自己的面孔。

如果交际者平时没有微笑的习惯,则应该努力去培养这一习惯。一般来说,培养微笑可以采用如下方法。

(1) 知足才能常乐。发自内心的微笑最打动人,因知足感而荡漾在脸上的微笑,也是最可亲的。然而,遗憾的是人性的弱点之一是"贪"。人们总是没有时想拥有,一旦拥有了又想拥有更多;数量上满足后,还想再拥有更好的……人们最容易忽略的常常是他们眼前所拥有的。失去了曾经拥有的以后,人们才备感其珍贵,然而,此时再后悔已经晚了。绝处逢生的经历不是所有人都会有的,但经历过的人的那种知足感我们可以想见。所以,学会满足,学会珍惜眼前的拥有,微笑自然就会荡漾在自己的脸上。

(2) 拥有阳光心态。这个世界上,每个人都在追求幸福,但并不是每个人都能得到幸福。实际上决定交际者幸福或不幸福的,不是他拥有什么、他是什么样的人、他在什么地方、他怎样生活……而是他怎么想的,因为幸福是一种情绪体验,是一种内在感觉。有些人有权有势,锦衣玉食,内心可能很空虚,很苦闷,没有幸福感;有些人身世卑微,生活穷困,内心却可能很充实,很愉快,感觉非常幸福。其实幸福快乐很简单,关键是拥有阳光心态,知道珍惜,懂得满足,幸福快乐的人微笑自然会挂在脸上。

(二) 身体动作

身体动作在非语言交际中可以表明态度,可以传递感情,还可以传达信息。从传达信息角度看,身体动作包括图解性动作和调控性动作。

图解性动作是解释、说明口头表达的动作。比如,交际者对卖肉人说"我要那块肉",同时手指着一块肉,或者一边说一边用手在空中画出他正在谈论的那件东西,或者作出用语言描述的动作等等。这些动作都是图解性动作。

调控性动作是非口头的暗示,它常常调控着另一个人的谈话方式和内容。比如,交际者倾听时,以频繁点头的方式,表明自己赞同对方观点,鼓励对方继续说下去。交际者左顾右盼或者眼睛旁顾,则说明他希望对方尽快结束谈话。怀疑时,交际者会紧皱双眉,示意说话人最好要拿出证据。敏感的说话人会根据倾听者的调控性动作,来修正、补充其谈话方式和内容。

交际者在交往中往往会做出各种动作,如手舞足蹈、点头哈腰、握手、拥抱等。这些动作能传递各种态度、信息、情感,还能表现出一个人的文化修养。举止高雅大方,会给人留下美好印象;动作粗俗无礼,则会被人耻笑。动作还要符合身份,与身份相符的动作才得体。

身体动作和面部表情不同,前者后天习得的成分大大多于后者,因此,交际者身体动作的民族差异和文化差异也更加明显。

1. 手势。各民族都用手势表达一定的意义,但同一手势在不同民族、文化中却可以表示不同的意义。比如,将手掌平放于脖子下面在中国有杀头的意思,在英语国家的文化中则有表示吃饱了的意思。再如,招呼人过来,中国人的习惯是手掌向下招手,英语国家的人则是食指朝上向里勾动。中国人的招手动作,英语国家的人认为是表示让对方慢一点。

即使在同一民族中,由于地区习俗不同,手势也可能会具有不同的意义。比如,在广东,主人给客人斟酒,客人为了表示感谢,用食指和中指轻叩桌面,而在中国北方这一动作却表示不耐烦的情绪。

有些手势是某些文化所特有的,比如,英美人所用的一些手势,中国人并不使用。为了顺利交际,交际者有必要了解它们的意义。比如,美国人站在公路旁边向上伸出拇指,这是向过往的汽车司机表示希望能搭乘他们的车;英美人把中指放在食指上面,表示希望事情能办成功,把手伸出来,微微展开手指,则表示等一等,别着急。

随着文化的相互渗透和交融,出现了一些跨文化的通用手势。

比如,把拇指与食指放在一起轻轻搓动,在英美、中东和中国都是表示钱的意思;伸出食指与中指,作Ｖ形,表示胜利,这是第二次世界大战后在很多国家传开的手势;把两只手摊开,耸耸肩膀,表示"我不知道"或"没有办法",也在很多国家使用。

在穆斯林国家,左右手有严格的分工。右手干净,用以待客,左手脏,不能拿东西给人。与他们打交道,必须尊重他们的习俗,送东西给对方时要注意用右手。

2. 身姿。总的来说,南欧、中东、拉丁美洲地区的人交际时动作较多,动作幅度也较大;北欧、英美人动作较少,幅度也较小;中国、日本、朝鲜人也属于动作较少、幅度较小的一类。

美国教师和学生在教室里站立和坐着的姿势与中国师生有很大不同。中国人觉得美国小学生在课堂上太随便,缺乏纪律性,站没站相,坐没坐相,教师管教不严;而英美人往往认为中国教师对学生管得太死,学生缺乏自由。这里既涉及教育思想,又与文化背景有关。中国文化强调集体、纪律、合作,美国文化强调个人、自由、发展自我等等。

在人际交往中身姿与地位的高低有一定关系。一般来说,在正式场合,地位高的人比地位低的人姿态更随便一些,而地位低的人通常表现得比较拘谨。

身姿与性别也有一定关系。在社交场合,男性站立的姿势通常比女性更放松。男性常常一只脚伸出去,人稍微往后仰,而女性则不这样。

二郎腿是人们经常采用的一种腿部姿势。一般来说,采用这种腿势是出于习惯,许多人感觉这种姿势比较舒服。但如果一个人的双腿交叠在一起,同时其身体的其他部位也做出相应的动作,就需要注意这种双腿交叠的具体含义了。也就是说,双腿交叠的姿势是否表达意义以及表达什么意义,还要结合特定环境、面部表情以及其他身体动作来作出判断。

另外,不管是男性还是女性,和身份比自己高的人或长者交谈时,最好不用这种架腿的动作,除非对方当时也是这样的坐姿,否则就会显得没大没小,不够礼貌。当然,在比较休闲的场合或好朋友聚会的场合中,也不必过多在意,否则反倒显得与当时轻松随意的气氛不相协调了。

不同的身体动作还表现出不同的心理。比如,动作果断,走路脚步平稳,站立时展肩、腰背挺直,背手站立,稳坐、双手随便放在腿上,前面有桌子时双手十指交叉放在桌面上等等,通常都是自信的表现。经常向某处张望,搓手掌、搓下巴、摸胡子等,一般是期待的表现。身体前倾、频频点头、侧头、四肢动作极少,是感兴趣、投入的反映。仰头、晃动肩膀,把椅子坐满、把腿放在桌上等等,是傲慢的举动。东张西望、来回变换姿势,打哈欠、抖腿等,则是表示厌烦的信号。

另外,交际者在公共场合要注意克服不良的举止动作。比如,尽量不要在自己或别人身上乱动乱摸,像挖耳、抠鼻、抓头皮、修剪指甲、在别人身上弹灰拣毛、用手指戳别人的胸脯等等,都是不优雅的举止。

第四节　身体接触与副语言

身体接触属于体态语的一部分,在非语言交际中也十分重要。

(一) 身体接触

身体接触可分为五类,即功能性接触、社交性接触、友爱性接触、情爱性接触和情欲接触。大夫检查身体、理发师理发属于功能性质的接触,这种接触不包含个人感情成分,被触摸者通常被当作"非人"看待;握手和具有礼仪性质的拥抱、吻手等身体接触属于社交性质的接触;亲友久别重逢时亲切握手和拥抱属于友爱性质的身体接触;恋人之间的身体接触属于情爱性质的接触;而情欲接触则属于性接触,存在于性爱的双方之间。

上述五类接触形式中,社交性接触对人际交往的影响最大,受文化的制约也最大。身体接触的对象、范围、场合和形式,不同文化有着不同规定。交际者如果处理不当,就会造成交际尴尬,甚至导致交际冲突。下面就介绍一下身体接触中的社交性接触。

1. 握手礼。本书在第九章介绍过握手礼的来源、握手礼的基本礼俗规范。比如，握手时交际者的出手次序，握手时掌势的选择所代表的不同态度。本节主要介绍不同国家握手礼节的差异。

握手在很多场合已经成为习以为常的见面礼节，但是，各国的使用情况千差万别，交际者不能按照本国的风俗、习惯在其他国家随便使用握手礼。比如，在美国只有被第三者介绍以后两人才可以握手；在日本，见面的一般礼节是相互鞠躬致意，握手则仅仅限定于特定场合，取决于会面的性质；在大多数讲英语的国家里，握手主要用于初次见面和分别；在东欧一些国家，见面时互相拥抱，而不是握手；法国人在走进或走出一个房间时都要和主人握手，德国人则只在进门时握一次手；有些非洲人在握手之后会用手指捏出清脆的响声，表示自由；朝鲜妇女一般不握手，而是鞠躬致意。

2. 拥抱礼。在西方一些国家，拥抱是一种重要的见面礼节。在正式会面的社交场合，行拥抱礼要大方得体。其规范的动作要求是：站立自然，面带笑容，然后各自举起右臂，将右手搭在对方左肩后部，左肩下垂，左手扶住对方的右后腰，先向左侧拥抱，再向右侧拥抱，最后再一次向左侧拥抱。

在东方国家，普遍将拥抱视为十分慎重的礼节，在一般的社交场合，不会互相拥抱。比如，在中国，除了十分亲近、非常熟悉的人，或特殊场合外，一般不拥抱；日本人通常也不行拥抱礼。

3. 吻手礼。吻手礼是西方男士在社交场合向女士致敬的一种极为庄重的礼仪。

吻手礼有以下要求：(1) 行吻手礼仅限于室内，在公众场合，如马路边、商场和电影院等地，男士不能向女士行吻手礼。(2) 行吻手礼要着礼服。吻手礼是一种非常正式的礼节，因此男士必须穿礼服，行礼时摘下帽子。女士则最好穿晚礼服，如果允许向自己致敬的男士行吻手礼，女士一般不要戴手套。(3) 男士行吻手礼的首要前提是女士同意。(4) 行吻手礼的姿势要潇洒、优雅。(5) 女士接受吻手礼时要优雅地伸出右手，大方、自然地接受男士的致敬。(6) 男士一般是有一定的身份和地位者。(7) 男士不得向没有结婚的少女行吻手礼。

行吻手礼时要注意以下禁忌:(1)不能吻女士手指和手背之外的其他部位,否则会招致女士的厌恶。(2)动作要轻盈,要轻轻地吻女士的手,不可动作粗鲁,用力过大。(3)不能发出声响,尤其是不能吻得啧啧作响。(4)女士接受吻手礼时,要落落大方,不可吃吃地笑或中途收回右手。

(二)副语言

副语言包括辅助语言和类语言。

1. 辅助语言。辅助语言包括音质、音长、音量、音高、语调、语速、鼻音、停顿、沉默等,它们是运用有声语言时所伴随的可以传递一定信息与情感的声音要素和停顿、沉默等语空。

人们交谈时会受到对方音质的影响。比如,有些男子的说话声音被戏称为"娘娘腔",有些女子的说话声音被认为"缺乏女人味"。两者都属于音质的性别错位,这种错位往往会对交际产生消极影响。也有音质的年龄错位,这种错位也会让其他交际参与者感到别扭。

在人际交往中,交际者为了强调某些特定的信息或让自己的表达更准确,常常把某些字音故意拖长。同一个字音,时值长短不同,所表达的会话意义也有所不同。

音量就是声音的大小,不要把它和音高混为一谈。音量与气流相关。音量的大小既能反映交际者的性别、年龄、体格和性格,也能传递交际者的情绪和态度,因此在交际时,应该结合具体情况对自己的音量进行控制。

普通话里语调有升调和降调。人际交往中,交际者向别人提出要求时,如果用升调,一般带有请示、商量的意味,如果用降调,则有命令的口吻,显得缺乏礼貌和尊重。

停顿和沉默在语言交际中被称为语空。伴随在语言交际中的停顿一般有如下几种不同的类型:第一,认知性停顿。这种停顿的目的是交际者以此来赢得思考时间。第二,交互性停顿。一般发生在说话者说完一段话之后,以此来方便交际的另一方接过话题。第三,回应性停顿。用于示意交际另一方给予反馈,但并不希望他接过话题。第四,生理性停顿。这种停顿完全是由于生理(如咳嗽等)因素引起的。第五,功能性停顿。用于引起交际另一方的注意,主要起警示作用。比如,老师讲课时,学生在下面小声说话,老师突然停下来,学生也会立刻停止讲话。

在交际中利用沉默也会传达出很多信息。比如,表示对谈论的话题不感兴趣,不愿意继续与对方交谈此事;表示自己在认真听对方说话,并积极进行思考;表示不满,不想再与对方合作等等。

2. 类语言。有些副语言研究者把类语言叫作"特征音"或"语言外符号系统",如笑声、哭声、呻吟声、叹息声、咳嗽声、口哨声等。

不同的笑声往往反映出交际者不同的心态,不同的哭声中也常常隐含着交际者不同的情绪,会泄露交际者某些隐秘的信息。叹息声是一种比较典型的情绪表现形式。当人们感到失望、压抑、无奈、困惑、气闷时,常常会长出一口气。既然叹息能够作为类语言形式传达出这些负面情绪,在人际交往中,交际者就应该有意识地控制,在不该叹息时千万不要叹息,否则容易引起他人误解。

嘘声既是不满情绪的外在表露,也是对特定对象的一种非语言评价。嘘的人知道自己为什么嘘,通常被嘘的人也能听得出嘘声的隐含意义。

口哨声可以传递多种信息。最常见的是,当人们感到轻松愉快时,常常会用口哨吹出一些欢快的旋律,借此来表达一种好的心情。有的口哨声是为了引起对方注意,比如,有的地方年轻小伙子通过口哨声来赞美或挑逗他喜欢的姑娘。

很多人在登上讲台正式开口之前先咳嗽一两声,这样既可以提示其他人"注意,我要说话了",又可以让自己镇定一下。咳嗽还有填补语空的作用,即当思维暂时滞碍而有可能导致语言不合理的中断时,交际者就可以假借清嗓子(咳嗽)来填补语言空白,从而使自己的语言更自然、连贯。咳嗽也可以发挥语言替代功能。比如,当妻子看到丈夫正要对朋友说一些不该说的话时,马上用咳嗽声提醒,就可以阻止丈夫把话说出来。

3. 副语言与弦外之音。许多句子有两层含义:第一层是由词语传递的基本信息;第二层是弦外之音,传递出说话人的态度和情感。弦外之音大部分是通过音长、语调、重音、停顿以及修饰词语等来传递的。比如,"你今天迟到了",如果用升调来强调"迟到"这个词,那么这句话表达的是惊奇,可能还含有对迟到原因的探问;如果重音是"你",用降调,那么传递的弦外之音很可能是恼怒。

弦外之音是很多人际冲突的根源。表层上,一个句子听上去似乎是合理的、简单明了的,但在深层,弦外之音传达的却可能是责备和敌意。比如,"我想帮助你":

(1)正常的语气、语调和重音。表示一种心情和想法——我想帮助你。

(2)急促、加重语气。可能表示对你目前的境况着急。

(3)在"想"上拉长声音,并伴之以心不在焉的口气。可能表示不愿意帮助你,只是"想",到底帮不帮还不一定。

(4)加"只是"——"我只是想帮助你"。可能表示对目前糟糕的结果推脱责任。

....

判断是否存在弦外之音,交际者要注意倾听说话人的语调、语气和重音。每个词都重读的句子不可能有弦外之音。说话人常常通过重读一个或几个词,来传达有关其情绪和态度方面的信息。比如,"请你稍等一会儿",当每个词都重读,这个句子只是一个单纯的请求,当"稍"或者"一会儿"重读,传递的就很可能是厌恶或不耐烦的情绪。再如,"我不想跟你回家",不同词重读会有完全不同的意义。"我"重读,意思是"有人会这么做,但不是我";"家"重读,言外之意是"我可能跟你到别处去,但不是回家";"你"重读,那么弦外之音则是"我也许会跟别人回家,但肯定不是跟你"。

为了确认弦外之音,交际者必要时还可以向说话人核实。是采用直接的方式还是委婉的方式核实,交际者要根据当时的具体情况来定。比如,一个人经常工作到很晚,某一天他的同事说:"我猜你今晚又要待到很晚了。"其中"你"、"又"用了重读,这句话就可能有两个言外之意:(1)批评。潜台词是"你这么勤奋,让我们大家很难堪"。(2)关心。潜台词是"请注意自己的身体"。

为了弄清这句话确切的意思,交际者可以进行核实。对于同事关系,交际者最好采用比较委婉的方式,如可以说:"噢,对不起,我这样做是不是不太妥当?"如果对方不是这样的想法,他会明确地表示出来,交际者就实现了核实的目的。

在有些情况下,交际者可以采用直接的方式来核实说话人的话语含义。比如,一个女孩和她的男朋友曾经有过一段不愉快的经历,现在他们又和好了。一天早上,女孩的爸爸问:"你仍然对那个年轻人感兴趣?"其中,"仍然"、"那个"重读。这时女孩就可以直接问爸爸"你不喜欢他?"来确认她对爸爸言外之意的猜测,并引导爸爸说出他自己的内心想法和建议。

及时核实对弦外之音的猜测,可以及时解决问题、交流情感,还可以避免因相互猜测或沉默而带来的疏离感。

1. 语言之外的其他交际手段主要有哪些?
2. 在人际交往中为什么要运用好空间距离?
3. 微笑有哪些功能?你在交际中注意过自己的微笑吗?
4. 哪些身体动作是交际者在公众场合应该注意避免的?
5. 副语言有哪些形式?
6. 如何判断和确认言外之意?

参考文献

陈国明:《文化间传播学》,台湾五南图书出版公司2003年版。
崔希亮:《语言理解与认知》,北京语言文化大学出版社2001年版。
〔美〕道格拉斯·斯通、布鲁斯·佩顿、希拉·汉:《哈佛沟通书》(张立芬译),中国友谊出版公司2005年版。
方守基:《双赢沟通》,香港中国华侨出版社2004年版。
冯学锋:《言语策略》,社会科学文献出版社1996年版。
国家教育委员会师范教育司组编:《教师口语》,语文出版社1994年版。
胡文仲:《跨文化交际学概论》,外语教学与研究出版社1999年版。
胡文仲主编:《文化与交际》,外语教学与研究出版社1994年版。
黄大钊:《处己处人处世——沟通决定成败》,中国书籍出版社2006年版。
康家珑:《语言的艺术》,海潮出版社2003年版。
匡玉梅:《现代交际学》,中国旅游出版社2003年版。
李杰群主编:《非言语沟通概论》,北京大学出版社2002年版。
李谦:《现代沟通学》,经济科学出版社2002年版。
李晓华:《普通话口语教程》,河南大学出版社1996年版。
李元授、陈会荣:《交际训练》,武汉大学出版社2003年版。
廖正、张一莉:《语言表达艺术》,华南理工大学出版社2002年版。
刘焕辉主编:《言语交际学教程》,中央广播电视大学出版社1995年版。
刘艳春:《语言交际》,中国经济出版社2005年版。
〔美〕罗纳德·斯考伦、苏珊·王·斯考伦:《跨文化交际:话语分析法》(施家炜译),社会科学文献出版社2001年版。

〔德〕马勒茨克:《跨文化交流》(潘亚玲译),北京大学出版社 2001 年版。
〔美〕马修·麦凯、马莎·戴维斯、帕特里克·范宁:《人际沟通技巧》(郑乐平、刘汶蓉译),上海社会科学院出版社 2005 年版。
马银春:《社交礼仪与口才》,中国社会科学出版社 2004 年版。
孙莲芬、李熙宗:《公关语言艺术》,知识出版社 1989 年版。
王占馥:《思维与语言运用》,广东教育出版社 2003 年版。
夏中华:《交际语言学》,辽宁教育出版社 1990 年版。
夏中华主编:《教师口语》,辽宁大学出版社 1995 年版。
徐朝晖:《口语表达》,香港文化教育出版社 1996 年版。
应天常:《口才训练术》,上海文艺出版社 2004 年版。
于根元等:《语言能力及其分化——第二轮语言哲学对话》,北京广播学院出版社 2002 年版。
于根元主编:《应用语言学概论》,商务印书馆 2003 年版。
曾仕强、刘君政:《人际关系与沟通》,清华大学出版社 2004 年版。
张霭珠:《谋略之战》,复旦大学出版社 1997 年版。
张培弛:《怎样提高说话水平》,中国致公出版社 2001 年版。
张秀蓉、黄铃娟、游梓翔、江中信:《口语传播概论》,台湾正中书局 2001 年版。